财务精英都是Excel控

CFO手把手教你 做财务分析及决策模型

刘 洋◎著

中国铁道出版社有限公司

CHINA RAILWAY PUBLISHING HOUSE CO., LTD.

图书在版编目（CIP）数据

财务精英都是Excel控:CFO手把手教你做财务
分析及决策模型/刘洋著.—北京:中国铁道出版社
有限公司，2024.1
　　ISBN 978-7-113-30462-1

　　Ⅰ.①财… Ⅱ.①刘… Ⅲ.①表处理软件-应用-会计
分析　Ⅳ.① F231.2-39

中国国家版本馆 CIP 数据核字 (2023) 第 151857 号

书　　　名：财务精英都是 Excel 控：CFO 手把手教你做财务分析及决策模型
　　　　　　CAIWU JINGYING DOU SHI Excel KONG：CFO SHOU BA SHOU JIAO NI
　　　　　　ZUO CAIWU FENXI JI JUECE MOXING
作　　　者：刘　洋

责任编辑：王　宏　　　编辑部电话：(010) 51873038　　电子邮箱：17037112@qq.com
封面设计：宿　萌
责任校对：苗　丹
责任印制：赵星辰

出版发行：中国铁道出版社有限公司（100054，北京市西城区右安门西街 8 号）
印　　刷：河北宝昌佳彩印刷有限公司
版　　次：2024 年 1 月第 1 版　2024 年 1 月第 1 次印刷
开　　本：710 mm×1 000 mm　1/16　印张：14.5　字数：227 千
书　　号：ISBN 978-7-113-30462-1
定　　价：79.80 元

　　财务机器人、共享中心、业务融合、金税四期……大数据时代的来临、新技术的应用，使得传统账房会计的生存空间越来越小。

　　时下，财务工作者已经不能单纯满足于财务核算、历史财务数据的分析及税务方面的处理。普华永道的一项调查数据表明，传统财务部 50% 的时间用于基础的核算工作，而转型为管理会计的财务部，60% 的时间用于为企业提供决策支持，以及进行管理控制。

　　在管理会计的职能中，最重要和最能帮助财务职场人士快速升职加薪的工作，莫过于财务分析。据统计，目前财务分析师是财务领域薪酬最高的职位之一，很多企业的财务分析岗位月薪都在 2 万元以上，比传统记账岗位会计多出大概三倍，同时财务分析师也是最容易成为首席财务官（Chief Financial Officer，简称 CFO）的捷径职位。

　　如何快速提升财务分析技能？最直接、最快速的方法就是要掌握 Excel 这个软件工具。本书结合实战场景，系统讲解 Excel 如何在财务分析中进行综合应用，能够让你在一本书里把 Excel 中最常用的高效工作技能一网打尽，从此不再为分析效率低、质量差而发愁，升职加薪指日可待！

　　本书主要分为七部分，内容分别为财务分析的步骤与结构、轻松搞定数据汇总和报表合并、数据透视表制作经营分析看板、财务分析模型搭建必备函数、如何用商务图表呈现财务数据、动态控件在财务分析中的应用、

Excel 八大经营与决策模型实操。

　　书中演示案例使用的软件为 Office 2019 版本，读者可以使用 Office 2013 及以上的版本进行实操，功能均类似，只是部分功能区所在位置不同。另外，使用 WPS 软件的读者也是可以进行操作的，但是 WPS 对于动态控件和规划求解等部分案例，因为两个软件功能存在差异，可能存在无法操作的情况，这个时候可以切换到 Office 软件进行操作，两种软件各有优势，在实际工作中，读者可以结合工作场景，自行选择。

　　书中涉及的配套案例素材包 PC 端下载地址及移动端二维码：

http://www.m.crphdm.com/2023/0911/14637.shtml

　　由于编者能力有限，对于本书内容不完善的地方希望获得读者的指正。

编　者

第1章 财务分析的步骤和结构

我们在大学课堂上，学习了很多上市公司财务分析需要用到的公式和方法，用它们进行表层的分析，主要是为了打下财务分析基本理论的基础。但是等我们参加工作后真正做起财务分析的时候，大部分朋友会发现，公司需要的财务分析内容和工具跟学校学习的有很大区别，因为在实务中更需要我们结合行业特点、公司战略、公司运营计划以及更多的业务数据来进行深层次的分析，这个时候，我们内心就会冒出一个想法：我在大学学习的技能好像没啥用……其实，有这个想法很正常，说明我们进步了，知道自己需要补充更多的实战技巧。还有一部分朋友，参加工作十多年了，但做出的分析还是不能让老板满意，经常是加班加点，熬夜做出几十页的财务分析报告，却在第二天被一票否决……这种情况也很正常，说明我们没有用好目标导向原则，在没有充分沟通的情况下，做出的分析自然是无法满足公司真正需要的。

这个章节笔者将带领大家一起来学习财务分析的步骤和财务分析报告的结构。

1.1　财务分析的步骤

下面先来一起学习财务分析的基本步骤。想把公司的财务分析做好，需要围绕以下四个步骤进行：看行业情况、看商业模式、看报表指标、看综合评价。

1.1.1　看行业情况

通常来讲，行业是能提供相似产品和服务的企业的集合。在财务实务中，一般是按照国家统计局的行业分类标准对行业进行划分的。根据国家统计局的行业分类标准，我国现有以下主要行业：1.农、林、牧、渔业；2.采矿业；3.制造业；4.电力、热力、燃气及水生产和供应业；5.建筑业；6.批发和零售业；7.交通运输、仓储和邮政业；8.住宿和餐饮业；9.信息传输、软件和信息技术服务业；10.金融业；11.房地产业；12.租赁和商务服务；13.科学研究和技术服务业；14.水利、环境和公共设施管理业；15.居民服务、修理和其他服务业；16.教育；17.卫生和社会工作；18.文化、体育和娱乐业；19.公共管理、社会保障和社会组织；20.国际组织。

掌握以上分类，可以让我们在工作中更好、更灵活地把握企业所在的行业，从而更容易了解行业特点。

1.1.2 看商业模式

关于商业模式的定义非常多，这里我按照自己的理解，把商业模式这个事情讲解一下。商业模式简单来说，就是一个企业如何安排人力、财力、物力等各类资源，生产出实体产品或者提供某种服务，交付到消费者的手中。企业不断重复这个过程，让自己处于可持续发展状态。

这里举四个商业模式的例子，有利于大家快速掌握商业模式的概念。

（1）店铺模式：大家比较熟悉的最简单的商业模式就是店铺模式，也就是企业生产出来产品，通过实体店铺销售到消费者的手中，这是最传统、最简单的商业模式。

（2）"饵与钩"模式：在这种模式下，基本产品售价往往定得很低，不赚钱甚至亏损，但是耗材或者后续服务的价格就比较昂贵，企业往往通过提供耗材或者后续服务赚钱。例如吉列剃须刀，刀架很便宜，但是因为消费者后续需要买很多刀片，而刀片贵，这样两边一平衡企业就赚到钱了。

（3）硬件+软件模式：举个日常生活中的例子来看一下，例如你买了苹果手机，手机不错，但是想下载软件应用，不好意思，你还得在苹果应用商店再付费购买。想听音乐？继续花钱买……总之，只要你一直用苹果手机，就需要一直为后期的软件进行消费。

（4）基于互联网的商业模式：随着电子商务的发展，也出现了很多基于互联网的商业模式。例如，线上到线下（Online To Offline，简称O2O）是指将线下商务的机会与互联网结合在一起，让互联网成为线下交易的前台，这样线下服务就可以用线上来获客，消费者可以用线上来筛选服务，还有成交可以在线结算，包括我们熟知的上门按摩、上门送餐、上门生鲜、上门化妆、滴滴打车等，都可以算作O2O模式的代表。O2O模式比较适合在餐饮业、服务业、团购等领域开展。

另外，还有诸如企业对企业（Business-to-Business，简称B2B），指企业之间提供产品或服务。企业对客户（Business-to-Customer，简称B2C），指直接面向消费者销售产品和服务商业零售模式。个人对个人（Customer to Customer，简称C2C），指消费者个人间的电子商务行为。按照网络公开资料的说法就是：B2B有三宝——企业、中介、沟通好，典型的代表企业有阿里巴巴、慧聪网、上海钢联、怡亚通、找钢网等；B2C有三宝——品牌、渠道、销售好，典型的代表企业有当当网、亚马逊、eBay（易贝）、卓越等；C2C有三宝——你开、我买、支付宝，典型的代表企业有淘宝、洋码头、拍拍、聚美优品、乐蜂网等。

现在大家应该已经对商业模式有个初步的概念了，知道商业模式是随着经济和技术发展逐步演化的，每个企业都有自己的商业模式。那么问题来了，怎样剖析自己公司的商业模式，让我们在做财务分析的时候，有一个全景式的视角，帮助我们更好地分析企业的问题呢？

答案就是商业模式画布。亚历山大·奥斯特瓦德和伊夫·皮尼厄所著的《商业模式新生代》一书中提出了商业模式画布模型，商业模式画布的价值就在于：它准确地告诉你，只要思考完九个方面的问题，你的商业模式就一定是理性的、思考全面的。

商业模式画布的九个方面分别包括什么呢？先别急，现在一步步地来梳理。先看商业模式画布的基础模型，如图1-1所示。

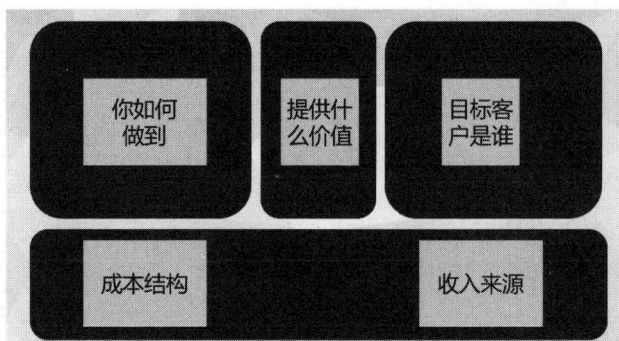

图 1-1　商业模式画布基础模型

（1）提供什么价值：即说清楚企业是做什么的。例如，小米手机给爱好者提供高性价比手机，神州租车为经常出差的商旅人士提供优质服务，滴滴出行为百姓日常出行约车提供交通便利。

（2）目标客户是谁：即说清楚企业的目标客户。例如，小米手机的目标客户是性能手机爱好者，神州租车目标客户是经常出差的商旅人士，滴滴约车的目标客户是想方便出行的用车民众。

（3）你如何做到：想实现企业价值，必须为目标客户提供产品和服务。例如，小米手机需要制造出高性价比的手机；神州租车需要通过线上预约，线下设置取车点，供商旅人士租用；滴滴出行需要给司机和打车人提供约车平台。

（4）收入来源：企业是怎么赚钱的，是来源于销售手机、后续的软件服务还是搭建平台收取佣金。

（5）成本结构：要做到以上的事情是需要花钱的，例如厂房投入、设备投入、人力投入等。制造型企业的主要直接成本是产品成本，服务型企业的主要直接成本是人力成本。每个企业的成本结构各有特点。

说完商业模式画布基础模型，再来看一下商业模式画布的扩展模式。我们把"服务哪些客户"和"你如何做到"两方面向下扩展。

"服务哪些客户"可以扩展为以下三个模块。

（1）客户关系。即如何拓展客户和维护客户关系，是通过登门拜访客户，还是利用客户资源管理系统（Customer Relationship Management，简称CRM）进行维系等。

（2）客户细分。即把客户进行细分。例如，按照客户订单大小分为重要客户、一般客户和小客户；按照地区分为东北地区、华北地区、西北地区。

（3）渠道通路。即怎么把东西卖给客户。例如，是通过超市进行售卖，还是通过网络平台，如淘宝网等进行交付，抑或是通过自营门店或者代理商。渠道通路不一样，商业模式就不一样，有的企业做直销，有的做分销，有的做定制服务，各有各的特点。

"你如何做到"可以扩展为以下三个模块。

（1）核心资源。就是企业要有资源才能赚钱。例如，要制造手机，就必须要有厂房、设备、技术还有专业人员；要做培训机构，就需要有品牌和老师；要做杂志，得有刊号。

（2）关键业务。就是企业赖以生存的能力。例如，苹果手机制造商会设计产品，富士康会代工生产，培训机构得有专业的讲师团队和课程研发能力。

（3）重要合作。就是不能单打独斗，需要与其他机构共同合作，实现企业价值。例如，肯德基有固定的鸡肉供应商。

这样做好客户关系、客户细分和渠道通路企业就有了实现收入来源的能力。做好关键业务、重要合作以及核心资源，就必须要花钱，这些花费形成了企业的成本结构。最终八个模块都为中间的价值主张服务，使得企业形成自己的核心竞争力，一共形成九个模块，如图1-2所示。

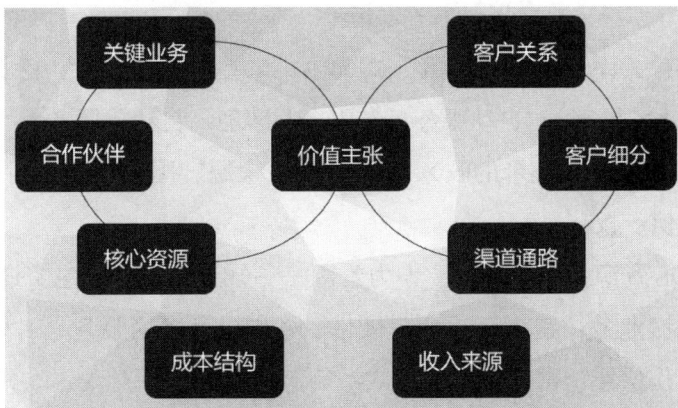

图 1-2 商业模式画布扩展模式

接下来，以小米为例，来看看如何应用商业模式画布对一个企业的商业模式进行分析，如图1-3所示。

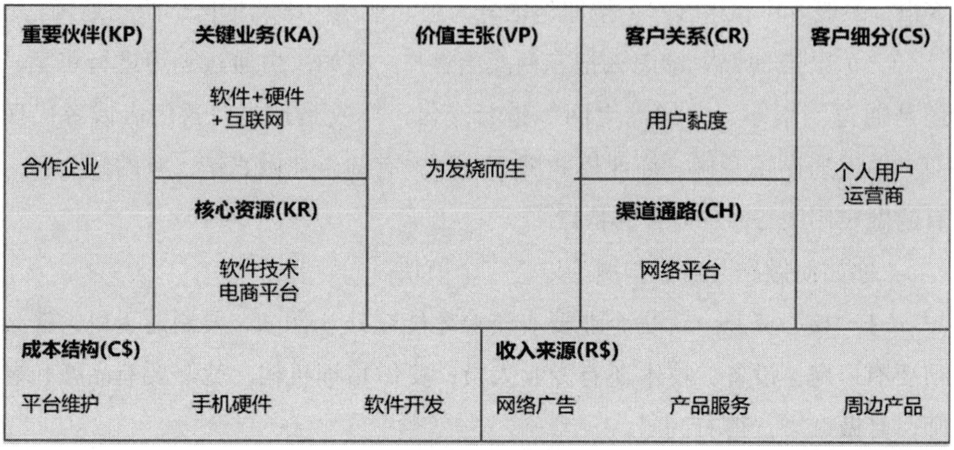

重要伙伴(KP)	关键业务(KA)	价值主张(VP)	客户关系(CR)	客户细分(CS)
合作企业	软件+硬件+互联网	为发烧而生	用户黏度	个人用户运营商
	核心资源(KR) 软件技术 电商平台		渠道通路(CH) 网络平台	
成本结构(C$)			收入来源(R$)	
平台维护 手机硬件 软件开发			网络广告 产品服务 周边产品	

注：图片来自网络

图 1-3 小米的商业模式

（1）价值主张：小米以为爱好者而生的价值观来打造产品差异化、服务差异化、形象差异化。

（2）客户细分：小米的客户为年轻人的大众市场；中国移动、中国联通、中国电信运营商的利基市场；提供商品给第三方平台或是供应商的平台式市场；开售手机周边商品的多元化市场。

（3）渠道通路：小米以网络平台为主要渠道，还有可利用的合作伙伴的渠道。

（4）客户关系：小米以社区方式为主，来提高用户黏性，除此以外还有个人助理（销售代表）、自动服务、专用个人助理、自动化服务。

（5）收入来源：小米的收入来源有手机来源、周边产品、网络广告、软件服务、知识产权。

（6）核心资源：实体资产、人力资源——知识产权、金融资产。

（7）关键业务：铁人三项——硬件、软件、互联网服务。

（8）合作伙伴：富士康、凡客诚品负责小米商城物流。

（9）成本结构：平台维护、手机硬件、软件开发。

说完商业模式画布的基本原理，下面再说说如何将商业模式画布应用到实际工作中。我们可以找三家企业，通过公司网站了解其商业模式画布九大模块的内容，另外，尽量找到公司内部人士进行访谈，从而对网络上了解的信息进行修正。经过几次练习，你的头脑中就会自然而然地出现这个模型，然后可以对自己的企业也按照这个模型进行剖析。随着练习的深入，你会对企业运营的认识越来越深入，当作财务分析的时候，哪个数据出现问题，你会立刻意识到哪个模块出现了问题，这样在写数据变动原因的时候，就会更加驾轻就熟，从此，财务分析对你来说将是小菜一碟。

通过以上学习，可以了解到行业分析报告可以让我们对公司所处的行业有深入的了解，使财务分析报告更加有高度和深度，也学习了商业模型和商业模式画布的基本概念。相信通过本节的学习，大家会打开新的视野，从通过行业报告了解公司的外围情况，到通过商业模型深入挖掘公司的内部运营规律，让财务分析素材更加丰富。

1.1.3　看报表指标

财务报表中，最重要的是资产负债表、利润表、现金流量表（以下简称"三表"），这三张表是有来历的。

会计这门学问起源于十五世纪的意大利，是随着意大利威尼斯的资本主义发展而兴起的学科。早年的意大利威尼斯有很多商人，他们积累财富的手段是出海经商，但是他们也会有老的那一天。在他们老了的时候，他们有了船，却没有了力气，长江后浪推前浪，任何时候都有很多勇敢智慧的年轻人，于是这些老商人会雇佣很多年轻的水手，让年轻的水手驾着他们的船，带着他们的手下去继续闯荡，积累财富，类似现在的出资方雇佣职业经理人。

但是，水手出海后，在报告这趟出船效益的时候，往往会虚报状况，比如船触礁了、水手生病了、货物丢了，等等。总之，他们会有很多赚不到钱的理由，而由于没有任何记录和监控手段，资本家感到很头疼，于是他们请人设计了三张表：资产负债表、利润表和现金流量表。

（1）资产负债表：被称为底子，因为表内记录了这艘船值多少钱（固定资产），船上有多少存货（存货），应收欠款（应收账款），还有水手手头有多少现金（货币资金）；另外，也记录了这些资产的来源，比如应该付给人家的食品钱（应付账款）、资本家自己出了多少钱买这些东西（所有者权益）。之所以叫底子，就是因为船上的东西越值钱，说明资本家身家越厚实。

（2）利润表：被称为面子，利润表反映这艘船出海一趟卖出货物收到多少钱（营业收入）、这批货的进价是多少（营业成本）以及最后赚了多少钱（利润）。利润越丰厚，口袋的钱越多，资本家自然越有面子。

（3）现金流量表：被称为日子，意思是说老百姓过日子要注意算好现金流，收支平衡就不会欠债，这张表记录了日常经营收到和支付的资金情况，以及结余情况，这叫作经营活动现金流；另外，如果要买第二艘船，那就是投资活动现金流；如果发现前两项资金自己无法承担，那就要去借钱，这是筹资活动现金流。

三张表的关系是：企业运营会消耗资源（资产）产生利润，利润的积累也反映在资产负债表的所有者权益中，现金流量表经营活动、筹资活动和投资活动的总和就是资产负债表中货币资金的变动情况，如图1-4所示。

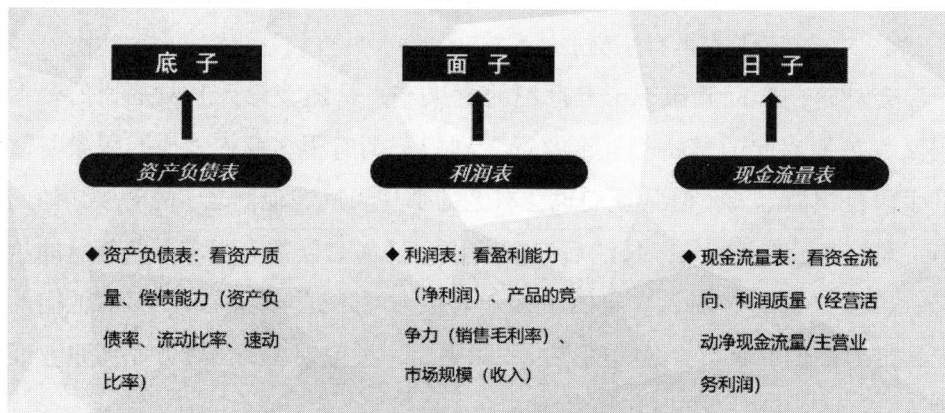

图 1-4 传统财务三表

资产负债表左边说明企业的钱都花到了哪里，右边说明钱的来源，负债就是占用银行、供应商、客户或职工等的钱，所有者权益是老板自己掏出来的钱或者是历年的经营积累等，如图1-5所示。

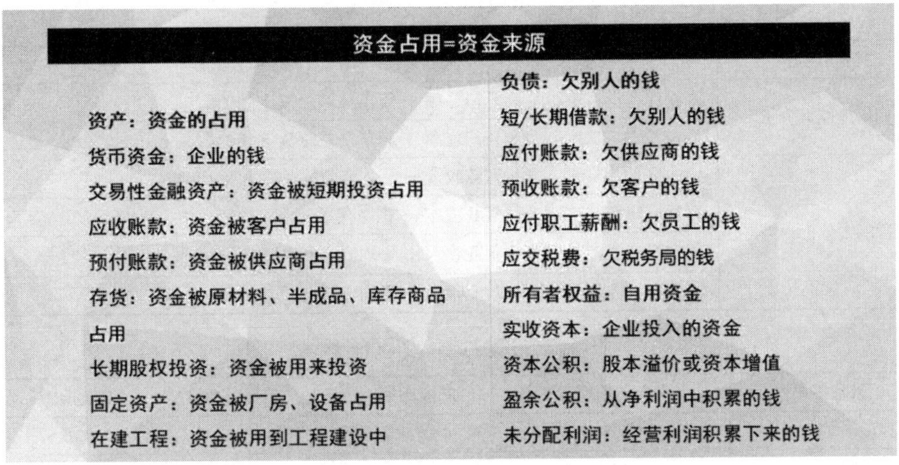

图 1-5　资产负债表结构

从资产负债表中看出企业资产的质量、短期偿债能力、长期偿债能力以及运营能力。

企业的资产质量主要看货币资金是否充足，应收账款占比是否合理，是否有大额或长期无法收回的应收款项，存货是否有巨大的减值风险，固定资产中的设备是否还能适应目前企业产品的生产，等等。总结起来，资产质量主要是看资产中是否存在坏账情况，减值风险，淘汰风险，等等。

短期和长期偿债能力，主要通过流动比率、速动比率、资产负债率等指标与同行业相比。一般来讲，如果一个企业的资产负债率低于30%，产权比率低于50%、流动比率大于2、速动比率大于1，说明这个企业偿债风险比较低。当然，这个还要具体行业具体分析，这里推荐一本书叫做《企业绩效评价标准值》，这本书是国务院国资委考核分配局编写的，里面有各个行业的财务指标值参考指标，具体见表1-1和表1-2。

表 1-1　与资产负债表相关的比率

分析内容	主要指标	计算公式
短期偿债能力分析	流动比率	流动资产 ÷ 流动负债 ×100%
	速动比率	速动资产 ÷ 流动负债 ×100%
	现金比率	现金类资产 ÷ 流动负债 ×100%
长期偿债能力分析	资产负债率	负债总额 ÷ 资产总额 ×100%
	股东权益比率	股东权益总额 ÷ 资产总额 ×100%

分析内容	主要指标	计算公式
长期偿债能力分析	产权比率	负债总额÷股东权益总额×100%
	权益乘数	资产总额÷股东权益总额×100%
运营能力分析	应收账款周转率	营业收入÷平均应收账款余额×100%
	存货周转率	营业成本÷平均存货余额×100%
	固定资产周转率	营业收入÷平均固定资产净值×100%
	总资产周转率	营业收入÷平均资产余额×100%

表 1-2　部分比率值区间参考

风险等级	资产负债率	产权比率	流动比率	速动比率
高风险	>50%	>100%	<1	<0.5
中等风险	>30%	>50%	>1	>0.5
低风险	<30%	<50%	>2	>1

利润表主要可以看出公司的盈利能力、产品竞争力和市场规模，是一段时间内公司经营业绩的财务记录，反映了公司这段时间的营业收入、销售成本、净利润等，如图1-6所示。

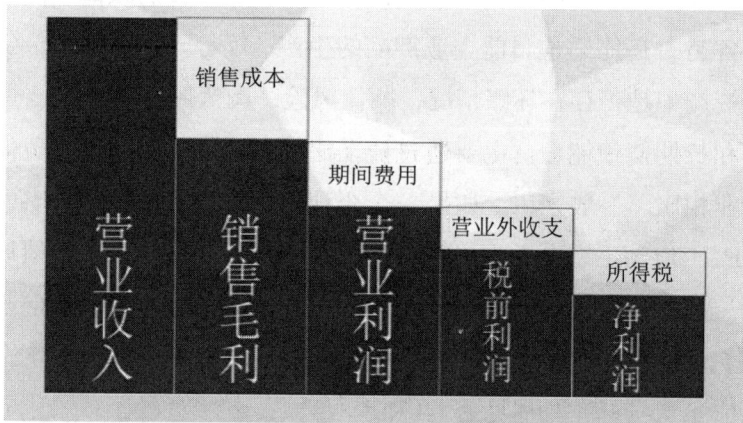

图 1-6　利润表结构

盈利能力主要看净利润，如果一个企业的净利润为负数，除非盈利模式特别好，在未来一个时间段内可以实现盈利，而且有持续的外部投资介入，否则很难长期生存下去。

产品竞争力说明了产品议价能力和成本控制水平，比如茅台酒的毛利就很高，因为酒类产品成本很低，但是因为茅台酒的口碑好，市场需求大，所以单价可以设得很高。而一些没有科技含量或者市场竞争比较饱和的产品，毛利就很低，这样每卖出一个产品赚到的钱比较少，只能走低价高量路线，以维持企业的生存。

市场规模主要看收入水平，例如中国石油和中国石化在石油领域的收入肯定是占据行业收入的绝大部分。而有些行业是不存在寡头企业的，比如美容业就是充分竞争的行业，每年都有企业退出，每年也会有新的企业进入，由于没有某个企业一家独大，所以每家企业的收入占整个行业的份额也都不会太大。

那么问题来了，当企业利润下滑，出现危机的时候，应该用什么逻辑来分析比较好呢？笔者建议要一个科目接一个科目地来看，主要看绝对值，如图1-7所示。

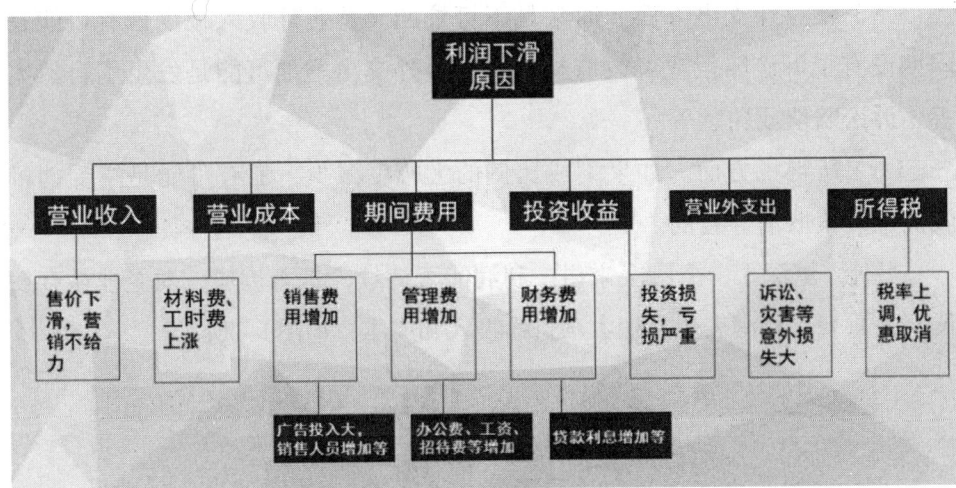

图 1-7　怎样看透利润表

如果利润下滑，可以从利润表结构方面考虑是否存在以下问题。

（1）营业收入方面。主要是销售数量和单价。销售数量下降有可能源于营销做得不够好，单价下降有可能是产品落后、市场需求不足或者竞争比较激烈、主动降价，等等。

（2）营业成本方面。有可能是原材料、人工成本或者制造费用的增加。原材料成本上涨有可能是CPI（消费者物价）指数增加、物价上涨，或者供应紧缺；人工成本上涨可能是工人难招，或者社会薪酬普遍提升；制造费用增加有可能是水电费涨价，辅助材料或者人工增加，等等。也有可能是企业建设了新的厂房或投入新设备，导致折旧费增加等造成营业成本增加。

（3）期间费用方面。包括销售费用、管理费用、财务费用。销售费用增加主要是营销力度加大，比如RIO（锐澳）鸡尾酒赞助了很多综艺节目，势必导致销售费用在当年大幅增加。管理费用增加主要是管理人员人工成本增加，或者是日常接待费、办公费等的增加，也有可能是企业土地摊销成本的增加。财务费用的增加主要是贷款利息等的增加。

（4）投资收益方面。如果投资收益为负数，则表示企业投资失败，发生了损失。

（5）营业外支出方面。通常是不可控的。营业外收入减少，有可能是同期没有了诉讼赔偿或者政府补助；营业外支出增加可能是发生了自然灾害、诉讼赔偿或罚款等。

（6）所得税方面。如果不成比例的大幅度减少，那有可能是享受的税收优惠政策取消导致的。

另外，更深入一个层次来讲，利润能否持续，是否健康，对企业生存发展至关重要。利润表包括两大项目：收入和成本，如图1-8所示。

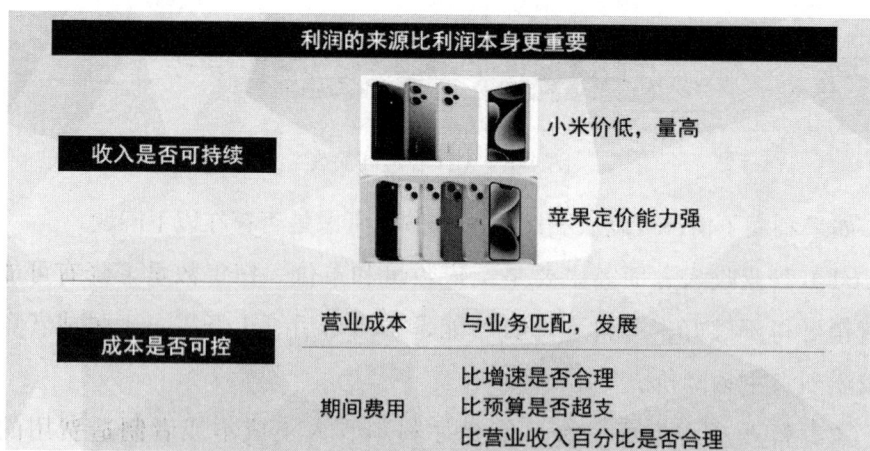

图 1-8　怎样分析利润表

（1）收入方面：主要收入是否可以持续，这个主要看企业执行的策略能否与自己所制订的战略匹配。企业竞争战略主要包括成本领先和差异化战略。成本领先就是要定价最低，性价比比较好，从而以量取胜，典型的企业如小米，他们制造的小米手机在市场上就属于物美价廉的。而苹果手机走的就是差异化的战略，价格高，但是技术更好，赢得了很多粉丝的追随。

（2）成本方面：主要是看成本是否可控。营业成本要与目前企业的发展状态匹配，不能超前，也不能太畏首畏尾。制造企业主要关注料、工、费的成本。服务型企业主要关注人工成本。期间费用中的销售费用主要关注营销力度是否合适，管理费用主要关注投入的管理资源是否合适，财务费用主要关注融资规模是否恰当。

我们可以从以下三个方面分析收支情况是否与战略匹配。

（1）比增速是否合理：即看看收支同比增幅是否与我们期望的相一致，是否有失控或者不符合预期。

（2）比预算是否超支：如果企业制订了预算，那就要分析各个收支项目是否与预算有较大偏离，如果偏移较大，有可能是对市场的判断有问题，或者内部管理不当，也有可能是当时预算编制的不准确，这个要具体问题具体分析。

（3）比营业收入的占比：以上两种方法是对比分析，我们还可以用结构分析，即让利润表的每个项目都计算出占收入的比重，然后比两年或者三年的，看看结构发生了什么样的变化。如果某项成本的结构变大了，那就有可能是内部管理对成本没有管控好。

从综合角度看，利润表中不同项目的不同状态形成了不同的企业经营情况，具体见表1-3。

表 1-3　利润表的不同状态

项　　目	正常情况	暂时亏损状态	盈利能力不稳定状态	偶然性盈利状态	较危险状态	极度危险状态
经营性利润	正	正	正	负	负	负
投资收益	正	正	负	正	负	负

项 目	正常情况	暂时亏损状态	盈利能力不稳定状态	偶然性盈利状态	较危险状态	极度危险状态
营业外业务	正或负	负	负	正	正	负
净利润	正	负	负	正	正	负
说明	盈利能力稳定，状况好	由于营业外业务导致，不影响盈利能力，亏损是暂时	盈利情况比较差，投资业务失利导致企业经营性利润差，不稳定	依赖投资和营业外业务，投资项目好坏直接关系企业盈利能力，需关注项目收益稳定性	盈利状况差，虽然当年盈利，但依赖于营业外收支，持续下去会导致企业破产	盈利状态非常差，财务状况担忧

此外，结合利润表、资产负债表和现金流量表，对各种比率进行分析，还可以看出企业的盈利能力、偿债能力和企业发展能力，具体见表1-4。

表 1-4 利润表比率分析

分析内容	主要指标	计算公式
盈利能力分析	销售净利率	净利润 ÷ 销售收入 ×100%
	主营业务净利润率	净利润 ÷ 主营业务收入净额 ×100%
	净资产收益率	净利润 ÷ 所有者权益平均余额 ×100%
	普通股每股收益	（净利润－优先股股利）÷ 普通股股数
	市盈率	流通股每股市场价格 ÷ 普通股每股收益 ×100%
长期偿债能力分析	利息保障倍数	（净利润＋利息费用＋所得税费用）÷ 利息费用
企业发展能力分析	营业收入增长率	本年营业收入增长额 ÷ 上年营业收入总额 ×100%
	营业利润增长率	本年营业利润增长额 ÷ 上年营业利润总额 ×100%
	企业收入三年平均增长率	$\left[\sqrt[3]{\left(\dfrac{\text{本年营业收入总额}}{\text{三年前营业收入总额}}\right)}-1\right]\times100\%$

现金流量表主要看资金流向、利润质量。

（1）资金流向：主要看资金收入和支付到哪里去了。现金流量表中主要有三个资金流方向，分别是：经营活动、投资活动和筹资活动。

（2）利润质量：即利润中包含的现金流量大小。拿格力电器举例，其2018年1～6月经营活动现金净流量是89亿元，利润总额是97亿元，经营活动现金净流量除以主营业务利润基本上接近1:1了，说明这个企业的现金流非常充裕，而有的企业就不行，甚至经营活动现金净流量是负数，说明资金链很脆弱。

从综合角度看，现金流量表的不同状态具体见表1-5。

表 1-5 现金流量表的不同状态

经营活动	投资活动	筹资活动	企业状态判别	重点关注
正	正	正	发展期，主营业务稳定且占主要地位，没有可供投资的项目	筹集资金的目的和用途
正	正	负	产品成熟期，没有可供投资的项目，抗风险能力弱	行业前景和企业产品后续发展潜力
正	负	正	高速发展期，仅靠经营活动的现金流入净额无法满足所需的投资，须通过筹集外部资金作为补充	投资决策的正确与否和投资前景
正	负	负	经营状况良好，一方面偿还以前的债务，另一方面正在为未来发展新的盈利模式	经营活动应对意外事件的能力
负	正	正	衰退期，经营活动出现困难，靠借款来维持生产经营的需要	投资活动正现金流量的来源（投资收益还是处理经营资产）
负	正	负	加速衰退期，市场萎缩，为应付债务不得不收回投资，已处于破产边缘，需高度警惕	经营业绩和债务情况
负	负	正	如为初创企业，则说明在投入大量资金开拓市场；如为长期稳定企业，则财务状况具有较大的不确定性	企业的发展阶段
负	负	负	陷于严重财务危机，可能破产	该状况的持续时间

财务上的这三张表很重要，概括一下，我们可以从这三表中看出企业的五种能力水平：发展能力、控制能力、运营能力、偿债能力、盈利能力；另外，也可以看出企业的产品、效率以及财力的状态，如图1-9所示。

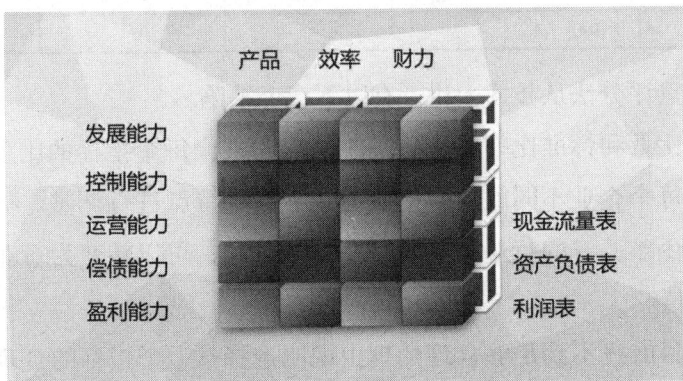

图 1-9　怎样看透三表

1.1.4 看综合评价

掌握分析基本三表的方法后，如何综合地评估企业的财务状况呢？我们可以用沃尔比重评分法来对一个企业的财务状况进行综合评价。

亚历山大·沃尔在其出版的书中提出了信用能力指数的概念，选择七个财务指标，分别给定了其在总评价中占的比重，总和为100分。然后确定标准比率，并与实际比率相比较，评出每项指标的得分，最后求出总的评分，以此来评价企业的信用水平，即企业综合财务状况是否良好。如果实际得分等于或接近100分，说明企业的财务状况是良好的，达到了预先的标准；如果实际得分远远低于100分，说明企业的财务状况较差，应当采取适当的措施加以改善；如果实际得分远远超过100分，则说明企业的财务状况很理想。这个评估方法就是沃尔比重评分法，具体内容见表1-6。

表 1-6　沃尔比重评分法

财务比率	比　重	标准比率	实际比率	相对比率（实际比率/标准比率）	评　分（比重×相对比率）
流动比率	25	2	2.33	1.17	29.25
净资产/负债	25	1.5	0.88	0.59	14.75
资产/固定资产	15	2.5	3.33	1.33	19.95
销售成本/存货	10	8	12	1.5	15
销售额/应收账款	10	6	10	1.7	17
销售额/固定资产	10	4	2.66	0.67	6.7
销售额/净资产	5	3	1.63	0.54	2.7
合　计	100				105.35

沃尔比重评分法从技术上讲，有以下三个缺陷。

第一，比重和标准比率的查找工作比较困难。每个指标的比重确定为多少，应该是每个企业不同的，需要根据企业自身特点进行调整。标准比率的查找也比较困难，有的行业根本就没有标准数据，可以转变为行业最优值或者历史最优值。

第二，目前找不到足够合理的理由说明选择这七个指标的合理性，是增加一个还是减少一个，或者多增加几个才能分析出企业财务状况是否良好，很难有人能说清楚，需要我们积累很多的行业和企业经验对该指标体系进行科学改造，才能适用自己的企业。

第三，当某一个指标严重异常时，会对总评分产生不合逻辑的重大影响。这个问题是由相对比率与比重相"乘"引起的，财务比率提高一倍，其评分增加100%；而降低一半，其评分只减少50%。

为了克服上述缺陷，可以将沃尔比重评分法进行改造，具体见表1-7。一般认为企业财务评价的内容主要是盈利能力，其次是偿债能力，此外还有成长能力，它们之间大致可按5:3:2来分配比重。然后各项主要能力的细分指标，可以选取典型指标进行设计，细分指标的比重可以按照对行业和公司的特点，做进一步设定。

表 1-7　改造后的沃尔比重评分法

指　　标	比　　重	标准比率（%）
盈利能力		
总资产净利率	20	
销售净利率	20	
净值报酬率	10	
偿债能力		
自有资本比率	8	
流动比率	8	
应收账款周转率	8	
存货周转率	8	
成长能力		
销售增长率	6	
净利增长率	6	
人均净利增长率	6	
合　　计	100	

标准比率这里设置为空白，你一定会纳闷怎么还是空白的呢? 大家可以参考《企业绩效评价标准值》，里面有各个行业的财务数据标准值。例如，家用影视设备制造业行业的净资产收益率（%），优秀值是9.4，良好值是6.2，平均值是3.8。在进行标准比率设计的时候，可以选取平均值3.8，如果想实现更好的收益目标，也可以选择良好值6.2，具体见表1-8。

表 1-8 家用影视设备制造业行业绩效评价指标值

表 1-8 家用影视设备制造业行业绩效评价指标值

家电影视设备制造业

范围: 全行业

项 目	优秀值	良好值	平均值	较低值	较差值
一、盈利能力状况					
净资产收益率（%）	9.4	6.2	3.8	−2.3	−5.2
总资产报酬率（%）	6.6	4	2.9	0.2	−3.2
销售（营业）利润率（%）	12	9.3	5.5	1.4	−8.5
盈余现金保障倍数	3.5	1.8	0.8	−1.9	−4.8
成本费用利润率（%）	8.5	7.1	6.2	1.9	−4.8
资产收益率（%）	11.1	8.4	6.3	2.8	−5.1

1.2 财务分析报告结构

在财务职场实战中，财务分析结构是各种各样的，每个企业因为行业不同，业务不同，财务分析结构也不一样，可以说，没有两个企业的财务分析结构是完全一模一样的。本节将提供两种不同角度的财务分析结构，仅供读者参考。

1.2.1 注重财务视角的财务分析结构

所谓注重财务视角的财务分析结构，也就是我们在大学课堂上学到的财务分析，这种财务分析主要是从外部角度对一个企业的各个方面进行总体分析，其主要数据来自财务三表（资产负债表、利润表、现金流量表）及部分财务报告的披露信息，重在从财务指标之间的钩稽关系以及与行业同类指标的对比中发现一些问题。

注重财务视角的财务分析结构举例。

（1）企业简介。对企业业务、行业等进行简介。

（2）总体分析。总体经营及财务状况，主要是将三表的重要数据进行概括。

（3）发展能力分析。对营业收入、营业利润、净资产收益率等增速进行分析。

（4）盈利能力分析。按照产品、业务板块、公司等进行盈利能力分析。

（5）营运能力分析。通过分析流动资产、固定资产、总资产周转率等，对企业资产变成收入的周转速度进行评价。

（6）偿债能力分析。包括短期偿债能力和长期偿债能力，这里也是利用三表进行分析。

（7）用模型分析。如杜邦分析法、宏观环境分析法（PEST：Politics政治、Economy经济、Socity社会、Technology技术）、态势分析法（SWOT：Strenths优势、Weaknesses劣势、Opportunities机会、Threats威胁）等。

1.2.2 注重业财融合的财务分析结构

这里，结合笔者和数十位财务经理的职场经验，给大家介绍一个注重业财融合的财务分析结构，也就是除了纯财务指标外，还融合了企业的生产、销售、市场、人力等的重点关注内容，大家可以根据自己企业的实际情况，对结构进行修改并使用。

注重业财融合的财务分析结构如下。

（1）经营环境分析。如地方国内生产总值（Gross Domestic Product，简称GDP）、消费者物价指数（Consumer Price Index，简称CPI）、就业人数、旅游人数、新入学人数、重大经济或行业政策变革、行业动态、竞争对手动态等。

（2）主要关键绩效指标（Key Performance Indicator，简称KPI）完成情况。生产（服务）量分析、订单分析、收入分析、成本费用分析、利润分析、运营资本分析、资金缺余分析、质量及安全、投资情况。

（3）上期重大问题整改情况。指上一期分析中提到的重大需要整改的管理内容，例如库存管理存在丢失物品风险，需要及时改正，本期就要针对这个问题的整改情况作出详细说明。

（4）下期预测及重点工作。财务分析结构主要注重管理工具的落地，即让整个财务分析按照公司设定的战略目标，逐步推动各项工作的落地，结合全面预算、考核等，形成预算、报告、绩效的闭环管理。此外，对公司发展情况的预测也非常重要，这种企业内部的预测事关企业的生死存亡，包括订单是否充足、产能是否够用、盈利能力能够满足股东要求、现金流是否充足，等等。强调业财融合，财务必须与业务部门联手进行。

另外，在某些经营分析会上，还会做一些专题分析，例如，投资是否进行，团购方案是否可行，有必要继续投入广告宣传吗，等等。这些问题都需要财务数据帮助支撑决策。由于每个公司的业务不同，经营模式不同，所在行业不同，各个公司的财务分析也是千差万别的，这是对财务人的一种挑战，更是财务分析的魅力所在。

第2章 轻松搞定数据汇总和报表合并

在做财务分析之前，数据汇总和报表合并是必不可少的一个流程，尤其是对于在集团公司本部工作或所在公司有分子公司的财务人士来说，汇总和合并数据是最头疼的事情了，他们在做经营分析的时候，不但要编制合并财务报表，分析集团效益情况，还要汇总各种业务数据、收入明细、成本明细等，才能做出一份比较翔实的分析报告。那么怎样才能从容应对各种场景的汇总与合并呢？下面我们分几种情况，一一予以破解。

2.1 一个工作簿中结构相同的表格合并

对于一个工作簿中结构相同的表格合并，有三种基本方法，分别是公式法、合并计算法和多重合并数据透视法。下面用三个案例，对三种在财务职场中比较常见的表格进行汇总合并练习。

2.1.1 一分钟完成多家公司利润表合并

对于结构相同的利润表合并，我们可以用INDIRECT函数构建引用公式的方法来解决。如图2-1所示，首先设计一张利润表汇总表，将10个公司的单独利润表排列在汇总表的后面，我们要做的就是用公式引用单独利润表相应项目的数据到这张总表上来。要注意的是：汇总表的表头标题中的公司名称一定要与后面单独利润表的名称一致，即单独利润表为"公司1"，利润汇总表的表头标题中也要起名叫作"公司1"，我们现在有10个公司，就写10个公司利润表名称在汇总表上。

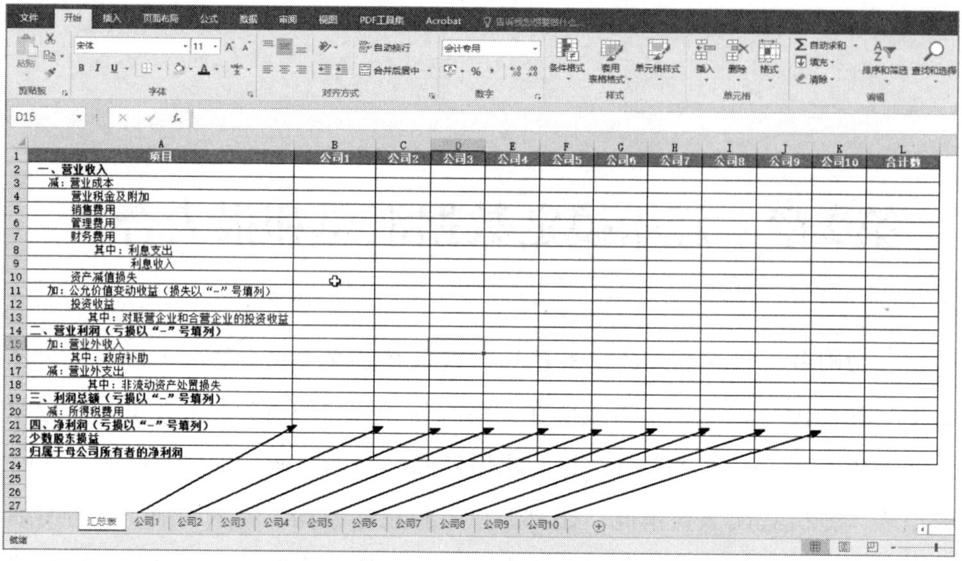

图 2-1　利润汇总表格式

　　用公式构建汇总利润表，其实就是告诉公式，我们要在哪张表上找，找这张表哪个单元格中的内容。

―┤具体操作├―

1 在利润汇总表的 B2 单元格（公司 1 的营业收入）中先输入公式 "=INDIRECT("公司 1!B2")"，这样就把公司 1 利润表中的营业收入数据提取过来了。

2 要告诉公式在哪张表格中找数据，让其随着汇总表的表头标题查找相应公司利润表的数据。把公式改造成"=INDIRECT(B$1&"!B2")"，即用汇总表的表头标题单元格 B1 代替原公式中的"公司 1"，这样就可以用汇总表的表头标题定位我们要找的表格。汇总表 B1 中内容为"公司 1"，我们的公式就可以引用公司 1 的利润表，C1 中的内容为"公司 2"，公式就可以引用公司 2 的利润表。注意这里 B1 要对行固定，在 1 的前面加美元符号。

3 设置 Excel 找哪个单元的数据。将公式继续改造为"=INDIRECT(B$1&"!B"&ROW(A2))"，这里把刚才公式中的 2 改为"ROW(A2)"。如图 2-2 所示，单个利润表 B 列的数据是各个项目的数据，即无论引用哪个公司的利润表，在B列找数据是永远不变的，变化的只有行号。例如营业收入在第2行，营业成本在第3行，营业税金及附加在第4行，这样我们用ROW函数可以返回行数的功能来解决自动对应行号的问题，因为向下拖拽公式时，要让B列后面的数字变成2,3,4……，如果把2替换成ROW(A2)，那公式往下拖拽时，就变成了ROW(A3)、ROW(A4)、ROW(A5)，正好返回的行号是2,3,4,5……也就是取单独公司利润表的B2、B3、B4、B5，这样定位单元格的目的也实现了。

项目	金额
一、营业收入	2,355
减：营业成本	664
营业税金及附加	141
销售费用	233
管理费用	316
财务费用	10
其中：利息支出	
利息收入	
资产减值损失	
加：公允价值变动收益（损失以“-”号填列）	
投资收益	
其中：对联营企业和合营企业的投资收益	
二、营业利润（亏损以“-”号填列）	991
加：营业外收入	9
其中：政府补助	
减：营业外支出	7
其中：非流动资产处置损失	
三、利润总额（亏损以“-”号填列）	993
减：所得税费用	248
四、净利润（亏损以“-”号填列）	745
少数股东损益	
归属于母公司所有者的净利润	745

汇总表 公司1 公司2 公司3 公司4 公司5 公司6 公司7 公司8 公司9 公司10

图 2-2　单个利润表格式

公式设置好后，往下拖拽，再往右拖拽，就汇总出了10个公司的利润表，如图2-3所示。

MATCH　=INDIRECT(B$1&"!B"&ROW(A2))

项目	公司1	公司2	公司3	公司4	公司5	公司6	公司7	公司8	公司9	公司10	合计数
一、营业收入	=INDIRECT(B$1&"!B"&ROW(A2))			1,486	2,606	1,370	1,324	1,555	2,208	2,588	18,219
减：营业成本	664	539	581	522	563	329	278	200	356	586	4,618
营业税金及附加	141	93	71	89	156	82	79	93	132	155	1,093
销售费用	233	549	524	657	244	621	298	329	582	255	4,292
管理费用	316	247	509	506	405	313	559	595	681	526	4,657
财务费用	10	10	10	10	10	10	10	10	10	10	100
其中：利息支出	-	-	-	-	-	-	-	-	-	-	-
利息收入	-	-	-	-	-	-	-	-	-	-	-
资产减值损失	-	-	-	-	-	-	-	-	-	-	-
加：公允价值变动收益（损失以“-”号填列）	-	-	-	-	-	-	-	-	-	-	-
投资收益	-	-	-	-	-	-	-	-	-	-	-
其中：对联营企业和合营企业的投资收益	-	-	-	-	-	-	-	-	-	-	-
二、营业利润（亏损以“-”号填列）	991	105	-511	-298	1,228	15	100	328	447	1,056	3,459
加：营业外收入	9	6	9	4	6	4	3	6	9	10	66
其中：政府补助	-	-	-	-	-	-	-	-	-	-	-
减：营业外支出	7	8	6	8	7	8	8	10	4	3	69
其中：非流动资产处置损失	-	-	-	-	-	-	-	-	-	-	-
三、利润总额（亏损以“-”号填列）	993	103	-508	-302	1,227	11	95	324	452	1,063	3,456
减：所得税费用	248	26	-127	-76	307	3	24	81	113	266	864
四、净利润（亏损以“-”号填列）	745	78	-381	-227	920	8	71	243	339	797	2,592
少数股东损益	-	-	-	-	-	-	-	-	-	-	-
归属于母公司所有者的净利润	745	78	-381	-227	920	8	71	243	339	797	2,592

汇总表 公司1 公司2 公司3 公司4 公司5 公司6 公司7 公司8 公司9 公司10

图 2-3　最终汇总效果

2.1.2　一分钟搞定多家公司税务统计表合并

对于结构相同的表格，除了上述的公式法外，我们还可以利用Excel的【合并计算】工具来实现。

具体操作

1 设计一张汇总表，如图2-4所示，汇总表只包含各个公司税负表的行标题即可。单户公司税负表，如图2-5所示。

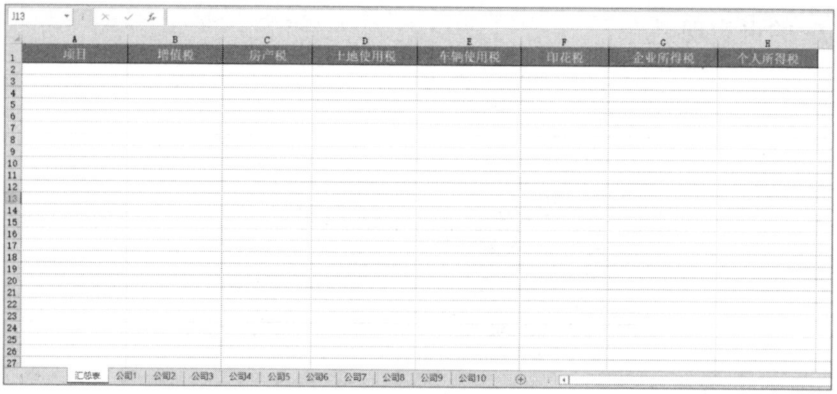

项目	增值税	房产税	土地使用税	车辆使用税	印花税	企业所得税	个人所得税

图 2-4　设计一张汇总表

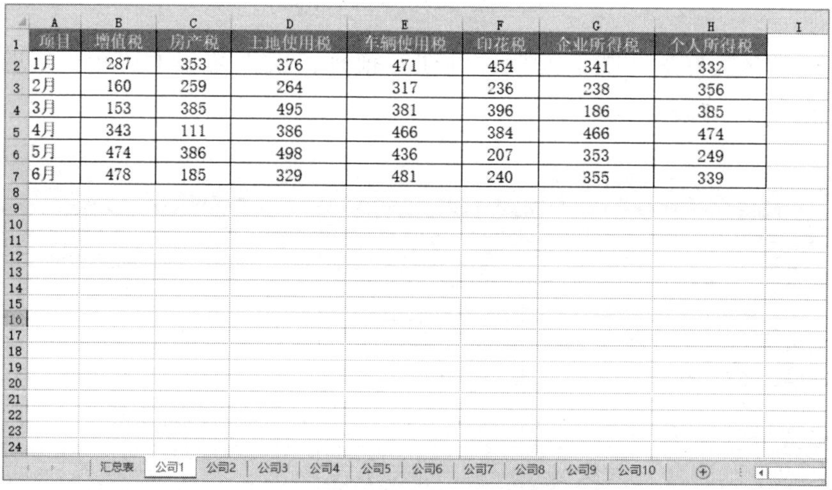

项目	增值税	房产税	土地使用税	车辆使用税	印花税	企业所得税	个人所得税
1月	287	353	376	471	454	341	332
2月	160	259	264	317	236	238	356
3月	153	385	495	381	396	186	385
4月	343	111	386	466	384	466	474
5月	474	386	498	436	207	353	249
6月	478	185	329	481	240	355	339

图 2-5　单户公司税负表

2 用【合并计算】功能汇总数据。单击汇总表的A1单元格，选中【数据】菜单的【合并计算】功能。在【合并计算】对话框中，【函数】选择【求

和】，在【引用位置】中将各单户公司税负表数据区域逐个添加，勾选
【首行】、【最左列】及【创建指向源数据的链接】，单击【确定】按钮，
设置操作如图2-6所示，初步效果如图2-7所示。

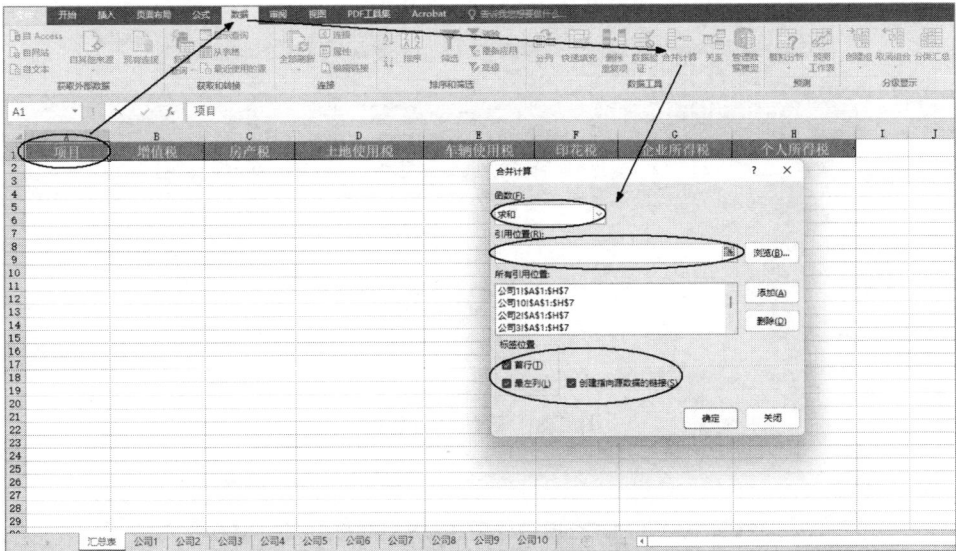

图 2-6　对【合并计算】对话框进行设置

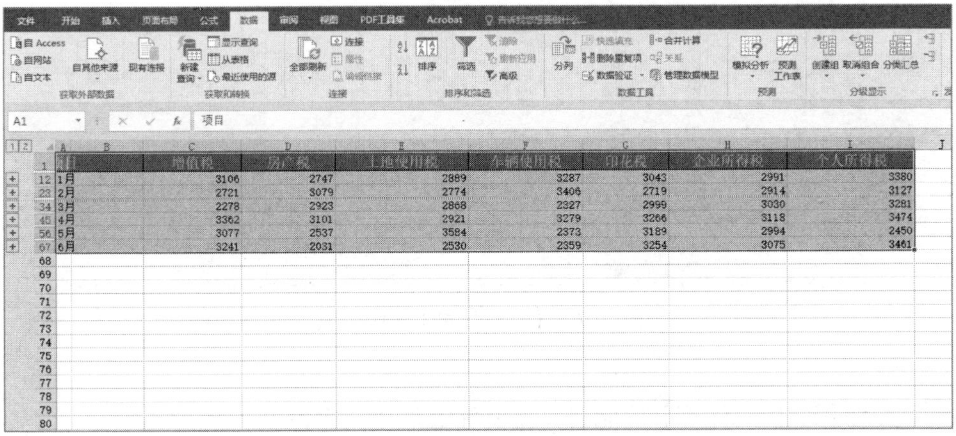

图 2-7　【合并计算】后的初步效果

3 粘贴公司名称。展开汇总表中的 A 列和 B 列，双击左侧的加号，展开
明细数据。在表格空白区域将各单户公司的名称做成竖向列表，然后
复制公司名列表。选中 A2：A67，按【F5】快捷键，在【定位条件】

对话框中勾选【空值】，如图2-8所示。按【Ctrl+V】快捷键，粘贴公司名列表，最后，删除多余信息B列，各公司税负情况表就汇总好了，如图2-9所示。

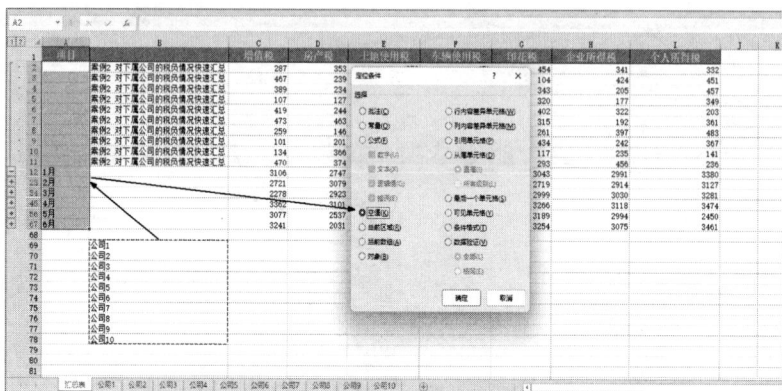

图 2-8　粘贴公司名称

图 2-9　【合并计算】操作完成

在使用【合并计算】功能时，需要注意以下几个问题。

（1）合并计算的计算方式默认为求和，但也可以选择为计数、平均值、最大值等其他方式。

（2）当合并计算执行分类合并操作时，会将不同的行或列的数据根据标题进行分类合并，相同标题的合并成一条记录，不同标题的则形成多条记录，最后形成的汇总表中包含了数据源表中所有的行标题或列标题。

（3）当需要根据列标题进行分类合并计算时，则勾选【首行】，当需要根据行标题进行分类合并计算时，则勾选【最左列】，如果需要同时根据列标题和行标题进行分类合并计算时，则同时勾选【首行】和【最左列】。

（4）如果数据源列表中没有列标题或行标题，即仅有数据记录，而用户又选择了【首行】和【最左列】，Excel将数据源列表的第一行和第一列分别默认作为列标题和行标题。

（5）如果用户对【首行】或【最左列】两个选项都不勾选，则Excel将按数据源列表中数据的单元格位置进行计算，不会进行分类计算。

（6）如果勾选了【创建指源数据的链接】，则数据源区域更新时，合并计算表也会自动更新。

2.1.3　一分钟搞定多个月工资表汇总

除了上述的公式法和合并计算法外，用数据透视表的【多重合并计算数据区域】功能，也是对多张结构相同表格快速汇总合并的好方法。下面，我们就拿多个月的工资表汇总来练练手。

如图2-10所示，要将8个月的工资表汇总在一起，进行薪酬分析，下面是具体操作步骤。

姓名	基本工资	岗位工资	交通补贴	公务补贴	电话补贴	车补	午餐补贴	工资总额	五险一金	其他代扣	应税总额	应纳税额	实发工资
王存旺	2,152	1,186	209		200		200	3,947	500		3,447	345	3,102
刘守欣	2,333	1,620	496		200		200	4,849	500		4,349	435	3,914
邹振海	3,045	1,896	380		200		200	5,721	500		5,221	522	4,699
孙超	3,222	2,556	441		200		200	6,619	500		6,119	612	5,507
李新侠	3,598	2,696	208		200		200	6,902	500		6,402	640	5,762
武周国	2,763	1,304	372		200		200	4,839	500		4,339	434	3,905
陈晓燕	2,277	2,296	265		200		200	5,238	500		4,738	474	4,264
王利锋	3,293	1,181	220		200		200	5,094	500		4,594	459	4,135
于桂梅	2,657	2,143	385		200		200	5,585	500		5,085	509	4,577
张民道	3,440	1,533	470		200		200	5,843	500		5,343	534	4,809
张文东	3,253	1,550	104		200		200	5,307	500		4,807	481	4,326
杨丽	3,130	1,450	251		200		200	5,231	500		4,731	473	4,258
李伟国	2,736	2,808	290		200		200	6,234	500		5,734	573	5,161
李延林	2,702	2,666	218		200		200	5,986	500		5,486	549	4,937
张毅	2,526	1,255	357		200		200	4,538	500		4,038	404	3,634
郑海英	3,937	2,910	255		200		200	7,502	500		7,002	700	6,302
刁兆国	3,594	2,791	197		200		200	6,982	500		6,482	648	5,834

1月　2月　3月　4月　5月　6月　7月　8月

图 2-10　1—8月工资表

具体操作

■1 调出数据透视表并设置对话信息。按【Alt+D+P+P】快捷键，调出

【数据透视表和数据透视图向导】对话框。操作如图2-11、图2-12、图2-13、图2-14所示，单击【完成】按钮。

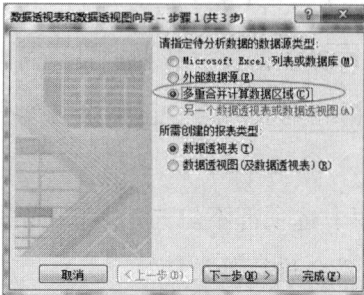

图 2-11　选择【多重合并计算数据区域】

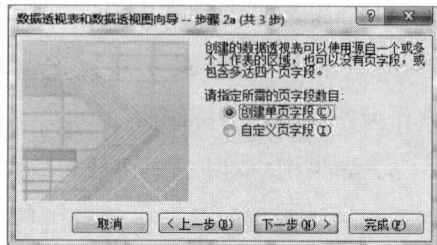

图 2-12　选择【创建单页字段】

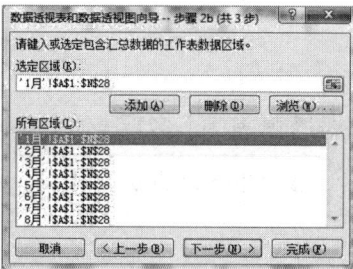

图 2-13　将1—8月工资表数据区域
　　　　　添加到对话框中

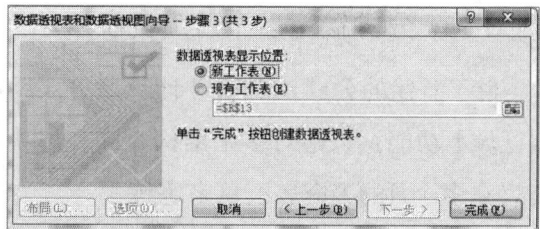

图 2-14　勾选【新工作表】

2 修改数据透视表计算方式。将右侧的数据透视表字段列表下方的【值】计算方式改为【求和】，如图2-15所示。

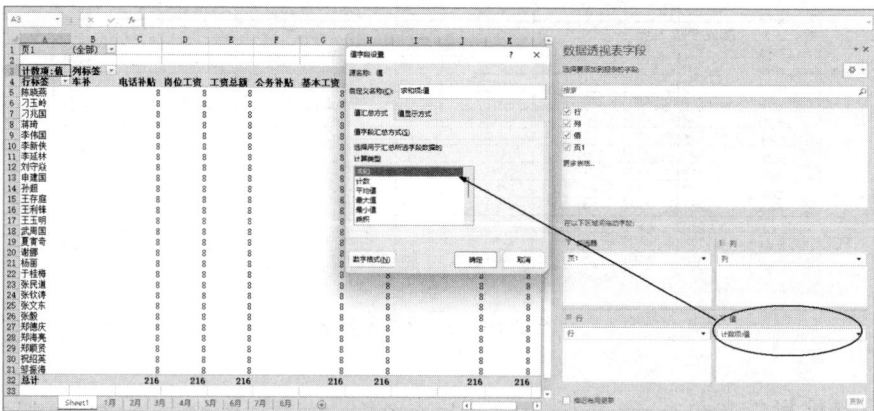

图 2-15　将【值】的计算方式改为【求和】

3 修改页字段内容。将【页1】移动到【行】，如图2-16所示。将【页1】中字段的"项1，项2，项3，……项8"逐个修改为"1月，2月，3月，……8月"，如图2-17所示。

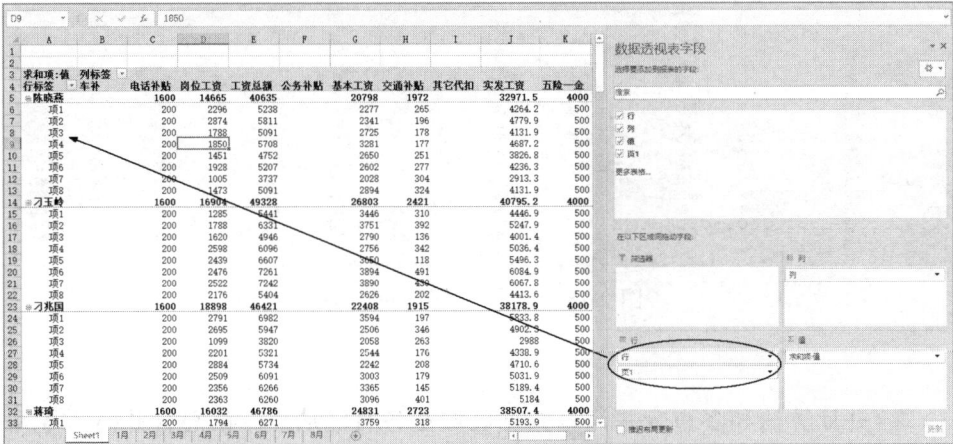

图 2-16　将【页1】移动到【行】

图 2-17　修改【页1】字段的内容为月份

4 美化并调整数据顺序。调整数据列的顺序与单月工资表一致，最终效果如图2-18所示。

姓名	月份	基本工资	岗位工资	交通补贴	公务补贴	电话补贴	车补	午餐补贴	工资总额	五险一金	其它代扣	应税总额	应纳税额	实发工资
陈晓燕	1月	2277	2296	265		200		200	5238	500		4738	473.8	4264.2
	2月	2341	2874	196		200		200	5811	500		5311	531.1	4779.9
	3月	2725	1788	178		200		200	5091	500		4591	459.1	4131.9
	4月	3281	1850	177		200		200	5708	500		5208	520.8	4687.2
	5月	2650	1451	251		200		200	4752	500		4252	425.2	3826.8
	6月	2602	1928	277		200		200	5207	500		4707	470.7	4236.3
	7月	2028	1005	304		200		200	3737	500		3237	323.7	2913.3
	8月	2894	1473	324		200		200	5091	500		4591	459.1	4131.9
刁玉岭	1月	3446	1285	310		200		200	5441	500		4941	494.1	4446.9
	2月	3751	1788	392		200		200	6331	500		5831	583.1	5247.9
	3月	2790	1620	136		200		200	4946	500		4446	444.6	4001.4
	4月	2756	2598	342		200		200	6096	500		5596	559.6	5036.4
	5月	3650	2439	118		200		200	6607	500		6107	610.7	5496.3
	6月	3894	2476	491		200		200	7261	500		6761	676.1	6084.9
	7月	3890	2522	430		200		200	7242	500		6742	674.2	6067.8
	8月	2626	2176	202		200		200	5404	500		4904	490.4	4413.6
刁兆国	1月	3594	2791	197		200		200	6982	500		6482	648.2	5833.8
	2月	2506	2695	346		200		200	5947	500		5447	544.7	4902.3
	3月	2058	1099	263		200		200	3820	500		3320	332	2988
	4月	2544	2201	176		200		200	5321	500		4821	482.1	4338.9
	5月	2242	2884	208		200		200	5734	500		5234	523.4	4710.6

汇总表 1月 2月 3月 4月 5月 6月 7月 8月

图 2-18 美化及规范列的次序

合并计算法和多重合并计算数据区域法各有优缺点，汇总合并时大家可以自行选择喜欢的方式处理。

2.2 一个工作簿中结构不同的表格合并

对于一个工作簿中结构不同的表格汇总合并，数据透视表的【多重合并计算数据区域】是最有效的方式了，下面用业务数据和成本费用数据进行实操。

2.2.1 对多个公司业务数据快速汇总

如图2-19、图2-20、图2-21所示，现有北京、上海、广州三个公司的业务情况表，三家公司的表格结构和数据内容都不同，现在的任务是将三个公司的业务情况表进行汇总合并，下面是具体操作步骤。

北京分公司业务情况表

	产品1	产品2	产品3	产品4	产品5
1月	659	610	943	930	651
2月	831	755	834	785	974
3月	606	959	547	717	569
4月	579	678	607	912	681
5月	931	980	800	760	680

北京 上海 广州

图2-19 北京分公司业务情况表

图 2-20　上海分公司业务情况表　　　　图 2-21　广州分公司业务情况表

---┤**具体操作**├---

1 调出数据透视表并设置对话信息。按【Alt+D+P+P】快捷键，调出
【数据透视表和数据透视图向导】对话框。操作如图2-22、图2-23、
图2-24、图2-25所示，单击【完成】按钮。

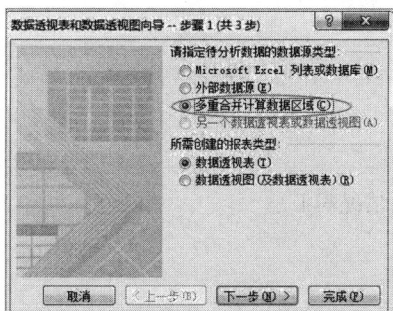

图 2-22　选择【多重合并计算数据区域】

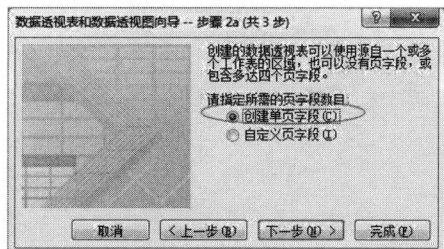

图 2-23　勾选【创建单页字段】

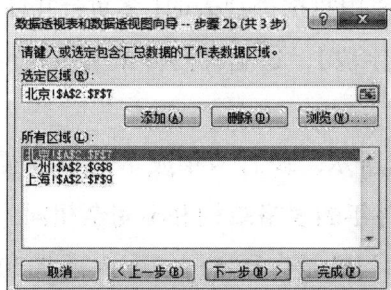

图 2-24　添加三个公司的业务数据区域

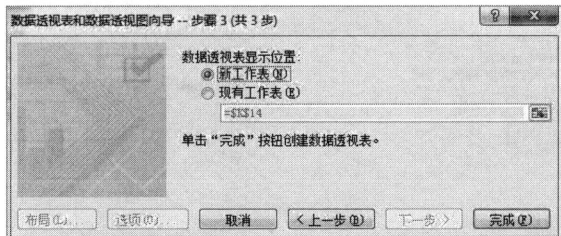

图 2-25 选择【新工作表】

2 美化数据透视表。对数据表格进行适当美化，三个公司业务情况表汇总，如图2-26所示。

图 2-26 三个公司业务情况表汇总

2.2.2 对多年多月成本费用表快速汇总

前几个案例中，在使用数据透视表的【多重合并计算数据区域】功能时，使用的都是【创建单页字段】，这里我们再拓展一下，练习一下【自定义页字段】的使用功能。

如图2-27、图2-28所示，现有两年成本费用表要合并，但是仔细观察会发现，2023年2024与年的表格结构并不完全相同，因为2023年公司进行了部门调整，两年的部门数量有所不同。下面要将2023年1~3月和2024年1~3月的6张表格进行汇总分析。

职责中心段	办公服务费	接待费	宣传费	差旅费
1月				
总裁办	4,632	3,934	2,287	3,698
销售运营部	3,938	1,650	3,941	2,148
售后服务部	3,934	4,762	3,895	4,188
品控中心	2,048	2,330	4,198	2,579
物资采购部	4,479	2,010	2,006	2,102
企业策划部	2,330	1,006	2,646	1,271
2月				
总裁办	1,570	3,757	1,343	1,448
销售运营部	4,272	2,065	2,230	3,661
售后服务部	1,300	2,392	1,448	3,370
品控中心	3,475	4,100	4,035	2,814
物资采购部	1,433	2,170	4,683	3,134
企业策划部	4,061	4,354	2,814	3,422
3月				
总裁办	1,991	3,826	4,711	4,603
销售运营部	1,340	2,334	4,357	1,367
售后服务部	4,990	3,755	4,603	4,292
品控中心	3,945	2,065	4,918	4,394
物资采购部	1,526	3,002	1,899	3,259
企业策划部	3,872	1,264	4,394	2,272

图 2-27　2023年各月成本费用表

职责中心段	办公服务费	接待费	宣传费	差旅费
1月				
总裁办	3,272	2,841	3,992	4,444
销售运营部	1,428	1,936	1,092	1,618
售后服务部	2,358	1,611	4,444	3,824
品控中心	2,938	1,711	2,348	3,619
物资采购部	2,465	1,128	1,839	3,397
企业策划部	1,544	2,634	3,619	4,809
综合办	2,421	3,731	2,327	3,435
2月				
总裁办	1,315	1,780	1,741	2,998
销售运营部	3,276	2,858	3,435	2,659
售后服务部	4,222	4,793	3,109	1,496
品控中心	2,569	2,855	1,627	1,596
物资采购部	3,949	1,369	1,496	2,328
企业策划部	3,338	1,997	3,684	1,470
综合办	1,701	1,724	3,145	4,741
3月				
总裁办	1,722	4,470	1,470	4,519
销售运营部	2,756	1,243	2,991	4,117
售后服务部	1,514	1,965	3,721	1,235
品控中心	2,198	1,194	4,117	2,034

图 2-28　2024年各月成本费用表

───┤ 具体操作 ├───────────────────────────────

1 调出数据透视表并设置对话信息。按【Alt+D+P+P】快捷键，调出【数据透视表和数据透视图向导】对话框。前两步操作如图2-29、图2-30所示。

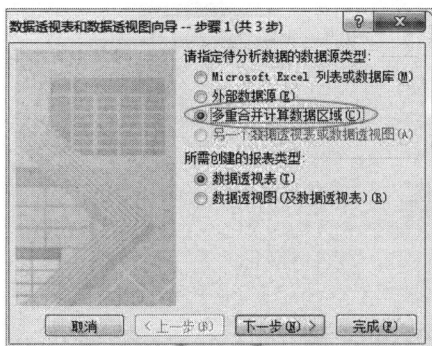

图 2-29　选择【多重合并计算数据区域】

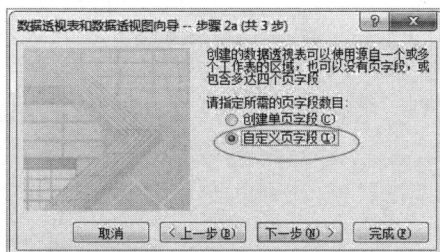

图 2-30　选择【自定义页字段】

第三步，不要着急添加数据。先勾选【请先指定要建立在数据透视表中的页字段数目】中的【2】，也就是要添加两个页字段，因为一会是要通过两个页字段来识别表格名称的，例如2023年1月，既有年，又有月，所以将页字段的数目选择【2】；然后选择2023年1月的成本费用数据区域，将其添加，接着在【字段1】中输入"2023年"，在【字段2】输入"1月"，相当于给这个刚刚添加的表格起一个名字，如

图2-31所示。按照同样方法添加2023年2月数据，然后在【字段1】中输入"2023年"，在【字段2】输入"2月"，如图2-32所示。

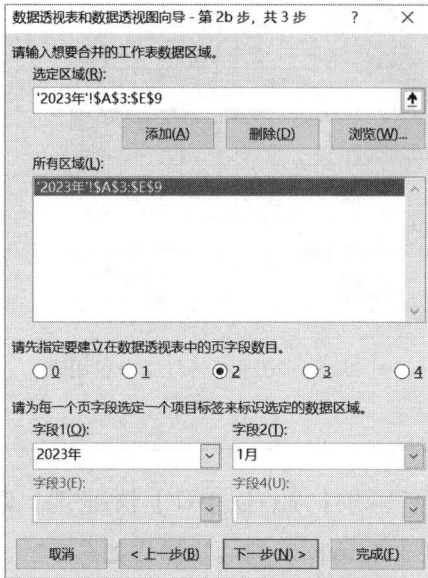

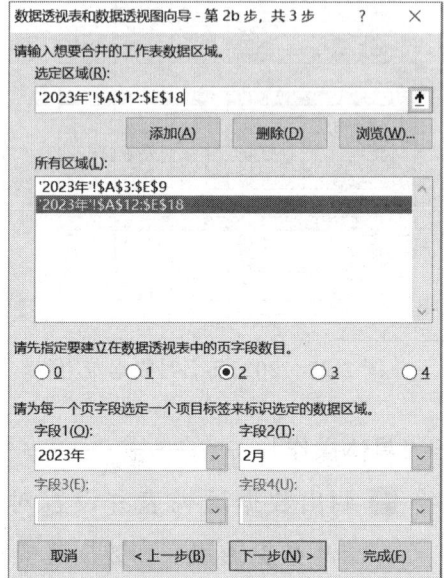

图 2-31　添加2023年1月成本费用表数据区域　图 2-32　添加2023年2月成本费用表数据区域

之后把6个表格全部按照同样方法都添加好，如图2-33所示。

图 2-33　将2023年和2024年成本费用表全部添加完毕

第四步，勾选【新工作表】，如图 2-34 所示，单击【完成】按钮。

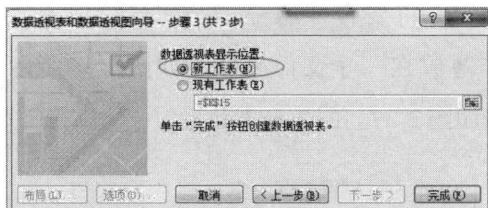

图 2-34　勾选【新工作表】

2 修改字段名称。修改字段名称并对表格进行适度美化，最终效果如图 2-35 所示。

图 2-35　美化数据透视表

2.3　多个工作簿的多表格合并（集团财报合并）

合并财务报表无论是在财务领域还是审计领域，都是一个让人抓狂的问题，首先抵消分录就已经让人很头疼了，再加上资产负债表、利润表、现金流量表、收入明细表、成本明细表等的合并，更加复杂了。我们这里不讲抵消分录，主要还是破解合并报表中的表格合并难题。

对于这个案例，主要是使用修改公式法来解决，简单来讲就是先设置好一个公式，然后通过批量修改公式的方式，实现对多个工作簿的汇总工作。现在来实操一下吧。

1 做好准备工作。将要合并的分子公司单户报表工作簿和集团公司合并报表工作簿放在一个文件夹中，如图2-36所示。资产负债表和利润表的格式如图2-37、图2-38所示。

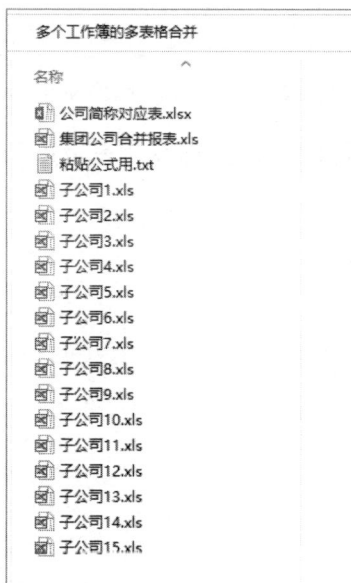

图 2-36　将要汇总的表格规范起名

图 2-37　单户公司资产负债表格式

利润表

项　　目	行次	本年累计数	上年累计数
一、营业收入	1	6,129.00	7,534.00
减：营业成本	2	2,500.00	3,841.00
营业税金及附加	3		
销售费用	4	4,886.00	1,135.00
管理费用	5	1,852.00	2,677.00
其中：业务招待费	6		
财务费用	7	1,479.00	3,446.00
资产减值损失	8		
加：公允价值变动收益（损失以"-"号填列）	9		
投资收益（损失以"-"号填列）	10	4,806.00	4,157.00
其中：对联营企业和合营企业的投资收益	11		
二、营业利润（亏损以"-"号填列）	12	218.00	592.00
加：营业外收入	13		
其中：非流动资产处置利得	14		
非货币性资产交换利得（非货币性交易收益）	15		
政府补助（补贴收入）	16		
债务重组利得	17		
减：营业外支出	18		
其中：非流动资产处置损失	19		
非货币性资产交换损失（非货币性交易损失）	20		
债务重组损失	21		
三、利润总额（亏损总额以"-"号填列）	22	218.00	592.00
减：所得税费用	23		
四、净利润（净亏损以"-"号填列）	24	218.00	592.00
减：少数股东损益	25		
五、归属于母公司所有者的净利润	26	218.00	592.00

图 2-38　单户公司利润表格式

2 设计集团公司合并报表。根据单户公司表格结构设计集团公司合并报表。

首先，设计合并资产负债表。将单户公司的资产负债表项目粘贴在最左边，然后按照顺序写好顶端表头标题。例如，集团公司合并、集团公司本部、子公司1、子公司2、子公司3、子公司4等，如图2-39所示。

集团公司合并资产负债表

项　目	行次	集团公司合并	集团公司本部	子公司1	子公司2	子公司3	子公司4	子公司5	子公司6	子公司7	子公司8
货币资金	1	5,816	1,535	1,113	877	458	1,571	262			
交易性金融资产	2	-	-	-	-	-	-	-			
应收票据	3	3,079	813	589	464	243	832	139			
应收账款	4	2,404	635	460	362	189	649	108			
预付账款	5	7,171	1,893	1,372	1,081	565	1,937	323			
应收利息	6	4,674	1,234	894	705	368	1,262	210			
应收股利	7	-	-	-	-	-	-	-			
其他应收款	8	-	-	-	-	-	-	-			
存货	9	7,829	2,067	1,498	1,181	617	2,114	352			
一年内到期的非流动资产	10	-	-	-	-	-	-	-			
其他流动资产	11	-	-	-	-	-	-	-			
流动资产合计	12	30,972	8,177	5,925	4,671	2,440	8,365	1,394			
可供出售金融资产	13	-	-	-	-	-	-	-			
持有至到期投资	14	-	-	-	-	-	-	-			
长期应收款	15	-	-	-	-	-	-	-			
长期股权投资	16	-	-	-	-	-	-	-			
投资性房地产	17	-	-	-	-	-	-	-			
固定资产	18	8,126	2,145	1,555	1,225	640	2,195	366			
减：累计折旧	19	-	-	-	-	-	-	-			
固定资产净值	20	-	-	-	-	-	-	-			
减：固定资产减值准备	21	-	-	-	-	-	-	-			
固定资产净额	22	6,784	1,791	1,298	1,023	534	1,832	305			
在建工程	23	-	-	-	-	-	-	-			

图 2-39　设计集团公司合并资产负债表格式

然后，设计合并利润表。原理与上一致，但是这里要设计两年的，因为这里要将利润表进行同比，如图2-40所示。

项　目	行次	本年							
		集团公司合并	集团公司本部	子公司1	子公司2	子公司3	子公司4	子公司5	子公司6
一、营业收入	1	40,123.70	7,968	6129	6202	5626	6905	7294	6129
减：营业成本	2	14,213.00	3,250	2500	2026	1462	3930	1045	2500
营业税金及附加	3		-						
销售费用	4	20,020.80	6,352	4886	2436	2532	1195	2620	4886
管理费用	5	12,586.60	2,408	1852	1445	1568	2877	2437	1852
其中：业务招待费	6		-						
财务费用	7	14,988.70	1,923	1479	3358	2217	1812	4200	1479
资产减值损失	8		-						
加：公允价值变动收益（损失以"-"号填列）	9		-						
投资收益（损失以"-"号填列）	10	26,969.80	6,248	4806	4597	4866	3013	3440	4806
其中：对联营企业和合营企业的投资收益	11		-						
二、营业利润（亏损以"-"号填列）	12	5,284.40	283.40	218.00	1,534.00	2,713.00	104.00	432.00	218.00
加：营业外收入	13	-	-		-	-	-	-	-
其中：非流动资产处置利得	14	-	-		-	-	-	-	-
非货币性资产交换利得（非货币性交易收益）	15	-	-		-	-	-	-	-
政府补助（补贴收入）	16	-	-		-	-	-	-	-
债务重组利得	17	-	-		-	-	-	-	-
减：营业外支出	18	-	-		-	-	-	-	-
其中：非流动资产处置损失	19	-	-		-	-	-	-	-
非货币性资产交换损失（非货币性交易损失）	20	-	-		-	-	-	-	-
债务重组损失	21	-	-		-	-	-	-	-
三、利润总额（亏损总额以"-"号填列）	22	5,284.40	283.40	218.00	1,534.00	2,713.00	104.00	432.00	218.00
减：所得税费用	23	-	-		-	-	-	-	-
四、净利润（净亏损以"-"号填列）	24	5,284.40	283.40	218.00	1,534.00	2,713.00	104.00	432.00	218.00
减：少数股东损益	25	-	-		-	-	-	-	-
五、归属于母公司所有者的净利润	26	5,284.40	283.40	218.00	1,534.00	2,713.00	104.00	432.00	218.00

图 2-40　设计集团公司合并利润表格式

3 设置一个表格的取数公式。在设置公式之前，要确保所有子公司的财务报表工作簿都处于打开状态，方法是选中所有子公司财务报表工作簿，右击，选中【打开】选项。

设置资产负债表汇总公式，在合并资产负债表E3单元格输入"="，然后单击子公司资产负债表中的C3单元格，直接把对应的数据链接过来，输入回车键，如图2-41所示。设置好一个公式后，向下拖拽公式，将子公司1资产负债表中的数据全部都取数过来，这样子公司表格中的数据变化，集团合并报表中的数据也会自动变化了。

E3　=[子公司1.xls]资产负债表!$C$3

集团公司合并资产负债表

项　目	行次	集团公司合并	集团公司本部	子公司1
货币资金	1	5,816	1,535	=[子公司1.xls]资产负债表!$C$3
交易性金融资产	2	-	-	-
应收票据	3	3,079	813	589
应收账款	4	2,404	635	460
预付账款	5	7,171	1,893	1,372
应收利息	6	4,674	1,234	894
应收股利	7	-	-	-
其他应收款	8	-	-	-
存货	9	7,829	2,067	1,498
一年内到期的非流动资产	10	-	-	-
其他流动资产	11	-	-	-
流动资产合计	12	30,972	8,177	5,925
可供出售金融资产	13	-	-	-
持有至到期投资	14	-	-	-
长期应收款	15	-	-	-
长期股权投资	16	-	-	-

图 2-41　对合并资产负债表设置公式

4 批量设置其他取数公式。上一步骤，已经把子公司的数据通过直接引用的方法取数过来，下面要用批量录入公式的办法，完成其他子公司的取数工作。

单击【公式】—【显示公式】选项，让集团合并表格中显示我们刚才输入的公式。然后选中E3:E75，即子公司1对应的取数公式，如图2-42所示。复制到一个空白的TXT格式文档中，如图2-43所示。

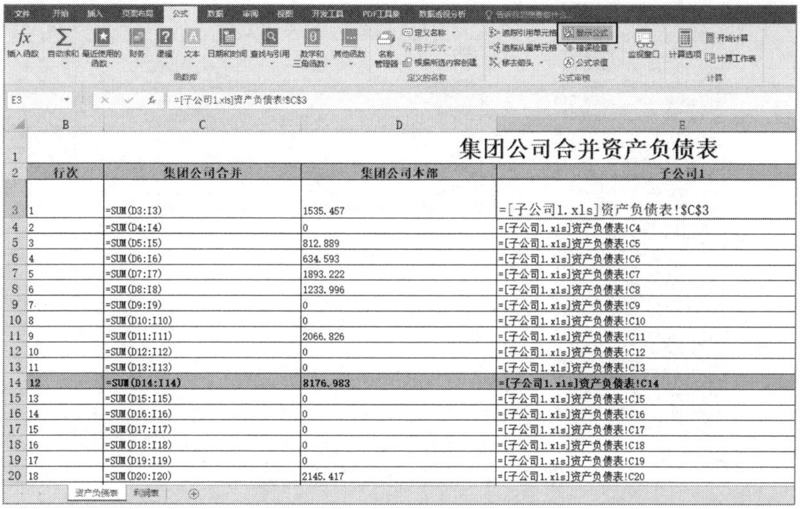

行次	集团公司合并	集团公司本部	子公司1
1	=SUM(D3:I3)	1535.457	=[子公司1.xls]资产负债表!$C$3
2	=SUM(D4:I4)	0	=[子公司1.xls]资产负债表!C4
3	=SUM(D5:I5)	812.889	=[子公司1.xls]资产负债表!C5
4	=SUM(D6:I6)	634.593	=[子公司1.xls]资产负债表!C6
5	=SUM(D7:I7)	1893.222	=[子公司1.xls]资产负债表!C7
6	=SUM(D8:I8)	1233.996	=[子公司1.xls]资产负债表!C8
7	=SUM(D9:I9)	0	=[子公司1.xls]资产负债表!C9
8	=SUM(D10:I10)	0	=[子公司1.xls]资产负债表!C10
9	=SUM(D11:I11)	2066.826	=[子公司1.xls]资产负债表!C11
10	=SUM(D12:I12)	0	=[子公司1.xls]资产负债表!C12
11	=SUM(D13:I13)	0	=[子公司1.xls]资产负债表!C13
12	=SUM(D14:I14)	8176.983	=[子公司1.xls]资产负债表!C14
13	=SUM(D15:I15)	0	=[子公司1.xls]资产负债表!C15
14	=SUM(D16:I16)	0	=[子公司1.xls]资产负债表!C16
15	=SUM(D17:I17)	0	=[子公司1.xls]资产负债表!C17
16	=SUM(D18:I18)	0	=[子公司1.xls]资产负债表!C18
17	=SUM(D19:I19)	0	=[子公司1.xls]资产负债表!C19
18	=SUM(D20:I20)	2145.417	=[子公司1.xls]资产负债表!C20

图 2-42　令表格显示公式

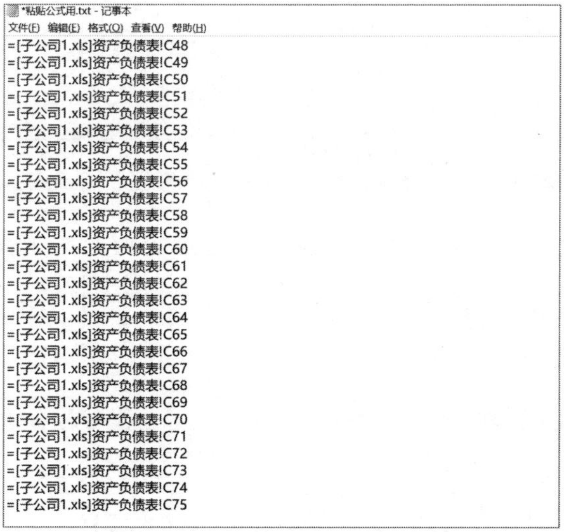
*粘贴公式用.txt - 记事本

文件(F) 编辑(E) 格式(O) 查看(V) 帮助(H)

=[子公司1.xls]资产负债表!C48
=[子公司1.xls]资产负债表!C49
=[子公司1.xls]资产负债表!C50
=[子公司1.xls]资产负债表!C51
=[子公司1.xls]资产负债表!C52
=[子公司1.xls]资产负债表!C53
=[子公司1.xls]资产负债表!C54
=[子公司1.xls]资产负债表!C55
=[子公司1.xls]资产负债表!C56
=[子公司1.xls]资产负债表!C57
=[子公司1.xls]资产负债表!C58
=[子公司1.xls]资产负债表!C59
=[子公司1.xls]资产负债表!C60
=[子公司1.xls]资产负债表!C61
=[子公司1.xls]资产负债表!C62
=[子公司1.xls]资产负债表!C63
=[子公司1.xls]资产负债表!C64
=[子公司1.xls]资产负债表!C65
=[子公司1.xls]资产负债表!C66
=[子公司1.xls]资产负债表!C67
=[子公司1.xls]资产负债表!C68
=[子公司1.xls]资产负债表!C69
=[子公司1.xls]资产负债表!C70
=[子公司1.xls]资产负债表!C71
=[子公司1.xls]资产负债表!C72
=[子公司1.xls]资产负债表!C73
=[子公司1.xls]资产负债表!C74
=[子公司1.xls]资产负债表!C75

图 2-43　粘贴公式到TXT文档

单击TXT文件的【编辑】—【替换】选项，将"子公司1"全部替换为
"子公司2"，如图2-44所示。再复制修改好的公式，复制到集团合
并表格中的子公司数据这列（F列）对应的单元格位置，如图2-45所
示。然后单击【公式】—【显示公式】选项，公式就可以正常取数了，
如图2-46所示。

图 2-44　在TXT文档替换文字

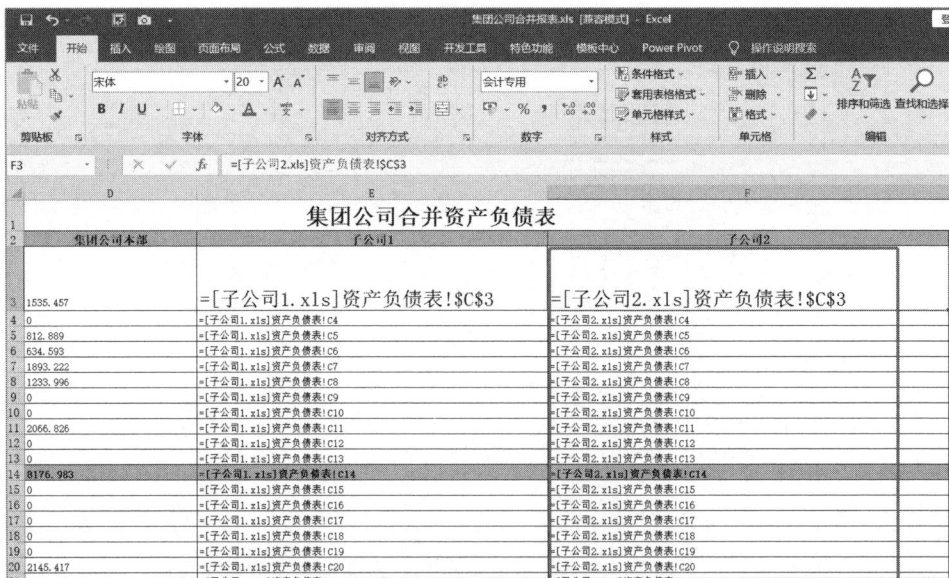

图 2-45　粘贴子公司到集团合并表格中

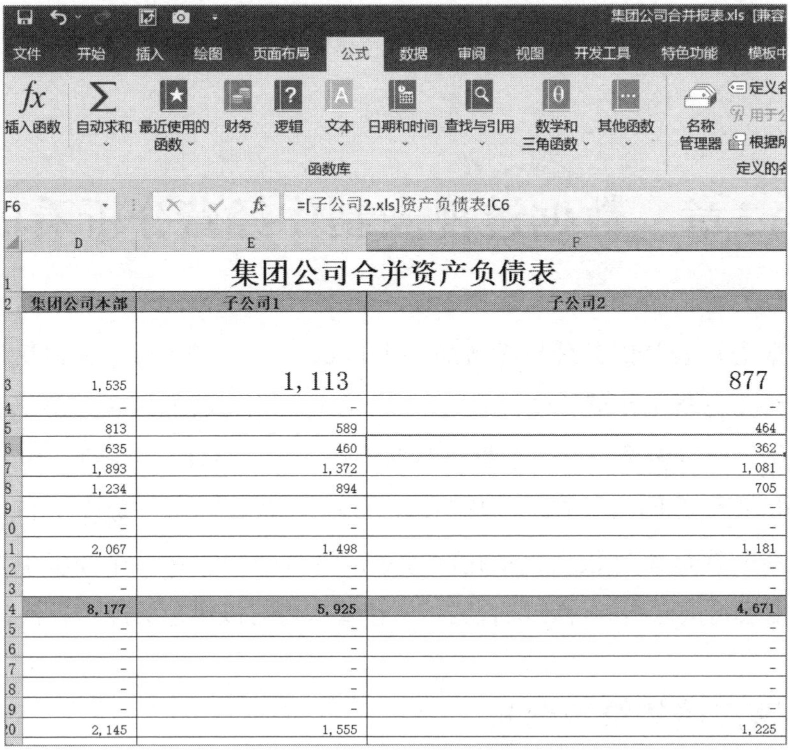

	D	E	F
1	集团公司合并资产负债表		
2	集团公司本部	子公司1	子公司2
3	1,535	1,113	877
4	-	-	-
5	813	589	464
6	635	460	362
7	1,893	1,372	1,081
8	1,234	894	705
9	-	-	-
10	-	-	-
11	2,067	1,498	1,181
12	-	-	-
13	-	-	-
14	8,177	5,925	4,671
15	-	-	-
16	-	-	-
17	-	-	-
18	-	-	-
19	-	-	-
20	2,145	1,555	1,225

图 2-46　正常显示公式取数

以此类推，将其他子公司的资产负债表和利润表的对应公式，都链接到集团合并报表中，最后再对两张合并财务报表中的集团公司合并数设置求和公式，集团公司的合并资产负债表和利润表就做好了。

如需对下属子公司报表数据更改，只需要替换原来对应子公司的工作簿，集团合并报表打开就可以自动取最新修改的数据过来，从而实现自动合并和更新数据的功能。

本章主要针对各种形式的表格合并及汇总进行学习，包括一个工作簿中结构相同的多表合并，一个工作簿中结构不同的多表合并，以及多个工作簿的多表合并，这些场景在实际工作中，不一定全都遇上，我们只需要有的放矢地掌握最常用的和最实用的方法即可。

第3章　数据透视表制作经营分析看板

数据透视表是财务分析必备的一个Excel工具，学会了它，以后快速统计和多维度分析工作就可以得心应手了。在这一章，我们用一个演练和一个综合案例，通过多个维度对数据进行深层次分析，搭建一个经营分析看板。经营分析看板在网络上有多个称呼，例如管理者驾驶舱、数据分析看板等等，实际上就是通过数据可视化的方式，将多个图表在一个面板上进行展现，以对公司重点指标进行综合展示，让管理者可以快速关注重点信息。

3.1　客户销售情况分析

下面开始进行客户销售情况分析。

─┤具体操作├────────────────────────────

1 选择"2023年"销售明细表，单击【插入】—【数据透视表】选项，如图3-1所示。选择数据透视表默认选项，如图3-2所示。

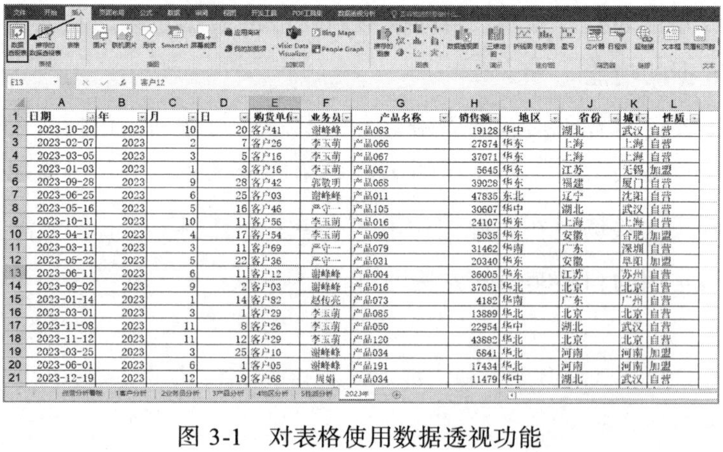

图 3-1　对表格使用数据透视功能

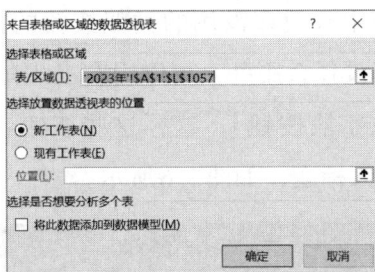

图 3-2　选择数据透视表默认选项

2 制作客户销售情况分析表，将字段"购货单位"拖拽到右侧的数据透视表字段中的【行】，将字段"销售额"拖拽到右侧的数据透视表字段中的【值】，如图3-3所示。插入折线图，如图3-4所示。

图 3-3　制作客户销售情况分析表

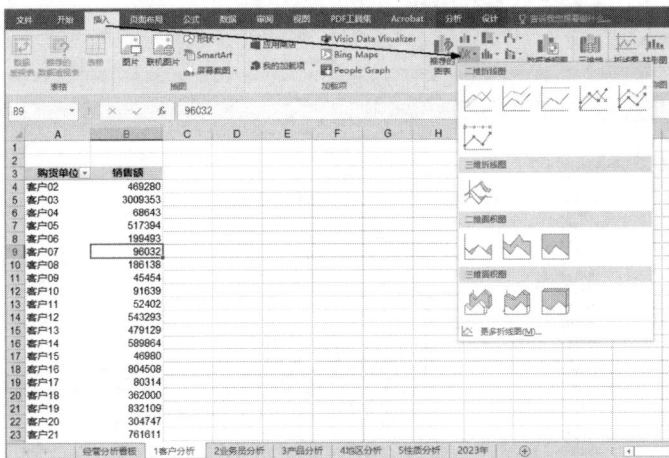

图 3-4　插入折线图

3 可以看到，图表上有很多没用的类似按钮的控件出现，这些东西对于我们展示图表没什么用处，可以用右击"销售额"按钮，选择【隐藏图表上的所有字段按钮】，这样这些按钮就都消失了，如图3-5所示。之后可以加入标题，如图3-6所示。

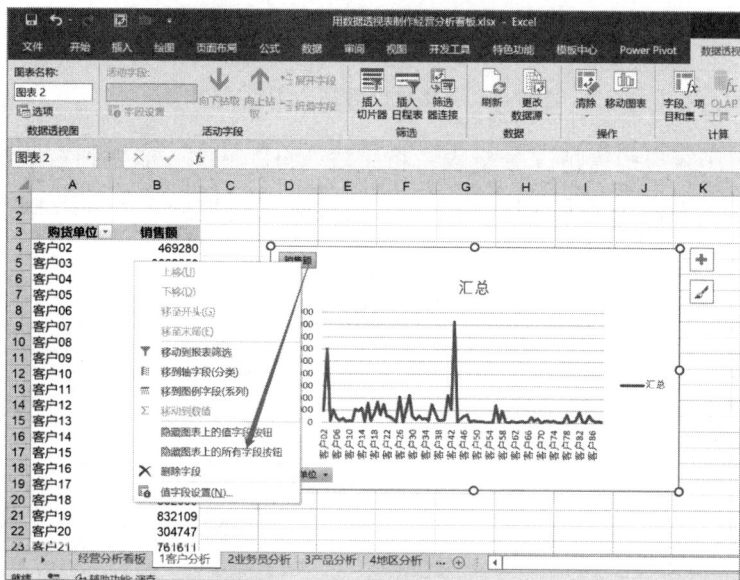

图 3-5　去掉图表上的按钮

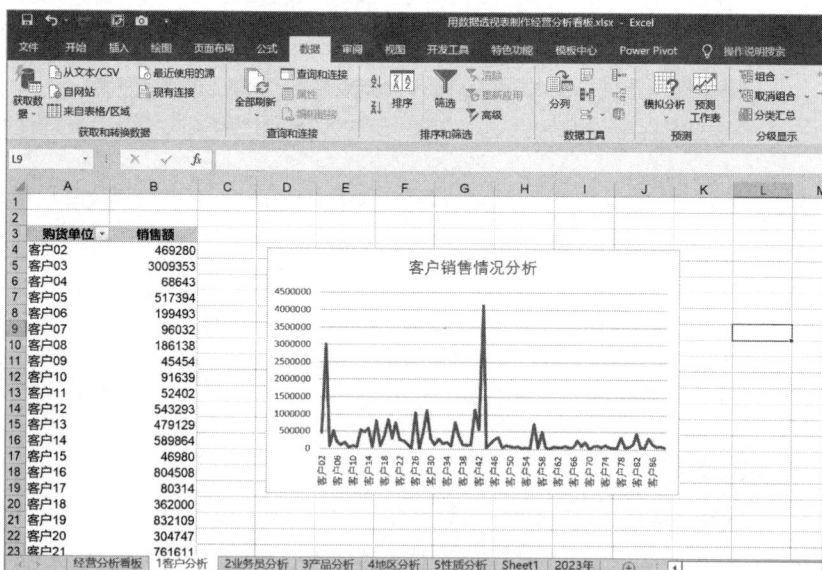

图 3-6　加入标题后的图表

4 继续对图表美化，选中图表，选择【设计】菜单，在出现的样式中选择一个黑色背景的，这样就完成了图表的样式套用，如图3-7所示。客户销售情况分析如图3-8所示。

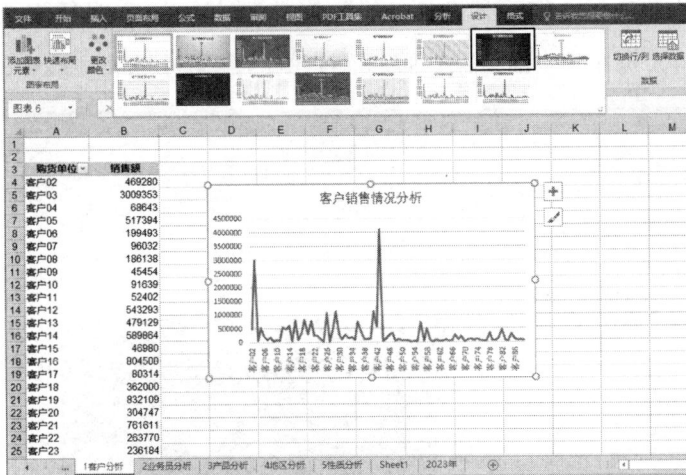

图 3-7　对图表进行样式套用

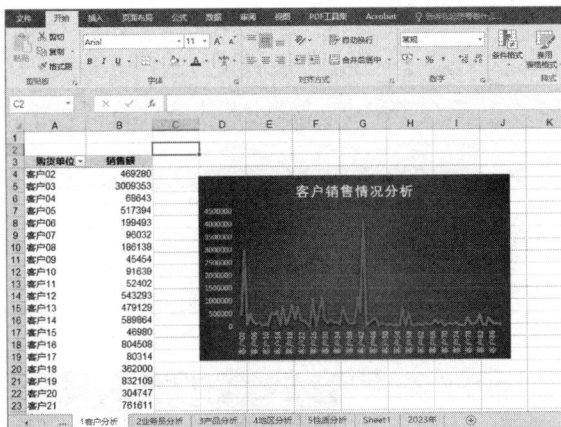

图 3-8　客户销售情况分析

3.2　业务员销售情况分析

下面开始进行业务员销售情况分析。

1 右击"客户分析表",选择【移动或复制】,如图3-9所示。再选择【建立副本】,并将表格更名为"业务员分析表",如图3-10所示。制作业务员分析,将字段"业务员"拖拽到右侧的数据透视表字段中的【行】,将字段"销售额"拖拽到右侧的数据透视表字段中的【值】。

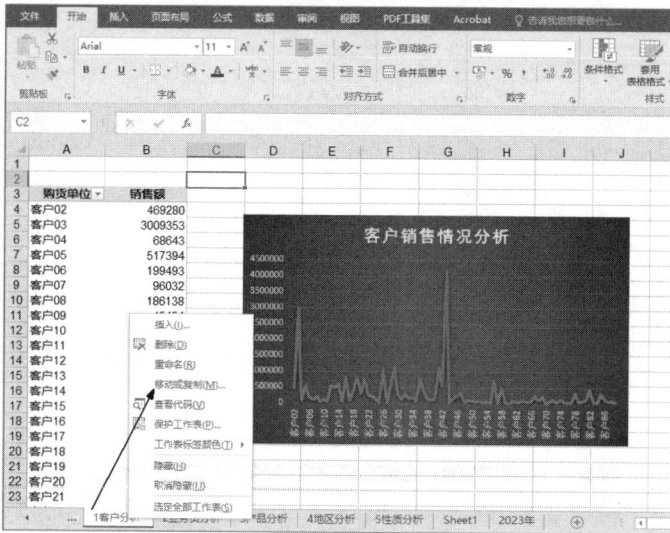

图 3-9　复制分析表格

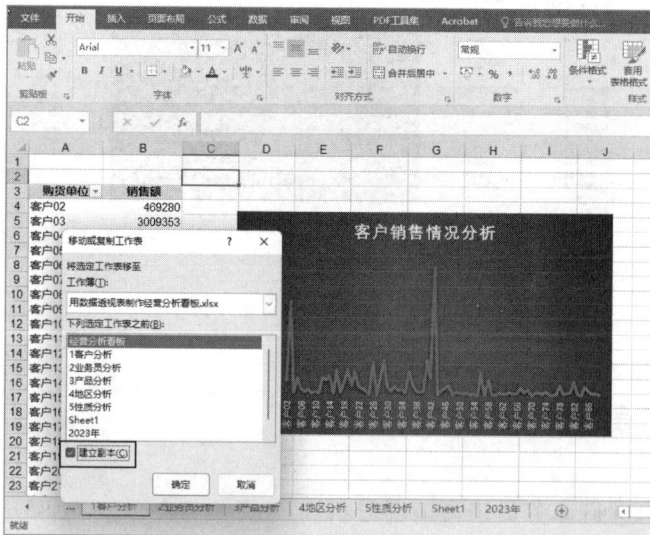

图 3-10　建立副本

2 单击图表，选择【设计】—【更改图表类型】，选择条形图，并进行标题修改和数据排序，如图3-11所示。业务员销售情况分析就快速做好了，如图3-12所示。

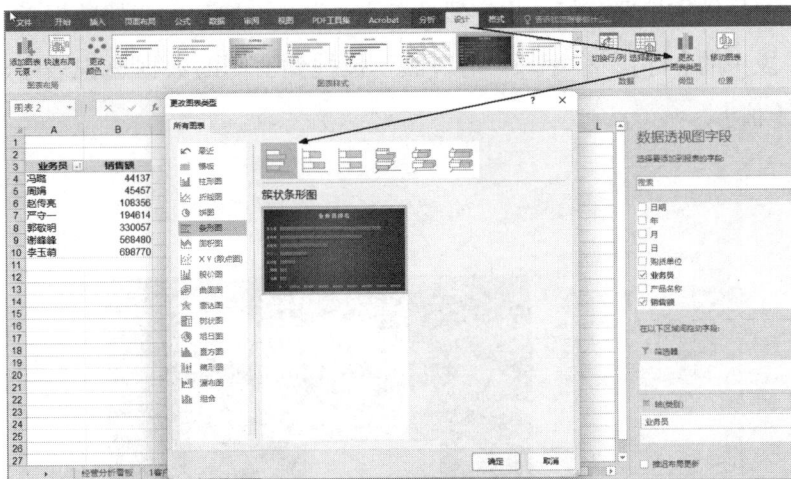

图 3-11　变更为条形图

图 3-12　业务员销售情况分析

3.3　产品销售情况分析

下面开始进行产品销售情况分析。

1 右击"业务员分析表",选择【移动或复制】,如图3-13所示。再选择【建立副本】,并将表格更名为"产品分析表",如图3-14所示。进行产品销售情况分析,将字段"产品名称"拖拽到右侧的数据透视表字段中的【行】,将字段"销售额"拖拽到右侧的数据透视表字段中的【值】。

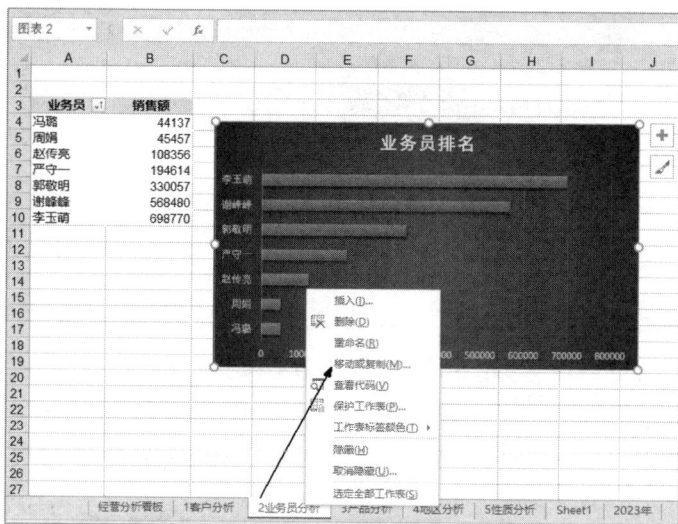

图 3-13 复制分析表格

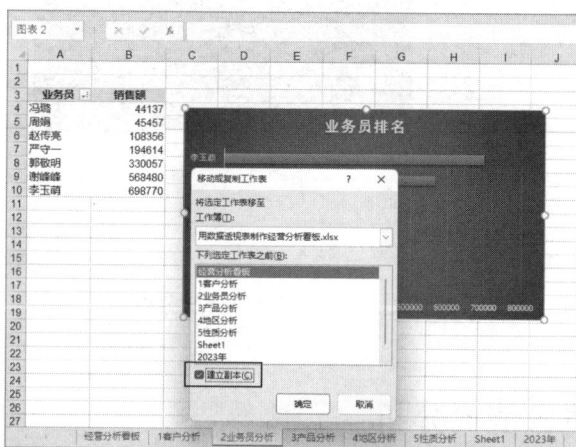

图 3-14 建立副本

2 单击图表，选择【设计】—【更改图表类型】，选择柱形图，并进行标题修改和数据排序，如图3-15所示。产品销售情况分析就快速做好了，如图3-16所示。

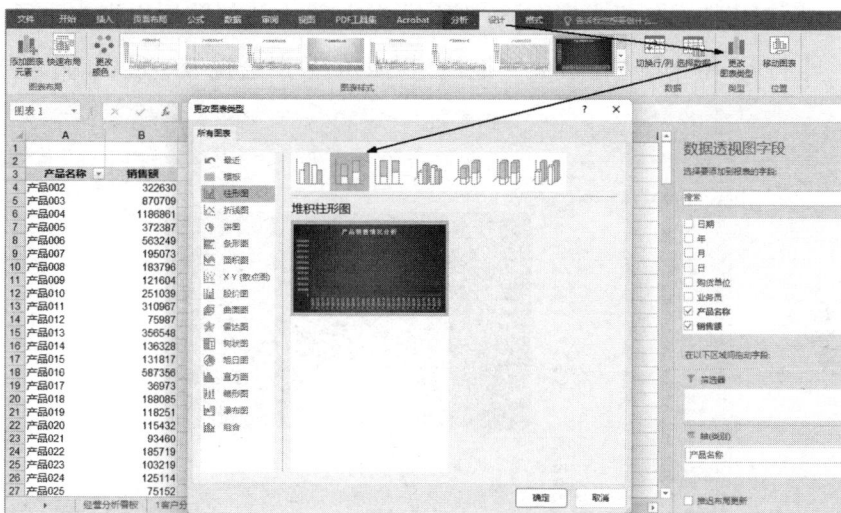

图 3-15　变更为柱形图

图 3-16　产品销售情况分析

3.4　地区销售情况分析

下面开始进行地区销售情况分析。

1 右击"产品分析表",选择【移动或复制】,如图3-17所示。再选择【建立副本】,并将表格更名为"地区分析表",如图3-18所示。进行地区销售情况分析,将字段"地区"拖拽到右侧的数据透视表字段中的【行】,将字段"销售额"拖拽到右侧的数据透视表字段中的【值】。

图 3-17 复制分析表格

图 3-18 建立副本

2 单击图表,选择【设计】—【更改图表类型】,选择圆环图,并进行标题修改和数据排序,如图3-19所示,地区销售情况分析就快速做好了,如图3-20所示。

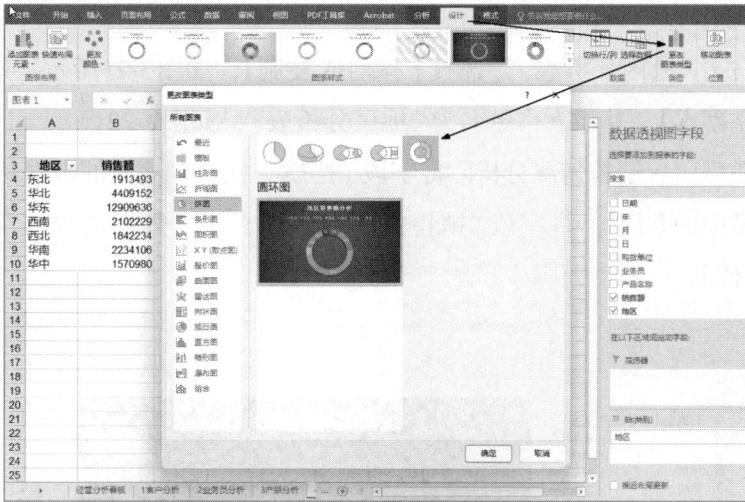

图 3-19　变更为圆环图

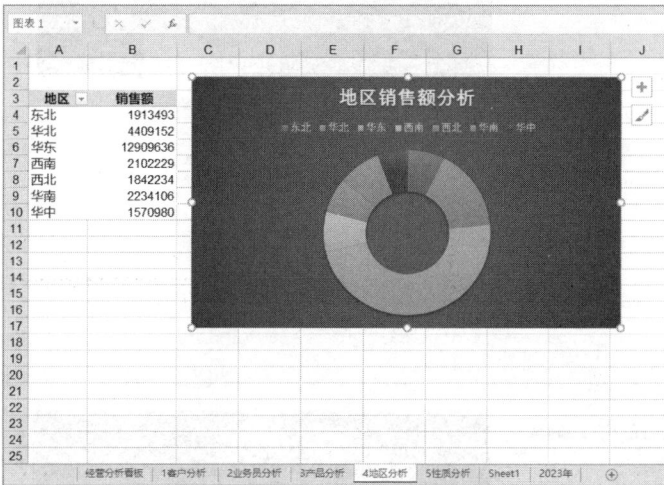

图 3-20　地区销售情况分析

3.5　不同性质门店销售情况分析

下面开始进行不同性质门店销售情况分析。

1 右击"地区分析表"，选择【移动或复制】，如图3-21所示。选择【建立副本】，并将表格更名为"地区分析表"，如图3-22所示。进行不同性质门店销售情况分析，将字段"性质"拖拽到右侧的数据透视表字段中的【行】，将字段"销售额"拖拽到右侧的数据透视表字段中的【值】。

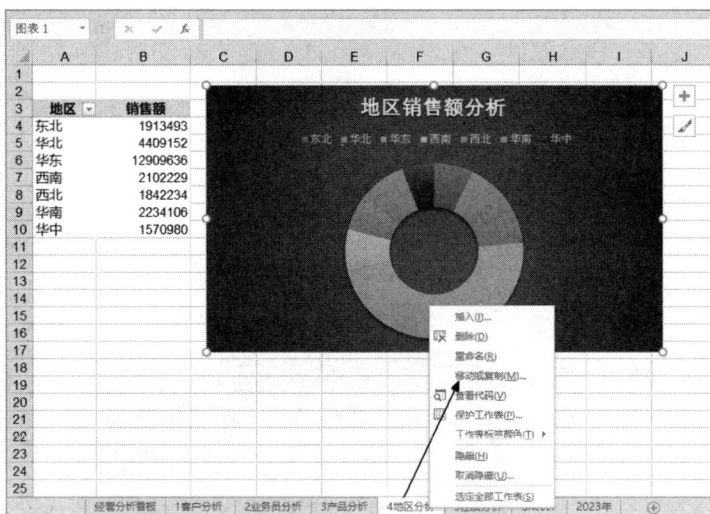

图 3-21　复制分析表格

图 3-22　建立副本

2 删除上一个步骤做的地区情况分析圆环图。按照不同性质门店统计销售情况，如图3-23所示。然后对E9:I13单元格区域填充黑色，在F10和H10单元格分别输入："加盟销售额"和"自营销售额"，在F11和H11单元格分别输入："=B4/10000"和"=B5/10000"，如图3-24所示。

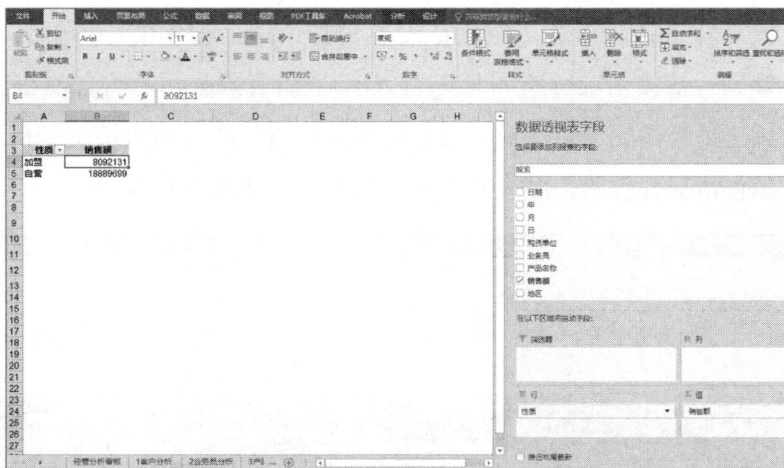

图 3-23　按照不同性质门店统计销售情况

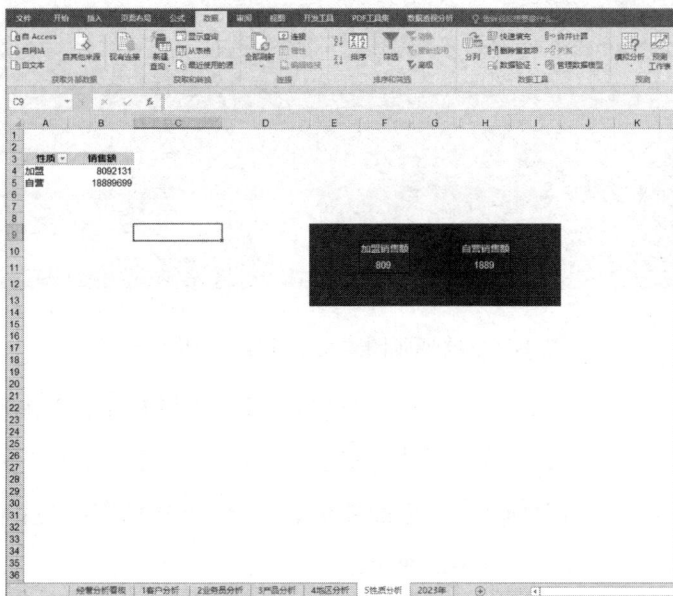

图 3-24　产品销售情况分析

3.6 经营分析看板的搭建

下面开始制作经营分析看板。

—|具体操作|———————————————————————

1 复制几张图表到经营分析看板表。先新建一张空表工作表，将表格填充背景色为黑色，然后在左上角加入网上搜索的小图标，并加入标题：销售情况分析看板以及 ABC 股份有限公司。将之前搭建好的客户销售情况分析、业务员销售情况分析、产品销售情况分析、地区销售情况分析四张图表放在右侧排列好，如图 3-25 所示。

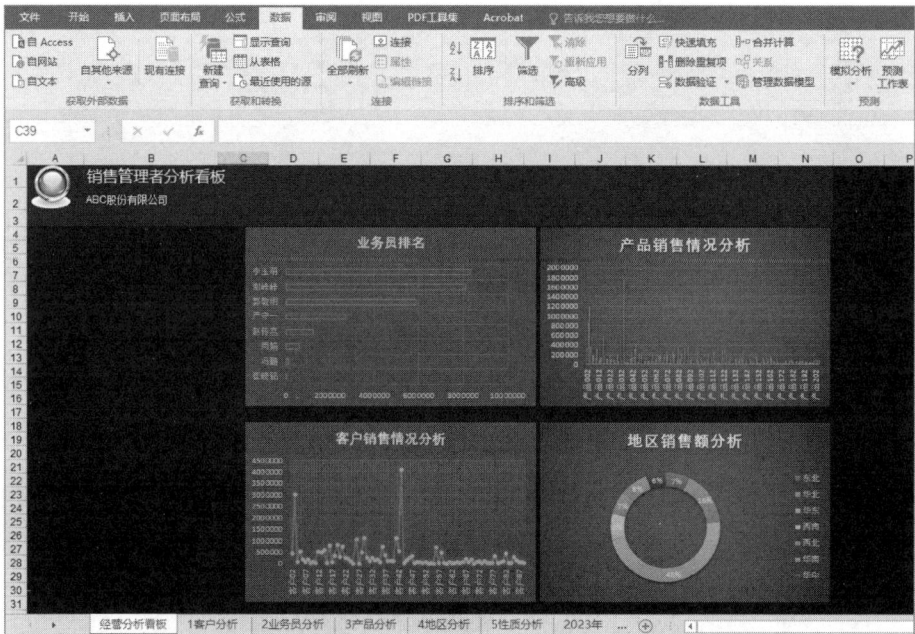

图 3-25　将四张图表复制到经营分析看板

2 用照相机功能引用数据。右击【文件】，选择【自定义快速访问工具栏】，如图 3-26 所示。选择【快速访问工具栏】—【从下列位置选择命令】—【所有命令】—【照相机】，然后添加到右侧的【自定义快速访问工具栏】，如图 3-27 所示。

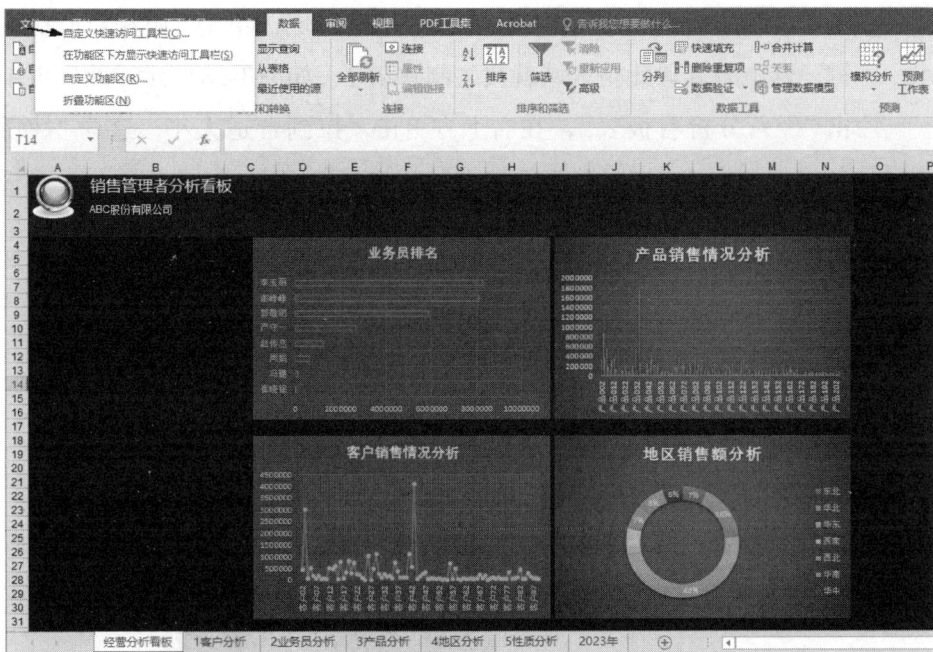

图 3-26 右击选择"自定义快速访问工具栏"

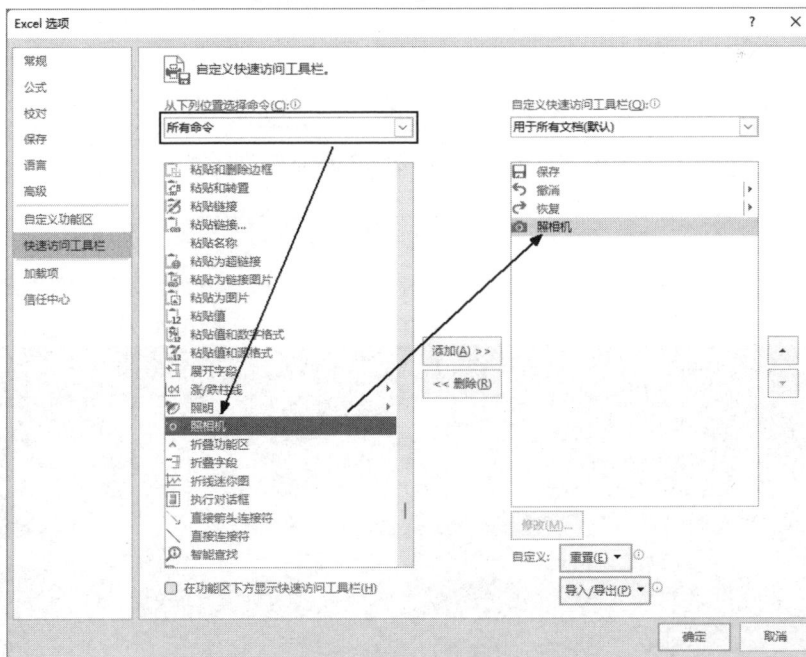

图 3-27 添加照相机功能

3 选中"性质分析表"中的E9:G13单元格区域，单击【照相机】功能键，这个时候单元格区域就被复制映射了，如图3-28所示。然后再单击"经营分析看板表"，在右上方单击，拉到合适大小，这样"性质分析表"中的"加盟销售额数据"就被复制映射到了"经营分析看板表"，如图3-29所示。如果原始数据变化，被复制映射的数据也会发生变化。

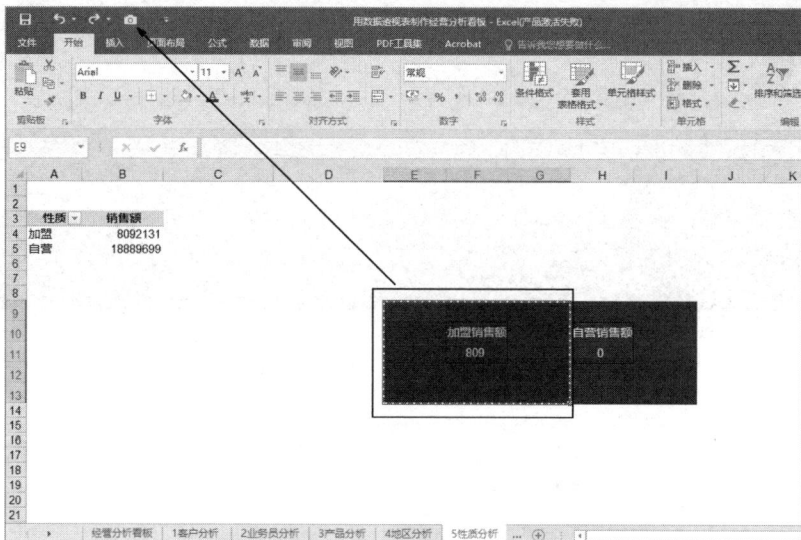

图 3-28   用照相机功能复制映射数据区域

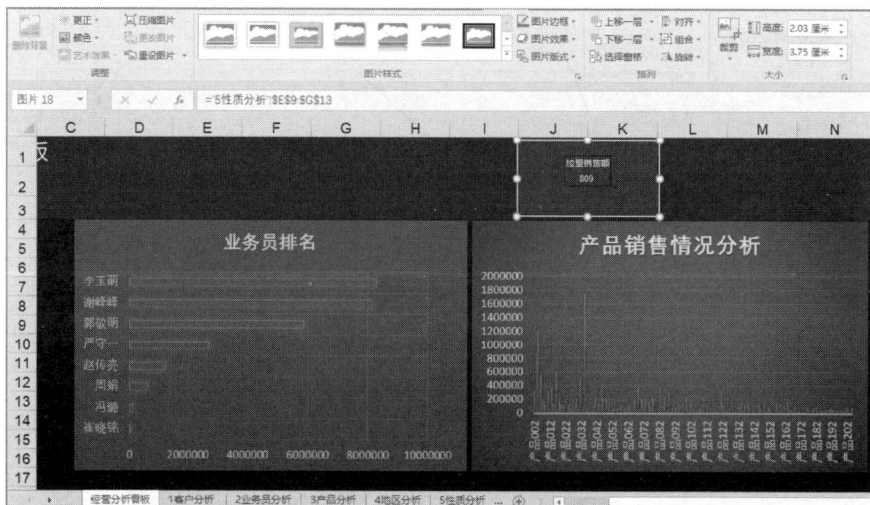

图 3-29   粘贴复制映射的数据到指定表格

4 按照同样操作步骤，用照相机功能，将"性质分析表"中的"自营销售额数据"复制映射到"经营分析看板表"，如图3-30、图3-31所示。

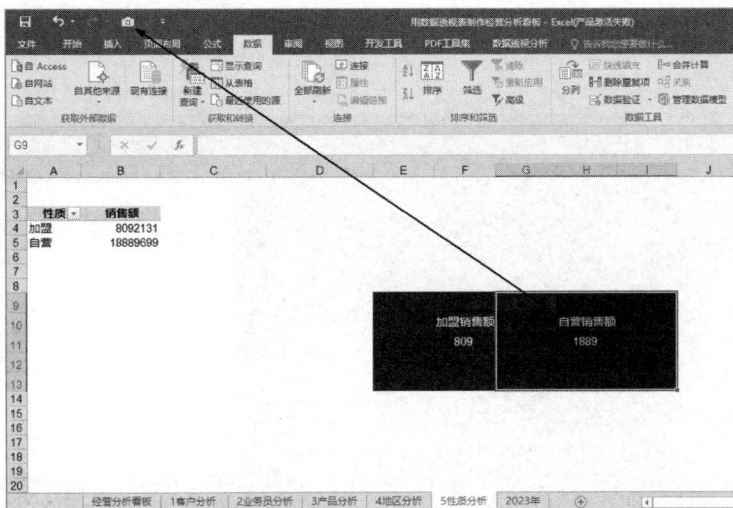

图 3-30　用照相机功能复制映射数据区域

图 3-31　粘贴复制映射的数据到指定表格

5 插入日程表和切片器。选中"业务员排名图表"，选择【数据透视图分析】—【插入日程表】，勾选"日期"，如图3-32所示。将出现的日程表放在表格左侧合适的位置，单击任意月份或按【Ctrl】键同时选中多个月份，就可以按照选择的期间进行数据的查询，如图3-33所示。

57

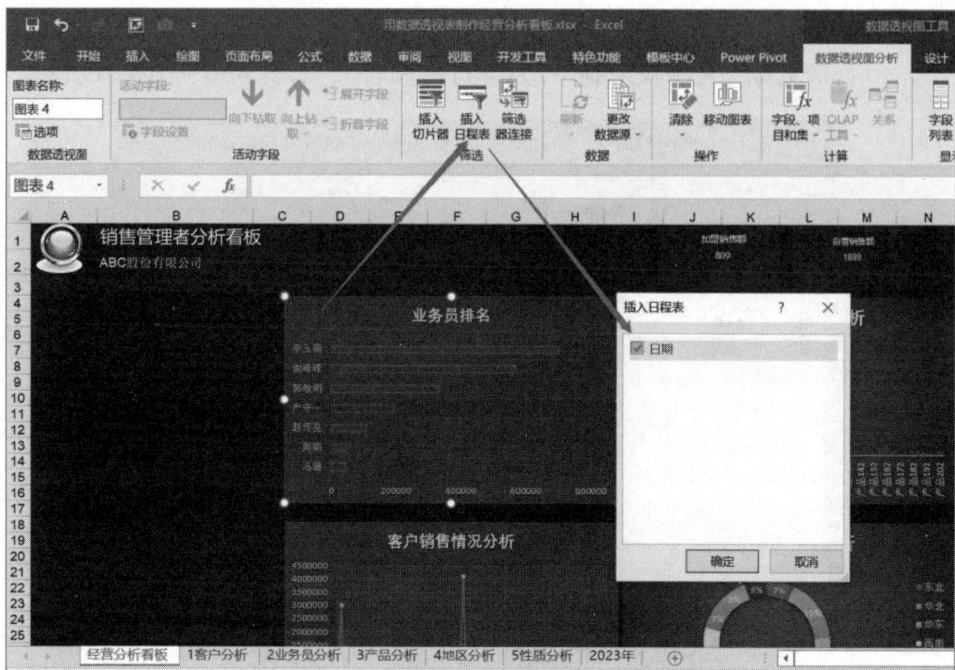

图 3-32　插入日程表

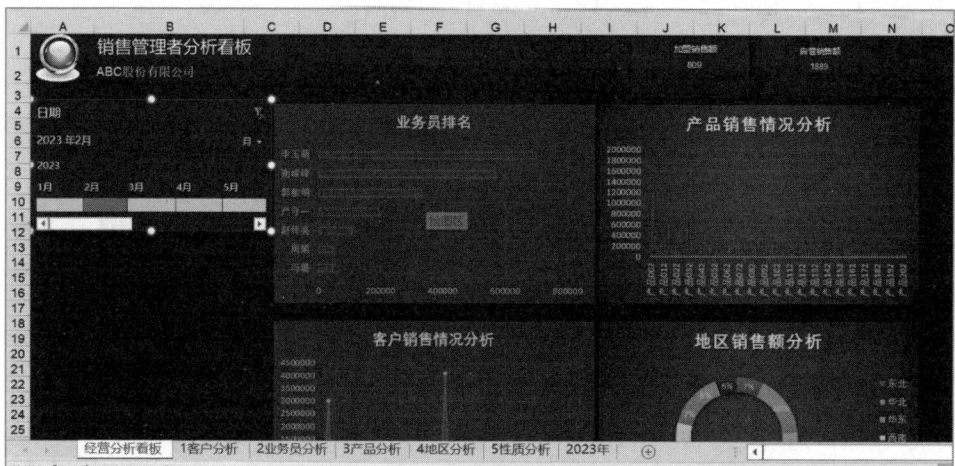

图 3-33　将日程表放在合适的位置

6 选中"业务员排名图表",选择【数据透视图分析】—【插入切片器】,勾选"购货单位",如图3-34所示。将出现的切片器放在表格左侧合适的位置,单击任意客户名称或按【Ctrl】键同时选中多个客户名称,就可以按照客户名称进行数据的查询,如图3-35所示。

图 3-34　插入切片器

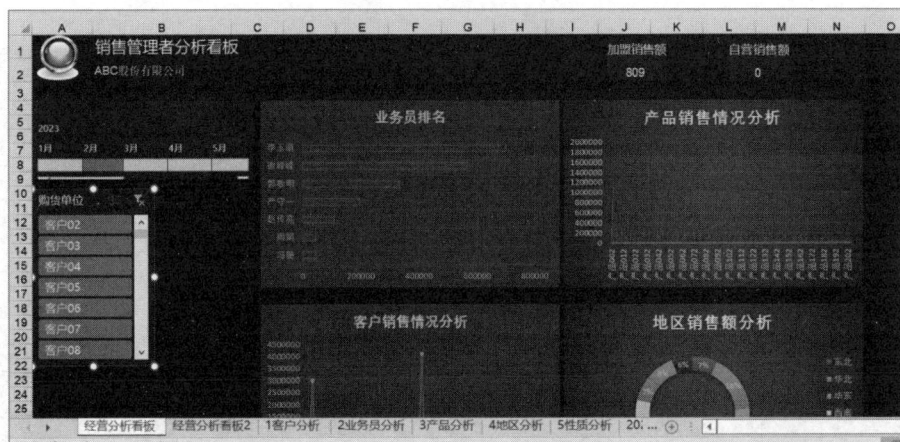

图 3-35　将切片器放在合适的位置

接下来，我们可以对切片器与需要控制的图表进行链接，如果不进行此步操作，当用切片器进行数据筛选时，切片器有可能因为没有设置报表链接，导致呈现的看板数据不是我们所期望的。

7 建立报表链接的方法是，用右击"购货单位"切片器，选择【报表链接】，如图3-36所示。勾选除了"客户分析表"以外的表格，单击【确定】，这样"购货单位"切片器就可以控制除了"客户销售情况分析图"以外的图表了，从而达到控制指定图表的目的，如图3-37所示。

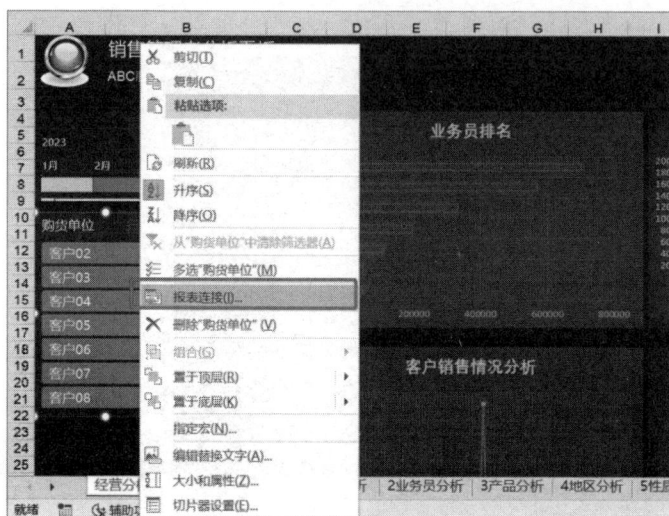

图 3-36　选择"报表链接"

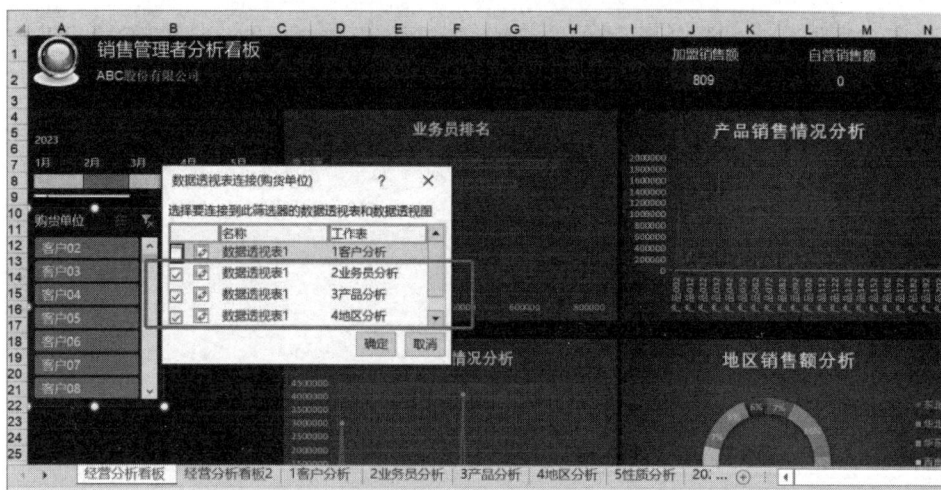

图 3-37　选择需要链接和控制的图表所属表格

8 按照以上相同步骤，插入其他三个切片器，并进行简单排版和美化，形成最后的成品，如图3-38所示。

图 3-38 经营分析看板最终效果

第4章 财务分析模型搭建必备函数

想要做好财务分析模型的搭建工作，函数是必备的工具之一。这个章节主要介绍常用的必备函数的用法，并结合实际案例进行实操。让我们开始愉快的学习吧。

4.1 IF函数——判断评价等级

函数语法：IF(判断条件,结果1,结果2)

具体应用：IF函数的应用非常简单，举例说明，假如要对小明是否成年进行判断，那判断的逻辑应该是——小明年龄如果大于等于18岁，就返回成年，否则返回未成年，用IF函数写出来就是"=IF(年龄＞=18,"成年","未成年")"。

下面我们用案例实操一下两个条件的判断。如图4-1所示，这是一张加盟商评分统计表，我们已经对加盟商进行了评分，但是不知道对应的评级，假如加盟商的评分在60分以上，我们就评价其为及格，否则为不及格。那么我们可以在C2单元格中输入公式"=IF(B3＞=60,"及格","不及格")"，双击C2单元格右下角，公式就自动延展至底部。

接下来，做三个条件的判断。现在我们对加盟商的等级采取三个评分标准：60分以上及格，80分以上良好，90分以上优秀。现在是不是思维有点乱了？不知道该怎么设置IF函数了吧？别着急，我们可以通过逻辑图的方式理顺思路。如图4-2所示，我们可以从最大的分数90分开始分析，如果分数大于90分，则评级为优秀，否则就向下判断；再判断是否大于80分，如果是，则评级为良好，否则就继续向下判断；最后判断是否大于60分，如果是，则评级为及格，否则评级为不及格。

图 4-1　用IF函数进行两个条件的判断

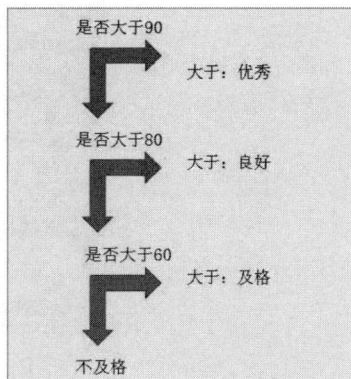

图 4-2　IF函数判断逻辑图

　　输入嵌套函数的时候，我们可以用函数对话框来输入，以防止逻辑错误和输入错误。首先，在D3单元格输入"=IF("，然后按【Ctrl+A】快捷键调出函数对话框，第一参数输入"B3＞90"，第二参数输入"优秀"，到这里的意思是如果B3单元格中的分数大于90分，则返回结果优秀；那么第三参数怎么输入呢？就是按照我们刚才梳理的逻辑图那样，继续向下判断，也就是得再加一个IF判断函数进去。

　　那么，怎么新嵌套进去一个IF函数呢？

───┤具体操作├─────────────────────────────

1 单击第三参数单元格，然后用鼠标单击名称框，选择里面的【其他函数】，如图4-3所示。

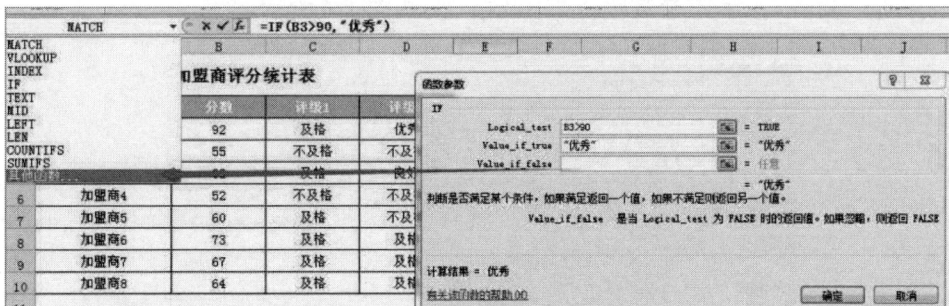

图 4-3　选择【其他函数】

2 在【搜索函数】中输入IF，然后单击【转到】，选择IF函数，单击【确定】按钮，如图4-4所示。

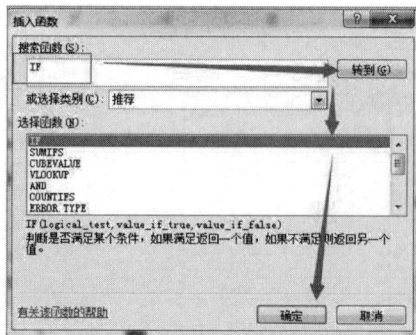

图 4-4　设置【搜索函数】

3 这个时候就出现了第二个IF函数对话框，在这个对话框中，第一参数
输入"B3＞80"，第二参数输入"良好"，接着在第三参数中，选择名
称框中的IF函数，如图4-5所示。

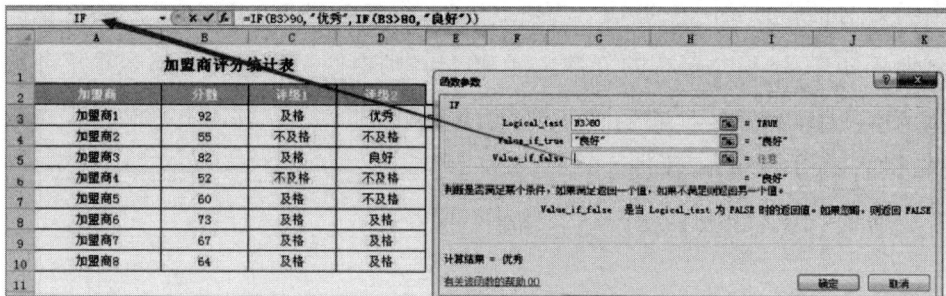

图 4-5　设置第二个IF函数的第三参数

4 在第三个IF函数对话框中，第一参数输入"B3＞60"，第二参数输入
"及格"，第三参数输入"不及格"，如图4-6所示。

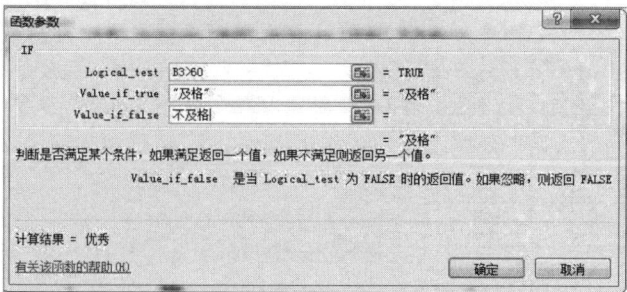

图 4-6　设置好最后一个IF函数对话框

5 下拉公式至有数据区域的最后一行单元格，如图4-7所示。

	A	B	C	D
1	加盟商评分统计表			
2	加盟商	分数	评级1	评级2
3	加盟商1	92	及格	'=IF(B3>=90,"优秀",IF(B3>=80,"良好",IF(B3>=60,"及格","不及格")))
4	加盟商2	55	不及格	不及格
5	加盟商3	82	及格	良好
6	加盟商4	52	不及格	不及格
7	加盟商5	60	及格	不及格
8	加盟商6	73	及格	及格
9	加盟商7	67	及格	及格
10	加盟商8	64	及格	及格

图 4-7　三个条件判断公式设置成功

按照这三个条件对加盟商评级就完成了，在设置IF嵌套公式之前，一定要手工画好逻辑图，然后逐个将条件加进去就非常容易了，这样一点也不会乱，你掌握了吗？

4.2　OR函数——锁定满足任意一种条件的信息

函数语法：OR(条件1,条件2,条件3,…)

具体应用：OR函数主要与IF函数联合使用，它的意思是满足参数中设置的任何一个条件，结果就返回TRUE（正确的），如果一个条件都不成立就返回FALSE（错误的）。举个例子，小明这次考试分数为85分，我们要判断小明的成绩是否为优秀（大于90分）或者不及格（小于60分），现在我们用OR函数设置公式为"=OR(小明分数>90,小明分数<60)"，这个公式返回的结果是FALSE，即小明的分数不在这一头一尾两个区间，而是在中间的数值。

下面，再举一个实际工作中的案例。假设我们手里有一张仓库出库表，我们现在要对其进行分析，并对重点信息进行标注。首先，我们想对发货货品的位置做一个提示，提示是否为北京、上海、广州发货，即发货仓库是这三个城市的任何一个，我们就让其提示是"北上广"地区发货。

──┤具体操作├────────────────────────────

1 先用OR函数对货品发货地是否为"北上广"地区进行判断，在F3单元格中先输入"=OR(B3="北京",B3="上海",B3="广州")"。输入成功后，会返回两种结果，要么是TRUE，即确实是“北上广”地区发货；要么是FALSE，即不是“北上广”地区发货。

2 用其结果，在OR函数的外边再嵌套一层IF函数“=IF(OR函数结果,"北上广出货","其他城市出货")”，这样嵌套函数的返回结果就是文字形式的，要么是“北上广出货”，要么是“其他城市出货”，返回的结果非常直观。公式的完整写法是“=IF(OR(B3="北京",B3="上海",B3="广州"),"北上广出货","其他城市出货")”，如图4-8所示。

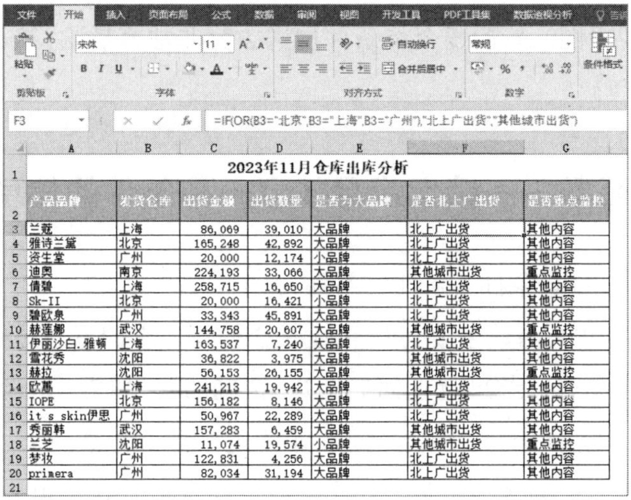

产品品牌	发货仓库	出货金额	出货数量	是否为大品牌	是否北上广出货	是否重点监控
兰蔻	上海	86,069	39,010	大品牌	北上广出货	其他内容
雅诗兰黛	北京	165,248	42,892	大品牌	北上广出货	其他内容
资生堂	广州	20,000	12,174	小品牌	北上广出货	其他内容
迪奥	南京	224,193	33,066	大品牌	其他城市出货	重点监控
倩碧	上海	258,715	16,650	大品牌	北上广出货	其他内容
Sk-II	北京	20,000	16,421	小品牌	北上广出货	其他内容
碧欧泉	广州	33,343	45,891	大品牌	北上广出货	其他内容
赫莲娜	武汉	144,758	20,607	大品牌	其他城市出货	重点监控
伊丽沙白.雅顿	上海	163,537	7,240	大品牌	北上广出货	其他内容
雪花秀	沈阳	36,822	3,975	大品牌	其他城市出货	其他内容
赫拉	沈阳	56,153	26,155	大品牌	其他城市出货	重点监控
欧蕙	上海	241,213	19,942	大品牌	北上广出货	其他内容
IOPE	北京	156,182	8,146	大品牌	北上广出货	其他内容
it`s skin伊思	广州	50,967	22,289	大品牌	北上广出货	其他内容
秀丽韩	武汉	157,283	6,459	大品牌	其他城市出货	其他内容
兰芝	沈阳	11,074	19,574	小品牌	其他城市出货	重点监控
梦妆	广州	122,831	4,256	大品牌	北上广出货	其他内容
primera	广州	82,034	31,194	大品牌	北上广出货	其他内容

图 4-8　OR函数应用实例

4.3　AND函数——锁定满足所有条件的信息

函数语法：AND(条件1,条件2,条件3,…)

具体应用：AND函数也要与IF函数联合使用，它的意思是满足参数中设置的所有条件，结果就返回TRUE，如果不满足其中的任何一个，结果就返回FALSE。AND函数与OR函数相比，对条件的判断更加苛刻，即必须同时满足参数中的所以条件，有点像“完美主义先生”；而OR函数就比较随和，满足参数中的任何一个条件就可以，有点像“差不多先生”。

举个例子，假设我们评价三好先生的标准是：身材好、长相好、工作好，那我们可以设置公式为“=AND("身材好","长相好","工作好")”，如果小明同学全部符合，则公式返回结果是TURE，否则就返回FALSE。

我们继续拿刚才的那张仓库出库表举例，这次我们要对“其他城市发货，且出货数量大于15 000件的货品”进行重点标注，即提示其为“重点监控对象”。我们对其他城市发货且数量较大的产品需要及时补货，就需要对其予以关注。

具体操作

1. 用AND函数进行判断，在G3单元格输入“=AND(D3>15000,F3="其他城市出货")”，D3为出货数量，F3为是否为“北上广”出货。输入成功后，会返回两种结果，要么是TRUE，确实需要重点监控；要么是FALSE，不需要重点监控。
2. 用其结果，在AND函数的外边再嵌套一层IF函数“=IF(AND函数结果,"重点监控","其他内容")”。这样公式就设置好了，如图4-9所示。

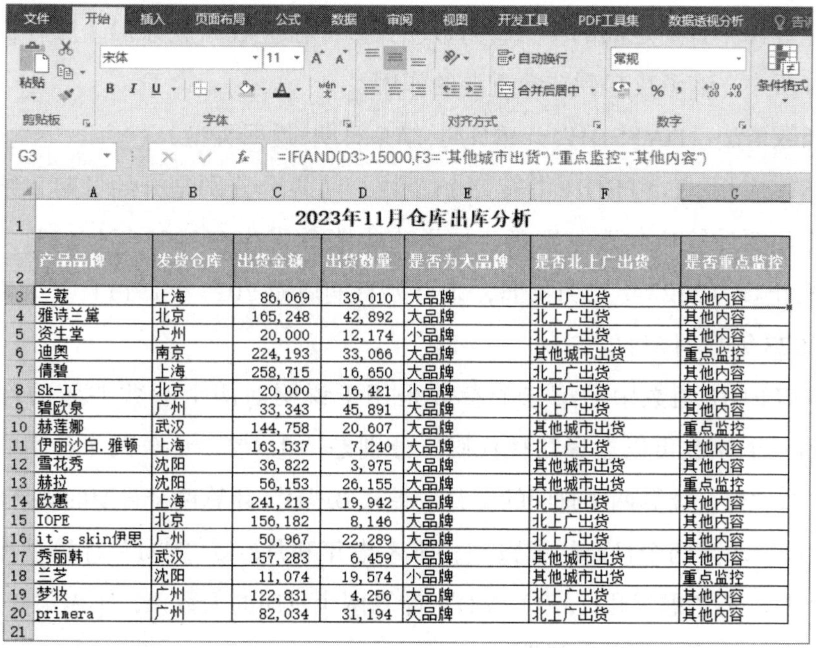

2023年11月仓库出库分析

产品品牌	发货仓库	出货金额	出货数量	是否为大品牌	是否北上广出货	是否重点监控
兰蔻	上海	86,069	39,010	大品牌	北上广出货	其他内容
雅诗兰黛	北京	165,248	42,892	大品牌	北上广出货	其他内容
资生堂	广州	20,000	12,174	小品牌	北上广出货	其他内容
迪奥	南京	224,193	33,066	大品牌	其他城市出货	重点监控
倩碧	上海	258,715	16,650	大品牌	北上广出货	其他内容
Sk-II	北京	20,000	16,421	小品牌	北上广出货	其他内容
碧欧泉	广州	33,343	45,891	大品牌	北上广出货	其他内容
赫莲娜	武汉	144,758	20,607	大品牌	其他城市出货	重点监控
伊丽沙白.雅顿	上海	163,537	7,240	大品牌	北上广出货	其他内容
雪花秀	沈阳	36,822	3,975	大品牌	其他城市出货	其他内容
赫拉	沈阳	56,153	26,155	大品牌	其他城市出货	重点监控
欧蕙	上海	241,213	19,942	大品牌	北上广出货	其他内容
IOPE	北京	156,182	8,146	大品牌	北上广出货	其他内容
it`s skin伊思	广州	50,967	22,289	大品牌	北上广出货	其他内容
秀丽韩	武汉	157,283	6,459	大品牌	其他城市出货	其他内容
兰芝	沈阳	11,074	19,574	小品牌	其他城市出货	重点监控
梦妆	广州	122,831	4,256	大品牌	北上广出货	其他内容
primera	广州	82,034	31,194	大品牌	北上广出货	其他内容

图 4-9　AND函数应用实例

4.4 DATEDIF函数——计算员工年龄

先来学习日期格式，实际上，日期本质上是数字序列号，不信？我们做个实验看看。在任意一个单元格输入"1900-01-01"，然后对这个单元格单击右键，在【设置单元格格式】中选择【数值】选项。是不是发现刚才的"1900-01-01"变成了数字"1"？然后我们再输入一个日期"2023-12-31"，也是同样将其格式设置为【数值】，这个单元格数据变成了"45291"，意思是这个日期距离"1900-01-01"有45 290天（45 291减去1）。

现在我们已经验证了，日期其实本质上是数字序列号，这就意味着日期是可以进行加减运算的。比如，用"2023-12-31"减去"2023-12-01"得出的结果是30，意思是这两个日期相差30天。在财务职场实践中，我们会经常遇到需要对日期进行处理的情况，比如提取员工的出生日期、工龄，计算库存商品的库龄，应收和应付账款的账龄，合同到期日，资产折旧测算，等等。

DATEDIF函数，是在财务工作中非常实用的函数，这个函数是一个隐藏函数，因为在Excel中的帮助和插入公式是找不到这个函数的。此函数的作用是计算两个日期之间的年数、月数、天数，在应收账款账龄、库存商品库龄等分析中，该函数起到非常重要的作用。

函数语法：DATEDIF(开始日期,结束日期,返回类型)

具体应用：DATEDIF中有三个参数，前两个分别是开始日期和结束日期，比如要计算应收账款账龄，如果应收账款发生在2023年1月1日，账龄统计截止日为2023年12月31日，则开始日期就是2023年1月1日，结束日期就是2023年12月31日。

DATEDIF函数中的第三个参数是用于说明前两个参数差额的计算方式。第三个参数可以选择几种代码，分别是：①"Y"计算两个日期的整年数差；②"M"计算两个日期的整月数差；③"D"计算两个日期的整天数差；④"MD"计算两个日期的天数差，不考虑年和月；⑤"YM"计算两个日期的月数差，不考虑年和日；⑥"YD"计算两个日期的天数差，不考虑年。

举两个实际案例进行说明。

下面是一张员工名单表，里面有员工的姓名和出生日期，现在我们的任务是将各个员工的年龄提取出来，为下一步的公司员工年龄结构分析做准备。企业需要判断企业员工年龄是否符合企业发展需要，如果年龄过度老化，则要补充新员工；如果过于年轻，则可以衡量是否符合企业实际需要。例如IT等行业要求创新，所以工程师的年龄必须要小一些。

──┤具体操作├──────────────────────────────

■ 在C2单元格中输入公式 "=DATEDIF(B2,"2025-12-31","Y")"，然后双击单元格右下角，这样员工名单中所有员工截至2025年底的年龄就被计算出来了，如图4-10所示。

C2	: × ✓ fx	=DATEDIF(B2,"2025-12-31","Y")
A	B	C
姓名	出生日期	年龄
申建国	1990-01-02	35
刘守焱	1983-02-14	42
刁兆国	1992-05-09	33
周军	1975-06-30	50
阮树明	1988-03-18	37
王卫东	1988-03-19	37
谢娜	1973-06-11	52
王家柳	1984-08-18	41
韩美瑷	1975-06-22	50
杨文彬	1991-05-18	34
夏寅奇	1988-03-19	37
李玉庆	1980-01-17	45
李宝山	1976-12-24	49

图 4-10　在C2单元格输入函数

这里的DATEDIF函数中，第一个参数输入的B2单元格引用的是第一个员工的出生日期，第二个参数输入的是一个指定日期，两个参数的意思是计算指定日期与员工的出生日期之间的差，也就是截止指定日期的年龄。但是，我们想要的只是两个日期的年数差就够了，所以第三参数输入的是"Y"，也就是计算两个日期的整年数差，这样员工的年龄就被计算出来了。怎么样，是不是很快捷？

4.5 DATEDIF函数——计算应付账款账龄

如图4-11所示，这个是一张应付账款账龄分析表，现在我们有几列现成的数据，包括供应商名称、期末余额、最后一次付款时间。为了统计账龄，我们需要将每个供应商的应付账款余额进行账龄归类，包括1年以内、1～2年、3～5年及5年以上。

─┤ **具体操作** ├────────────────────────

1 设置截止日期。需要在B1单元格输入一个统计截止日期，也就是以哪个截止日统计账龄，我们将其设置为2025年6月30日。

2 计算账龄月份数。开始逐列输入公式。在D4单元格，我们要计算该行应付账款从最后一次付款日期距离统计日有几个月，输入公式为"=DATEDIF(C4,$B$1,"M")"，公式中，第三参数"M"的意思是计算两个日期的整月数差，如图4-11所示。

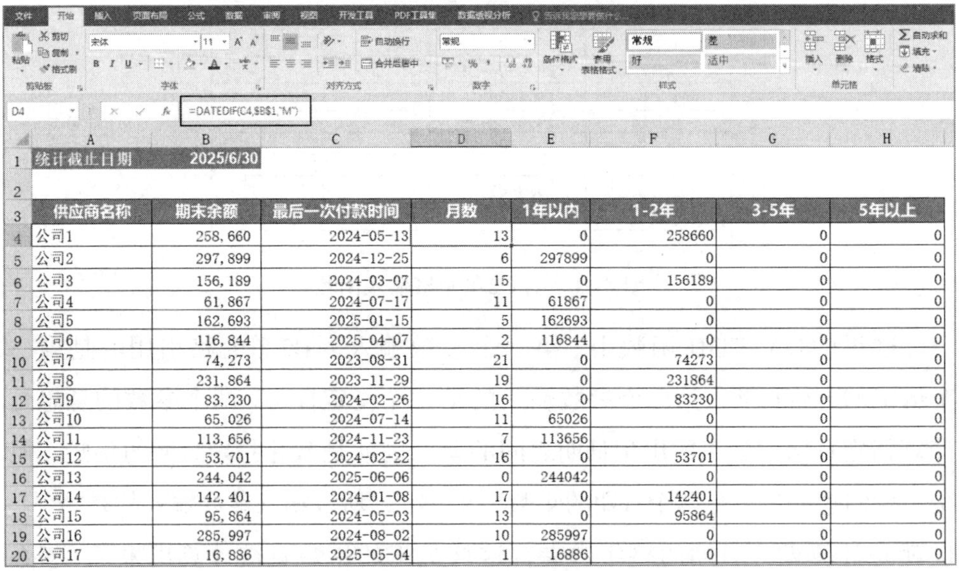

图 4-11　在应付账款账龄表的D4单元格输入函数

3 计算各账龄区间余额。要用IF函数依据刚才统计的应付账款账龄月数，将应付账款余额分别归类到1年以内、1～2年、3～5年及5年以上这四个账龄区间。在E4单元格输入"=IF(D4<=12,$B4,0)"，第一

参数"D4≤=12"，意思是月份数小于12个月，也就是1年以内账龄，如图4-12所示。

E4				=IF(D4<=12,$B4,0)				
	A	B	C	D	E	F	G	H
1	统计截止日期	2025/6/30						
2								
3	供应商名称	期末余额	最后一次付款时间	月数	1年以内	1-2年	3-5年	5年以上
4	公司1	258,660	2024-05-13	13	0	258660	0	0
5	公司2	297,899	2024-12-25	6	297899	0	0	0
6	公司3	156,189	2024-03-07	15	0	156189	0	0
7	公司4	61,867	2024-07-17	11	61867	0	0	0
8	公司5	162,693	2025-01-15	5	162693	0	0	0
9	公司6	116,844	2025-04-07	2	116844	0	0	0
10	公司7	74,273	2023-08-31	21	0	74273	0	0
11	公司8	231,864	2023-11-29	19	0	231864	0	0
12	公司9	83,230	2024-02-26	16	0	83230	0	0
13	公司10	65,026	2024-07-14	11	65026	0	0	0
14	公司11	113,656	2024-11-23	7	113656	0	0	0
15	公司12	53,701	2024-02-22	16	0	53701	0	0
16	公司13	244,042	2025-06-06	0	244042	0	0	0
17	公司14	142,401	2024-01-08	17	0	142401	0	0
18	公司15	95,864	2024-05-03	13	0	95864	0	0
19	公司16	285,997	2024-08-02	10	285997	0	0	0
20	公司17	16,886	2024-05-04		16886	0	0	0

图 4-12　在应付账款账龄表的E4单元格输入函数

4 在F4单元格输入"=IF((12<$D4)*($D4≤=24),$B4,0)"，这里的D4单元格的判断区间是大于12个月，且小于等于24个月，也就是1～2年，如图4-13所示。

F4				=IF((12<$D4)*($D4<=24),$B4,0)				
	A	B	C	D	E	F	G	H
1	统计截止日期	2025/6/30						
2								
3	供应商名称	期末余额	最后一次付款时间	月数	1年以内	1-2年	3-5年	5年以上
4	公司1	258,660	2024-05-13	13	0	258660	0	0
5	公司2	297,899	2024-12-25	6	297899	0	0	0
6	公司3	156,189	2024-03-07	15	0	156189	0	0
7	公司4	61,867	2024-07-17	11	61867	0	0	0
8	公司5	162,693	2025-01-15	5	162693	0	0	0
9	公司6	116,844	2025-04-07	2	116844	0	0	0
10	公司7	74,273	2023-08-31	21	0	74273	0	0
11	公司8	231,864	2023-11-29	19	0	231864	0	0
12	公司9	83,230	2024-02-26	16	0	83230	0	0
13	公司10	65,026	2024-07-14	11	65026	0	0	0
14	公司11	113,656	2024-11-23	7	113656	0	0	0
15	公司12	53,701	2024-02-22	16	0	53701	0	0
16	公司13	244,042	2025-06-06	0	244042	0	0	0
17	公司14	142,401	2024-01-08	17	0	142401	0	0
18	公司15	95,864	2024-05-03	13	0	95864	0	0
19	公司16	285,997	2024-08-02	10	285997	0	0	0

图 4-13　在应付账款账龄表的F4单元格输入函数

5 在G4单元格输入"=IF((24<$D4)*($D4≤=60),$B4,0)"，这里的D4单元格的判断区间是大于24个月，且小于等于60个月，也就是3～5年，如图4-14所示。

图 4-14 在应付账款账龄表的G4单元格输入函数

6 H4 单元格输入"=IF($D4>60,$B4,0)",这里的D4单元格的判断区间是大于60个月,也就是5年以上,如图4-15所示。

图 4-15 在应付账款账龄表的H4单元格输入函数

4.6 EDATE函数——提示到期合同

函数语法:EDATE(指定日期,月份数)

具体应用：EDATE(指定日期,月份数)，其中第二个参数，可以是正数也可以是负数。正数代表让函数返回指定日期之后几个月的日期，负数代表让函数返回指定日期之前几个月的日期。例如，输入公式“=EDATE("2023-5-5",2)”结果返回2023年7月5日，若输入公式“=EDATE("2023-5-5",-2)”结果返回2023年3月5日。

在财务实践中，合同管理的工作非常重要，合同过期没有续签，会影响收入的结算、供应商的商品或服务供应，甚至还会影响企业的正常运营，所以，制作合同台账以后，必须要设置一个到期提醒功能，使我们每次打开合同台账，表格会通过颜色标注自动提醒哪个合同已经快到期了，这样我们就能及时将新合同签订工作提前准备，避免给企业造成损失。

下面是一张合同台账，前四列数据是我们根据合同的信息手工录入的，包括合同编号、合同项目、签订日期、合同期限。现在，我们要根据签订日期和合同期限，推算到期日。

具体操作

1 在E2单元格输入公式“=EDATE(C2,D2)-1”，意思是计算2025年4月10日签订的合同，在合同有效期15个月之后的日期，减去1的意思是时间算头不算尾，这样，合同的到期日我们就计算出来了，如图4-16所示。

E2 =EDATE(C2,D2)-1

	A	B	C	D	E
1	合同编号	项目	签订日期	期限(月)	到期日
2	HT001	XM001	2024-04-10	15	2025-07-09
3	HT002	XM002	2024-05-20	19	2025-12-19
4	HT003	XM003	2024-10-13	9	2025-07-12
5	HT004	XM004	2025-01-12	5	2025-06-11
6	HT005	XM005	2025-02-11	4	2025-06-10
7	HT006	XM006	2025-04-20	7	2025-11-19
8	HT007	XM007	2025-04-16	22	2027-02-15
9	HT008	XM008	2025-08-21	14	2026-10-20
10	HT009	XM009	2024-10-08	6	2025-04-07

图 4-16　计算合同到期日

2 设置颜色标注自动提醒。选中合同数据区域“A2：E10”，选中【开始】菜单中的【条件格式】功能，单击【新建规则】，如图4-17所示。

选择规则类别为【使用公式确定要设置格式的单元格】，设置公式为"=$E2-"2025-10-1"＜30"，如图4-18所示。

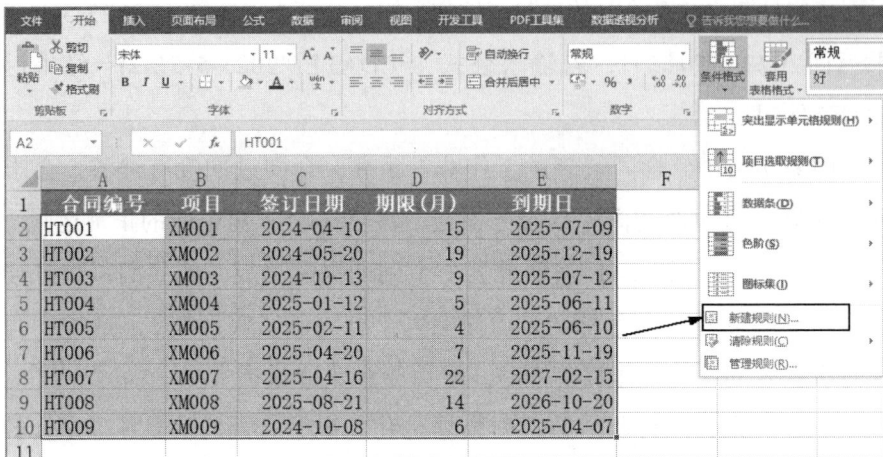

图 4-17　选择【新建规则】

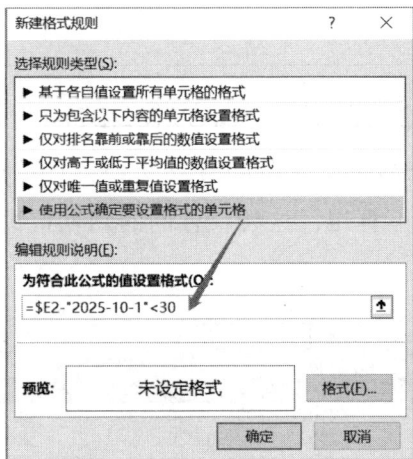

图 4-18　输入公式

3 在【格式】中选择填充颜色。这里的公式意思是判断距离到期日（这里我们用2025年10月1日与到期日进行对比，也就是假设2025年10月1日就是今天，当然，也可以直接用TODAY()函数代替，这里主要是为了方便演示）是否小于30天，如果小于30天，就填充颜色标注出来，如图4-19所示。这时，到期时间小于30天的合同已经被标注出来，如图4-20所示。

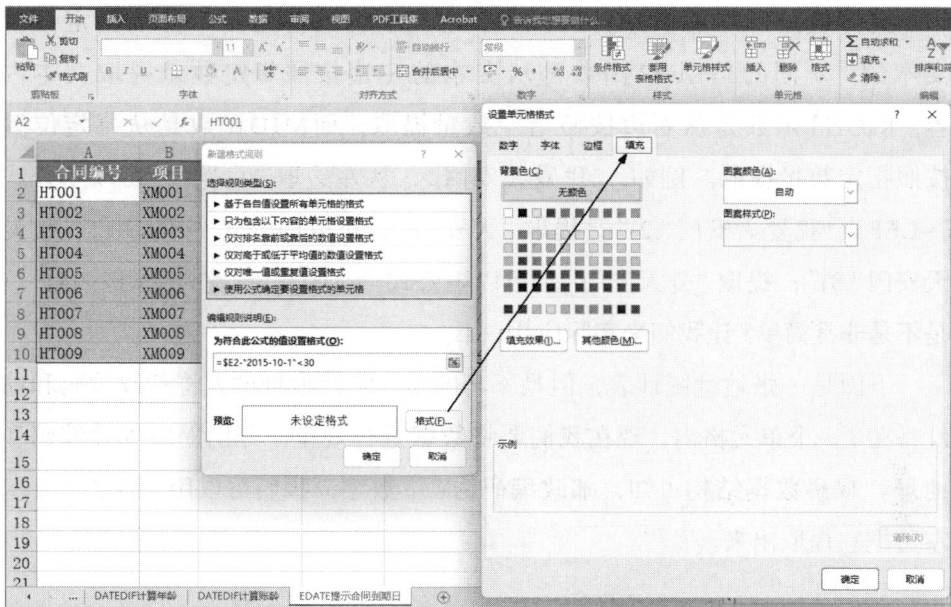

图 4-19　【格式】中选择填充颜色

	A	B	C	D	E
1	合同编号	项目	签订日期	期限(月)	到期日
2	HT001	XM001	2024-4-10	15	2025-7-9
3	HT002	XM002	2024-5-20	19	2025-12-19
4	HT003	XM003	2024-10-13	9	2025-7-12
5	HT004	XM004	2025-1-12	5	2025-6-11
6	HT005	XM005	2025-2-11	4	2025-6-10
7	HT006	XM006	2025-4-20	7	2025-11-19
8	HT007	XM007	2025-4-16	22	2027-2-15
9	HT008	XM008	2025-8-21	14	2026-10-20
10	HT009	XM009	2024-10-8	6	2025-4-7

图 4-20　到期时间小于30天的合同

4.7　左、中、右函数——提取指定信息

函数语法：LEFT(文本内容,提取字符个数)

RIGHT(文本内容,提取字符个数)

MID(文本内容,第几个位置开始取,提取字符个数)

具体应用：LEFT、RIGHT、MID这三个函数都是用于提取指定位置文本的，不同的是LEFT函数是从文本的左边按照指定数量提取文本内容，RIGHT函数是从右边按照指定数量提取，而MID函数是从指定位置按照指定数量提取。例如，"我爱天安门"，从左边取"我爱"，可以用公式"=LEFT("我爱天安门",2)"；提取"天安门"，可以用公式"=RIGHT("我爱天安门",3)"；提取"爱天安门"，可以用公式"=MID("我爱天安门",2,4)"。是不是非常简单? 让我们来实际应用一下。

下面是一张地址统计表，但是不巧的是，统计地址的人将邮政编码和地址写在了一个单元格内，现在我们要将数据进行规范，分别提取邮政编码和地址。观察数据结构可知，邮政编码为6位数字，我们可以用LEFT函数从左边把它提取出来。

——|具体操作|————————————————————————————

1 在B2单元格输入公式"=LEFT(A2,6)"，意思是从左边取A2单元格地址数据，取6个字符，这样邮政编码就被提取出来了，如图4-21所示。

	A	B	C
IF	=LEFT(A2,6)		
1	地址	邮编	地址
2	510405广东省广州市白兰六街	T(A2,6)	广东省广州市白兰六街
3	363600福建省漳州市南靖县	363600	福建省漳州市南靖县
4	323006浙江省丽水市莲都区碧湖镇大陈村	323006	浙江省丽水市莲都区碧湖镇大陈村

图 4-21　提取邮政编码

2 提取地址，按照刚才的思路，再试试从右边开始取，但是我们会发现行不通，因为地址不像邮政编码是固定的字符个数，地址短的有10个字左右，长的有几十个字，这可怎么办? 别急，还有MID函数，在C2单元格输入公式"=MID(A2,7,100)"，意思是从A2单元格提取内容，从第7个字符开始取数，这个7正好是地址开始的位置，然后取100个。为什么是取100个? 因为我们也不知道每行的地址有多少个字，没法统一，但是地址的字数肯定不会超过100，所以第三参数输入100，这样所有的地址信息也被提取出来了，如图4-22所示。

	A	B	C
	IF	▼	× ✔ fx	=MID(A2,7,100)		
1	地址	邮编	地址
2	510405广东省广州市白兰六街	510405	=MID(A2,7,100)
3	363600福建省漳州市南靖县	363600	福建省漳州市南靖县
4	323006浙江省丽水市莲都区碧湖镇大陈村	323006	浙江省丽水市莲都区碧湖镇大陈村

图 4-22   提取地址

4.8   计数器函数——提取会计科目数据

函数语法：LEN(文本内容)

LENB(文本内容)

具体应用：LEN和LENB函数相当于对文本内容的字数进行统计，两个函数的区别是LEN函数返回的是字符数，LENB函数返回的是字节数。简单点讲，主要是对汉字的数量标准统计不同。例如，LEN("1001银行存款")会返回结果8，但是LENB("1001银行存款")会返回结果12，区别就是"银行存款"四个字的字符数是4个，而字节数是8个，也就是说汉字的字节数是正常汉字个数乘以2，这两个函数很少单独使用，一般是辅助其他函数一起使用的。

下面是一张简化版的试算平衡表，其中科目代码有一级科目和二级科目，一级科目编码为4位，二级科目编码为8位。现在我们想把所有一级科目的数据全部筛选出来，但是直接用我们之前讲的自动筛选是筛选不出的，这个时候，我们可以增加一个辅助列，用LEN函数帮助进行筛选。

──┤具体操作├──

1 在D2单元格输入公式"=LEN(A2)"，双击单元格右下角，这样所有科目代码的字符数就被计算出来了，如图4-23所示。

2 用自动筛选将一级科目数据筛选出来。选中D列，选中【数据】菜单中的【筛选】功能，筛选科目编码为4位的数据，这样所有的一级科目数据就被筛选出来了，如图4-24至图4-25所示。有的时候，Excel的统计问题经常不能一步解决，添加辅助列是一个好办法。

| IF | ▾ | × | ✓ | fx | =LEN(A2) |

	A	B	C	D
1	科目代码	科目名称	期末数	LEN判断字符数
2	1001	现金	83, 614	=LEN(A2)
3	1002	银行存款	602, 598	4
4	10020101	银行存款-基本户	337, 984	8
5	1110	应收票据	316, 909	4
6	1131	应收账款	2, 113, 515	4
7	11310101	应收账款-A客户	1, 235, 698	8
8	11310102	应收账款-B客户	877, 817	8
9	1133	其他应收款	2, 438, 918	4
10	1151	预付账款	2, 336, 579	4
11	1211	原材料	856, 715	4
12	1221	包装物	173, 289	4
13	1501	固定资产	8, 747, 185	4
14	15010101	固定资产-房屋	5, 980, 000	8
15	15010102	固定资产-机械设备	2, 567, 096	8
16	15010103	固定资产-家具	200, 089	8
17	1502	累计折旧	665, 645	4
18	1603	在建工程	1, 708, 475	4
19	1801	无形资产	173, 288	4
20	1802	累计摊销	183, 764	4
21	2101	短期借款	59, 981	4
22	2111	应付票据	44, 109	4
23	2121	应付账款	2, 045, 752	4
24	2131	预收账款	1, 315, 014	4
25	2141	应付利息	69, 588	4
26	2151	应付职工薪酬	790, 614	4

图 4-23　输入统计字符数公式

图 4-24　将科目代码为4位的数据筛选出来

	A	B	C	D
1	科目代码	科目名称	期末数	LEN判断字符数
2	1001	现金	83,614	4
3	1002	银行存款	602,598	4
5	1110	应收票据	316,909	4
6	1131	应收账款	2,113,515	4
9	1133	其他应收款	2,438,918	4
10	1151	预付账款	2,336,579	4
11	1211	原材料	856,715	4
12	1221	包装物	173,289	4
13	1501	固定资产	8,747,185	4
17	1502	累计折旧	665,645	4
18	1603	在建工程	1,708,475	4
19	1801	无形资产	173,288	4
20	1802	累计摊销	183,764	4
21	2101	短期借款	59,981	4
22	2111	应付票据	44,109	4
23	2121	应付账款	2,045,752	4
24	2131	预收账款	1,315,014	4
25	2141	应付利息	69,588	4
26	2151	应付职工薪酬	790,614	4
29	2171	应交税金	779,994	4
30	2181	其他应付款	2,853,843	4
31	3101	实收资本	37,683	4
32	3131	本年利润	99,064	4
33	3141	利润分配	52,703	4

图 4-25　一级科目数据已被筛选出来

4.9　计数器函数——提取会计科目文本

我们再举一个LEN函数与其他文本函数联合使用的案例。现有的会计科目编码是数字编码和文字说明合并在一起，我们需要将数字编码和文字说明分别提取出来。

——| 具体操作 |————————————————————

1 提取会计科目文字名称。在C2单元格输入公式"=RIGHT(A2,LENB(A2)-LEN(A2))"，公式第一参数是会计科目编码数据所在单元格，第二参数是利用刚才我们说的，LEN函数和LENB函数的区别就在于汉字统计的标准不同，对于"5502管理费用"这段文字，LENB函数统计出来的字节数是12，而LEN函数统计出来的字符数是8，两个数据的差额正好是4，也就是会计科目中的汉字名称字符个数，这样就把会计科目文字名称提取出来了，如图4-26所示。

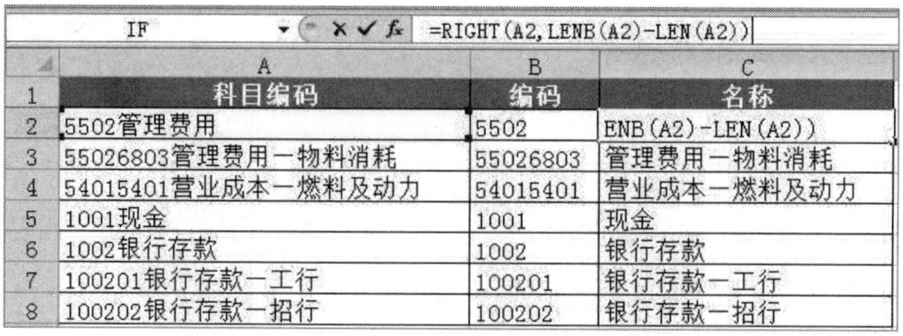
IF =RIGHT(A2,LENB(A2)-LEN(A2))

	A	B	C
1	科目编码	编码	名称
2	5502管理费用	5502	ENB(A2)-LEN(A2))
3	55026803管理费用一物料消耗	55026803	管理费用一物料消耗
4	54015401营业成本一燃料及动力	54015401	营业成本一燃料及动力
5	1001现金	1001	现金
6	1002银行存款	1002	银行存款
7	100201银行存款一工行	100201	银行存款一工行
8	100202银行存款一招行	100202	银行存款一招行

图 4-26　提取会计科目文字名称

2 提取会计科目数字编码。在B2单元格输入公式“=MID(A2,1,LEN(A2)-LEN(C2))”，公式第一参数是会计科目编码数据所在单元格，第二参数是从第1个位置开始取数，第三参数“LEN(A2)-LEN(C2)”意思是用会计科目编码字符数减去刚才计算出的会计科目中汉字名称字符数，剩下的正好是会计科目数字编码的字符数，这样，会计科目数字编码也提取出来了，如图4-27所示。

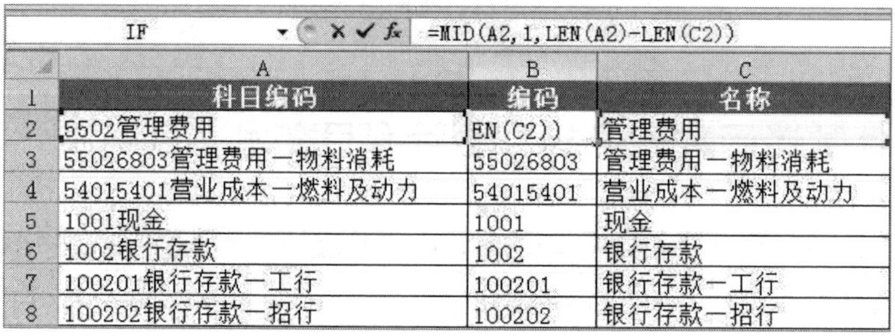
IF =MID(A2,1,LEN(A2)-LEN(C2))

	A	B	C
1	科目编码	编码	名称
2	5502管理费用	EN(C2))	管理费用
3	55026803管理费用一物料消耗	55026803	管理费用一物料消耗
4	54015401营业成本一燃料及动力	54015401	营业成本一燃料及动力
5	1001现金	1001	现金
6	1002银行存款	1002	银行存款
7	100201银行存款一工行	100201	银行存款一工行
8	100202银行存款一招行	100202	银行存款一招行

图 4-27　提取会计科目数字编码

4.10　TEXT函数——优化预算进度展示

函数语法：TEXT(要转换的数据,显示的格式)

具体应用：TEXT函数有两大功能，它可以将数字类型数据转换为文本类型数据；另外还可以为了突出显示或强化展现效果，给数据美容，将数据的显示方式予以改变。

在Excel中，单元格内的数据格式分为三大类：数字、文本、日期及时间。设置格式是在鼠标右键菜单中【设置单元格格式】选项中进行。数字类格式包括常规、数值、货币、会计专用、百分比、分数、科学计数（特殊和自定义暂不考虑）等，其中货币、会计专用、百分比、分数、科学计数格式都是对普通的数字格式进行显示方式的改变，意义在于让普通的数字看起来更加清晰、生动。

除了这些现成的数据显示方式的改变外，还可以在【设置单元格格式】选项中的自定义格式中进行更多的设置，例如把数字进行缩放，以万元显示，可以对数字"100 000"所在的单元格右击，选择【设置单元格格式】选项，在【自定义】中输入代码【0!.0,"万""元"】，这时，原来的数字"100 000"就显示成了"10万元"，这样就避免了我们给领导汇报的时候，将单位元转换为单位万元的计算过程。但是请注意，单元格中数据内容并没有改变，还是"100 000"，只是显示出来是"10万元"，这里我们把这种只是改变数据显示外观的方法叫作数据美容。

要进行数据美容，就需要对自定义格式的规则熟悉，由于自定义格式规则比较多，在这里就不详细讲解了。这里，只介绍几种财务职场中常用的自定义格式，因为掌握这几种也基本够用了。

让我们用案例实操学习TEXT函数的用法。

下面是一份已经计算好的主要财务指标预算进度表，我们已经有了各财务指标的实际数、预算数及预算进度，现在为了让领导看得更加清晰，我们想在后面再做一个文字说明，说明预算的进度，但是逐个手工输入效率过低，能不能自动生成文字说明？答案是能！

---| 具体操作 |————————————————————————————

1 在单元格E2输入公式"=A2&"完成率为"&TEXT(D2,"0%")"，公式中"TEXT(D2,"0%")"的意思是将D2中已经计算出来的预算进度数字转换为文本，其中的"0%"意思是以自定义格式保留百分比零位小数显示，即如果百分比是180.7%，则显示为180%；公式中"A2&"完成率""意思是将财务指标的名称与文字"完成率"连接起来，这

里的“&”是文本连接符，如图4-28所示。

OFFSET　=A2&"完成率为"&TEXT(D2,"0%")

	A	B	C	D	E	F
1	项目	2023年实际	2023年预算	比预算进度	文字说明	
2	营业收入	12,000	14,000	86%	=A2&"完成率为"&TEXT(D2,"0%")	
3	成本费用	9,000	8,500	106%	成本费用完成率为106%	
4	净利润	3,000	5,500	55%	净利润完成率为55%	

图 4-28　对预算进度表设置文字说明公式

2 公式输入后，在D2单元格会显示文字“营业收入完成率120%”，即“营业收入”“完成率”“120%”，三个文本连接起来的一段文字，这样，以后我们就再也不用手工录入预算完成情况了，只要更新数据，文字说明内容也会自动更新，如图4-29所示。

E3　=A3&"完成率为"&TEXT(D3,"0%")

	A	B	C	D	E	F
1	项目	2023年实际	2023年预算	比预算进度	文字说明	
2	营业收入	12,000	14,000	86%	营业收入完成率为86%	
3	成本费用	9,000	8,500	106%	成本费用完成率为106%	
4	净利润	3,000	5,500	55%	净利润完成率为55%	

图 4-29　文字说明内容自动更新最终效果

接下来，我们继续学习如何对预算进度进行预警。

现在我们已经整理好了一张公司预算执行情况表，如图4-30所示。但是，这张表格留给财务人员自己看还可以，要是发给上级领导看，领导肯定会看不出你想要表达的重点。首先，这个表格是以单位“元”显示的，上级领导看到这个表格，要想知道是几十万元还是几百万元就得一个接一个地数零，要知道，这对于整天接触数字的财务人员来讲是小菜一碟，但是对于对数字不敏感的管理人员来说，那真是件特别头疼的事情；另外想要知道预算是超支还是节约，需要逐行去看，真的是一个很费神的事情。下面，让我们一起来对表格进行美化，满足管理人员的需求吧。

	A	B	C	D
1	2023年预算执行情况表		单位：万元	
2	项目	预算	实际	差异
3	营业收入	5000000	5400000	400,000.00
4	－产品A收入	2000000	2600000	600,000.00
5	－产品B收入	3000000	2800000	-200,000.00
6	成本费用	4500000	4800000	300,000.00
7	－产品A成本	1800000	2200000	400,000.00
8	－产品B成本	2700000	2600000	-100,000.00
9	利润	500000	600000	100,000.00
10	－产品A利润	200000	400000	200,000.00
11	－产品B利润	300000	200000	-100,000.00

图 4-30   未修饰前的预算执行情况表

─┤具体操作├────────────────────

1 对预算和实际两列数据设置自定义格式，让其以"万元"单位显示。
选中预算和实际两列数据区域，右击，在【设置单元格格式】选项中
的自定义格式中输入"0!.0,"，如图4-31所示。然后单击【确定】按
钮，这时，预算和实际两列数据已经变成了以"万元"为单位显示。

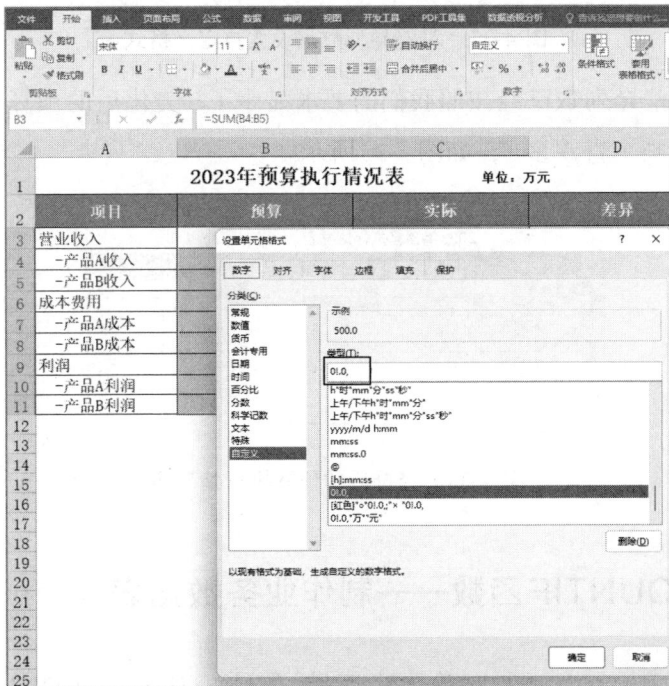

图 4-31   对预算和实际两列数据设置自定义格式

2 差异列数据也要进行设置，我们要实现的效果是，让其以"万元"为单位显示。另外，如果超过预算就在数字的前面画一个圈；如果没有达成预算，就在数字的前面画一个叉，并且将数字标成红色，以起到提醒作用。选中差异列数据，右击，在【设置单元格格式】选项中的自定义格式中输入"[红色] "o" "0!.0,;"×"0!.0,"，如图4-32所示。然后单击【确定】按钮。

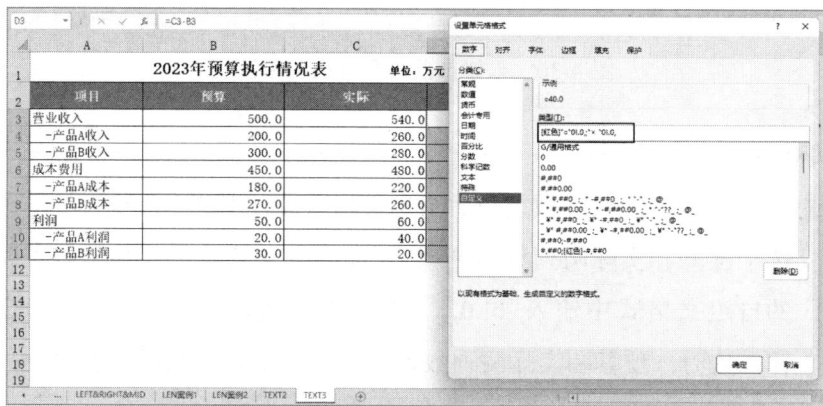

图 4-32　对差异列数据设置自定义格式

这时，差异列数已经按照我们的要求显示了。美化后的预算执行情况表就看起来清晰、直观多了，如图4-33所示。

图 4-33　修饰后的预算执行情况表

4.11　COUNTIF函数——制作业务数据表

函数语法：COUNTIF(单元格区域,条件表达式)、COUNTIFS(单元格区域1,条件表达式1,单元格区域2,条件表达式2,单元格区域3,条件表达式3…)

具体应用：COUNTIF函数用于统计指定单元格区域内，符合条件的单元格个数。例如，COUNTIF(数据区域,88)意思是统计单元格区域内含有88这个数字的单元格个数；COUNTIF(数据区域,">88")意思是统计单元格区域内大于88这个数字的单元格个数；COUNTIF(数据区域,A8)意思是统计单元格区域内等于A8单元格内容的单元格个数。

COUNTIFS函数比COUNTIF函数多了一个S，类似英语中的复数，意思是可以进行多条件的统计，用法与COUNTIF函数一样，只是条件区域和条件表达式可以是多个。例如，统计单价大于5元，库存数量大于200的水果品种个数，可以用公式"=COUNTIFS(单价数据区域,">5",库存数据区域,">200")"来统计。

下面举实际案例说明其用法。如图4-34所示，我们手头有一张业务数据表，领导让制作一个查询表，可以实时统计四项数据，分别是：员工成交单数、不同业务单数、大单成交数量（高于3万元）、两条件成交单数。

	A	B	C	D	E	F	G	H	I	J	K
1	年份	月份	客户名称	报关方式	报关单号	柜量	货名	经营单位	报关费	处理人员	报关成本
2	2023	1	A00010	陆地	800415554	80	HM0008669	KH000724	26,400	蔡壮保	22,682
3	2023	1	A00087	航空	800727856	99	HM0007843	KH000531	32,670	易江维	8,596
4	2023	1	A00033	航空	800334180	80	HM0008079	KH000349	26,400	刘覃星	22,902
5	2023	1	A00065	陆地	800138863	68	HM0007571	KH000127	22,440	卢钦钧	15,597
6	2023	1	A00039	航空	800938759	84	HM0008314	KH000263	27,720	萧百澈	14,048
7	2023	1	A00094	港口	800753868	39	HM0006903	KH000258	12,870	莫两瑜	3,429
8	2023	1	A00041	陆地	800188301	13	HM0008628	KH000890	4,290	张顺鹰	1,697
9	2023	1	A00026	航空	800319868	70	HM0007519	KH000513	23,100	夏莱冶	18,378
10	2023	1	A00093	港口	800635201	18	HM0006719	KH000890	5,940	简胜焱	202
11	2023	1	A00047	港口	800942685	21	HM0007734	KH000923	6,930	龚佩义	3,496
12	2023	1	A00046	航空	800805777	76	HM0008333	KH000306	25,080	蔡壮保	19,152
13	2023	1	A00043	航空	800855557	99	HM0008209	KH000996	32,670	易江维	14,655
14	2023	1	A00044	港口	800258860	81	HM0008246	KH000334	26,730	刘覃星	25,268
15	2023	1	A00060	航空	800199834	94	HM0007716	KH000846	31,020	卢钦钧	5,595
16	2023	1	A00050	航空	800262239	4	HM0008501	KH000473	1,320	蔡壮保	604
17	2023	1	A00099	航空	800825746	18	HM0006768	KH000506	5,940	易江维	2,091
18	2023	1	A00051	陆地	800558617	92	HM0008368	KH000857	30,360	刘覃星	9,607
19	2023	1	A00011	陆地	800918517	63	HM0008326	KH000890	20,790	卢钦钧	12,705
20	2023	1	A00057	港口	800837890	60	HM0007275	KH000508	19,800	萧百澈	15,319
21	2023	1	A00041	陆地	800350716	38	HM0007944	KH000323	12,540	莫两瑜	3,335
22	2023	1	A00052	陆地	800625749	44	HM0007718	KH000611	14,520	张顺鹰	6,271
23	2023	1	A00042	航空	800844924	14	HM0006888	KH000402	4,620	夏莱冶	988

图 4-34 业务数据表

┤具体操作├

1 统计员工成交单数。在N3单元格输入公式"=COUNTIF(J:J,M3)"，其中J列为处理人员数据列也就是员工姓名，M3单元格是我们输入的要查询的员工姓名，这个公式的意思是统计J列中包含M3单元格输入的姓名单元格个数，如图4-35所示。

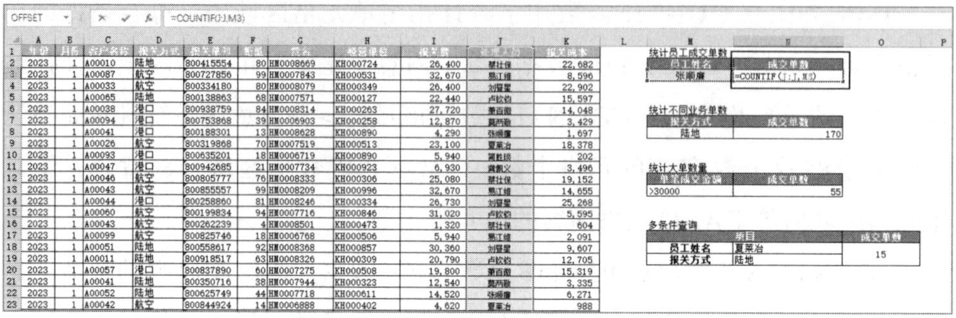

图4-35   统计员工成交单数

2 不同业务单数。在N8单元格输入公式"=COUNTIF(D:D,M8)"，其中D列为报关方式数据列，M8单元格是我们输入的要查询的报关方式，这个公式的意思是统计D列中包含M8单元格输入的报关方式单元格个数，如图4-36所示。

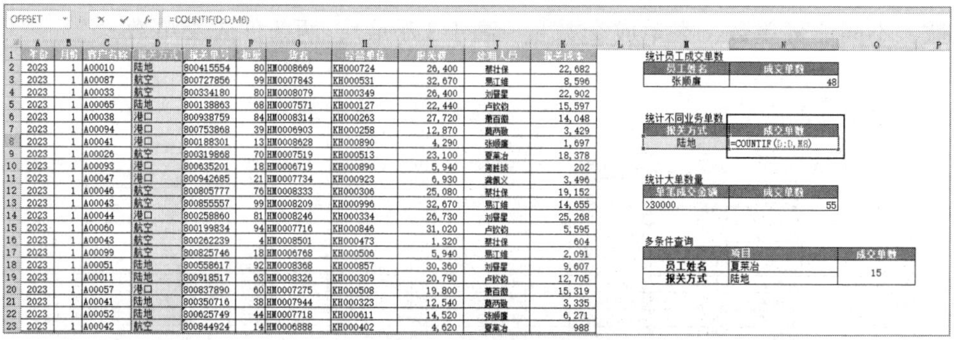

图4-36   统计不同业务单数

3 大单成交数量（高于3万元）。在N13单元格输入公式"=COUNTIF(I:I,">30000")"，其中I列为报关费数据列，第二参数">30000"是我们设置的大单分界，即单笔业务为3万元以上的为大单，这个公式的意思是统计I列中大于3万成交金额的单元格个数，如图4-37所示。

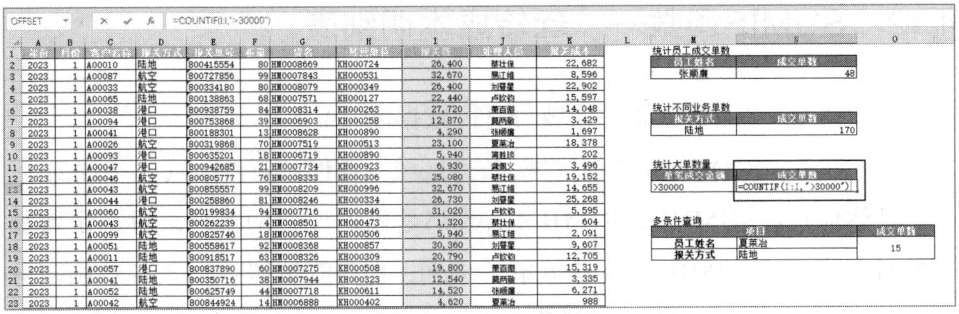

图 4-37　统计大单数量

4 按照员工姓名和报关方式两个条件查询成交单数。在O18单元格输入公式"=COUNTIFS(J:J,N18,D:D,N19)"，其中J列为处理人员数据列，N18单元格是我们输入的要查询的人员姓名，D列为报关方式数据列，N19单元格是我们输入的要查询的报关方式，这个公式的意思把同时符合我们设置的人员姓名和报关方式两个条件的单元格个数统计出来，如图4-38、图4-39所示。

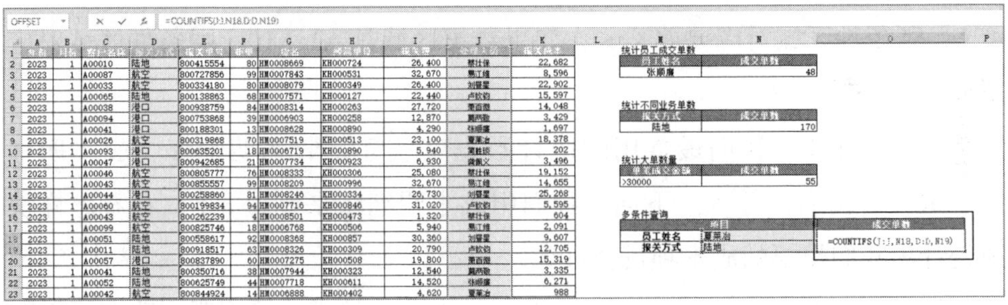

图 4-38　统计人员姓名和报关方式两个条件的单元格

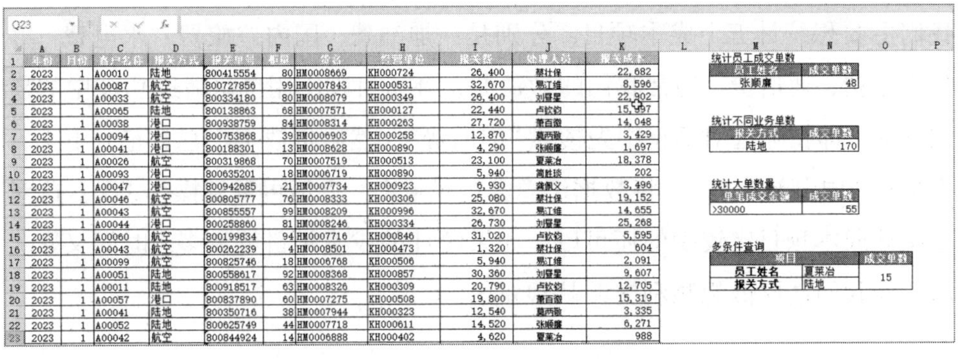

图 4-39　统计结果

4.12　SUMIF函数——玩转成本明细表

函数语法：SUMIF(条件区域,条件,数据区域)

SUMIFS(数据区域,条件区域1,条件1,条件区域2,条件2)

具体应用：SUMIF和SUMIFS函数都是根据设定的条件，对指定数据区域进行求和。SUMIF函数是单条件求和，即只能按照一个条件对指定数据区域进行求和；SUMIFS函数是多条件求和，即可以设置多个条件对指定数据区域进行求和。

这里需要注意两点：

（1）SUMIF的数据区域是放在第三参数，即函数的最后一个参数的位置；而SUMIFS的数据区域是放在第一参数，即函数的第一参数的位置，两个函数的参数位置是相反的，一个是先放条件区域和条件，另外一个是先放数据区域。

（2）两个函数的条件区域和数据区域范围必须一致，例如数据区域是A:A，则条件区域对应要放×:×，如果数据区域是A1:A10，则条件区域对应要放×1:×10。

财务工作中，我们最常用的统计数据其实还是收入明细账、成本明细账、试算平衡表，等等。下面，我们用成本明细账来练习一下，看看怎样快速统计出我们想要的成本项目合计数。

如图4-40所示，这是一张财务职场中最常见的成本费用明细账，明细账的会计科目子目段有我们想要的具体成本项目名称，但是比较琐碎。现在，我们主要想统计五个成本项目，分别是：加油费、国内差旅费、水电费、办公服务费、通信费。通常我们的做法是，在子目段使用自动筛选功能中的模糊筛选，即在筛选对话框中先搜索"加油费"，然后将数据汇总数记录下来，再搜索"国内差旅费"，将数据汇总数记录下来，之后再重复操作3次，这对于统计成本项目比较少的还可以，如果统计的成本项目数量多，时间又紧，那估计我们这样做想顺利交差就很难了。

	A	B	C	D	E	F	G	H	I	J	K	L	M
1	有效日期	过账状态	金额	描述	有效日期	币种	汇率	凭证类型	单据编号	公司段	职责中心段	科目段	子目段
2	44957	已过账	2301.315	XXX摘要	2023-01-31	RMB		1.记账凭证	167235	XYZ公司	总裁办	主营成本	办公服务费其他
3	44957	已过账	675.12	XXX摘要	2023-01-31	RMB		1.记账凭证	167235	XYZ公司	总裁办	主营成本	印刷费办公材料
4	44957	已过账	1772.19	XXX摘要	2023-01-31	RMB		1.记账凭证	167241	XYZ公司	总裁办	主营成本	外购劳务成本
5	44957	已过账	312.243	XXX摘要	2023-01-31	RMB		1.记账凭证	167243	XYZ公司	总裁办	主营成本	车辆加油费
6	44957	已过账	1291.167	XXX摘要	2023-01-31	RMB		1.记账凭证	167795	XYZ公司	总裁办	主营成本	急救费
7	44957	已过账	11696.45	XXX摘要	2023-01-31	RMB		1.记账凭证	167795	XYZ公司	总裁办	主营成本	四防费防火费
8	44957	已过账	212.6628	XXX摘要	2023-01-31	RMB		1.记账凭证	167795	XYZ公司	总裁办	主营成本	劳动保护费保护用品
9	44957	已过账	2464.475	XXX摘要	2023-01-31	RMB		1.记账凭证	167294	XYZ公司	总裁办	主营成本	通信费固定电话
10	44957	已过账	3713.16	XXX摘要	2023-01-31	RMB		1.记账凭证	167460	XYZ公司	总裁办	主营成本	物料消耗杂物消耗
11	44957	已过账	271.7358	XXX摘要	2023-01-31	RMB		1.记账凭证	167463	XYZ公司	总裁办	主营成本	国内差旅费远程交通费
12	44957	已过账	202.536	XXX摘要	2023-01-31	RMB		1.记账凭证	167463	XYZ公司	总裁办	主营成本	办公服务费其他
13	45165	已过账	2404.996	XXX摘要	2023-08-27	RMB		1 采购发票	182680	XYZ公司	总裁办	主营成本	水电费电费
14	45137	已过账	1608.768	XXX摘要	2023-07-30	RMB		1 采购发票	180635	XYZ公司	总裁办	主营成本	水电费电费
15	44957	已过账	97892.4	XXX摘要	2023-01-31	RMB		1.记账凭证	167588	XYZ公司	总裁办	主营成本	外购劳务成本
16	44957	已过账	1299.606	XXX摘要	2023-01-31	RMB		1.记账凭证	167597	XYZ公司	总裁办	主营成本	物料消耗杂物消耗
17	44957	已过账	16878	XXX摘要	2023-01-31	RMB		1.记账凭证	167603	XYZ公司	总裁办	主营成本	零星维修费
18	44957	已过账	40888.08	XXX摘要	2023-01-31	RMB		1.记账凭证	167623	XYZ公司	总裁办	主营成本	车辆加油费
19	44957	已过账	10879328	XXX摘要	2023-01-31	RMB		1 折旧	167772	XYZ公司	总裁办	主营成本	折旧费
20	44957	已过账	945.168	XXX摘要	2023-01-31	RMB		1.记账凭证	167435	XYZ公司	总裁办	主营成本	办公服务费其他
21	44957	已过账	2285.281	XXX摘要	2023-01-31	RMB		1.记账凭证	167736	XYZ公司	总裁办	主营成本	物料消耗杂物消耗
22	44957	已过账	1090.319	XXX摘要	2023-01-31	RMB		1.记账凭证	167736	XYZ公司	总裁办	主营成本	办公服务费其他

图 4-40　成本费用明细账

而且我们会发现，虽然统计的是每个小类的成本项目，但实际上，这些成本项目下面还有明细项目，比如，加油费由车辆加油费一个明细项目构成；国内差旅费由国内差旅费远程交通费一个明细项目构成；水电费由水电费水费、水电费电费两个明细项目构成；办公服务费由办公服务费其他、办公服务费邮递、办公服务费冲晒三个明细项目组成；通信费由通信费固定电话、通信费传输网络两个明细项目组成。也就是说，我们在进行统计时，很容易落下项目，从而导致统计错误。

但是，如果我们学会了SUMIF函数的求和方法，这种统计完全就是1分钟完成的事情。下面我们来练习怎么一分钟快速完成。

首先在成本费用明细账右边设置数据统计区，接下来，我们用SUMIF设置公式。

具体操作

1 在金额标题下方的P5单元格，输入公式“=SUMIF($M:$M,"*"&O8&"*",$C:$C)”，这里的第一参数将条件区域设置为M列（子目段），第三参数将求和区域设置为C列（金额），第二参数较为复杂，其实拆开来看就是在08单元格（加油费）的前后都加了星号（*）以实现模糊搜索的功能。为什么前后都要加星号？因为我们这里统计的成本费用项目都是包含在子目段中的，只不过有的项目如“加油费”是在“车辆加油费”子目名称的后半部分，而有的项目如“办公服务费”

是在"办公服务费其他、办公服务费邮递、办公服务费冲晒"三个子目名称的前半部分，但是可以肯定的是，我们设置的几个成本费用项目都是包含在子目段名称中的，所以，我们对其前后都加了星号，如图 4-41 所示。

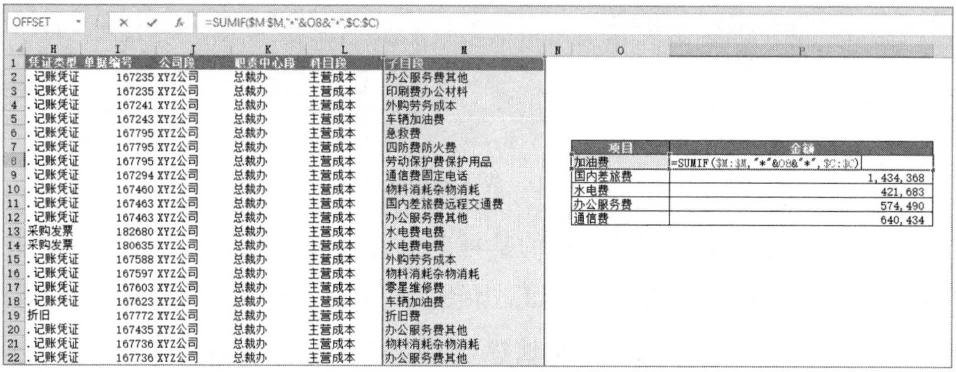

图 4-41 用 SUMIF 公式完成成本项目汇总统计

2 设置好第一个公式后，选中 P5 单元格，往下拖拽，现在所有我们要统计的成本项目汇总数已经计算好了，真的是一步完成，可以交差了。

其实，这条件求和函数的用法还很多，我们接下来再挑选一个比较实用的案例进行说明。

下面我们需要对各个产品的各月份计划和实际数求和。Excel 初学者，一般会这样设置公式，即在 N3 单元格输入公式"=B3+D3+F3+H3+J3+L3"，计算出各个产品的各月份计划数合计，再在 O3 单元格输入公式"=C3+E3+G3+I3+K3+M3"，计算出各个产品的各月份实际数合计。设置这种公式一点也不难，但是我们应该庆幸的是，这张表格的月份只有 6 个月，如果要统计 36 个月的数据，那岂不是要在设置公式的时候分别输入 36 个单元格的地址？这样的计算非常容易出错。下面我们学习如何两步完成计划数和时间数隔行求和。

| 具体操作 |

1 求计划数合计。在 N3 单元格中输入公式"=SUMIF($B$2:$M$2,N$2, $B3:$M3)"，这个公式的第一参数为"$B$2:$M$2"，意思是将各产

品的第二行标题作为条件区域，第二参数为“N$2”，也就是求和条件为“计划”，第三参数为“$B3:$M3”，即产品A的各月计划和实际数。输入公式后，按回车键，将公式向下拖拽，如图4-42所示。

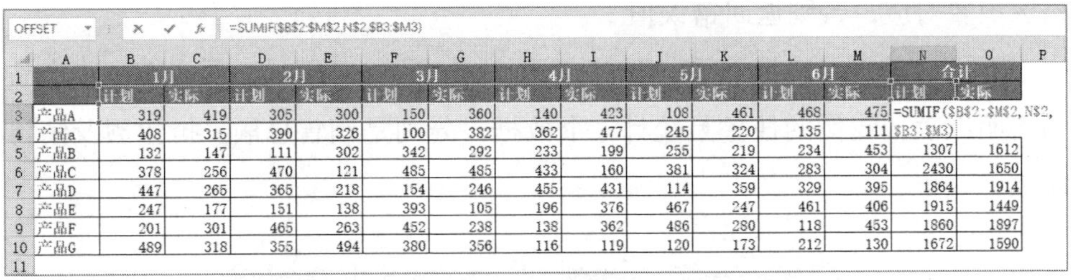

OFFSET　=SUMIF($B$2:$M$2,N$2,$B3:$M3)

	A	B	C	D	E	F	G	H	I	J	K	L	M	N	O	P
1		1月		2月		3月		4月		5月		6月		合计		
2		计划	实际	计划	实际	计划	实际	计划	实际	计划	实际	计划	实际	计划	实际	
3	产品A	319	419	305	300	150	360	140	423	108	461	468	475	=SUMIF($B$2:$M$2,N$2,$B3:$M3)		
4	产品a	408	315	390	326	100	382	362	477	245	220	135	111			
5	产品B	132	147	111	302	342	292	233	199	255	219	234	453	1307	1612	
6	产品C	378	256	470	121	485	485	433	160	381	324	283	304	2430	1650	
7	产品D	447	265	365	218	154	246	455	431	114	359	329	395	1864	1914	
8	产品E	247	177	151	138	393	105	196	376	467	247	461	406	1915	1449	
9	产品F	201	301	465	263	452	238	138	362	486	280	118	453	1860	1897	
10	产品G	489	318	355	494	380	356	116	119	120	173	212	130	1672	1590	
11																

图 4-42　对各月份计划数进行隔行求和

2 求实际数合计。选中刚才已经输入公式的N3单元格，用鼠标向右拖拽，再向下拖拽，这样各产品的各月实际数也计算好了，如图4-43所示。

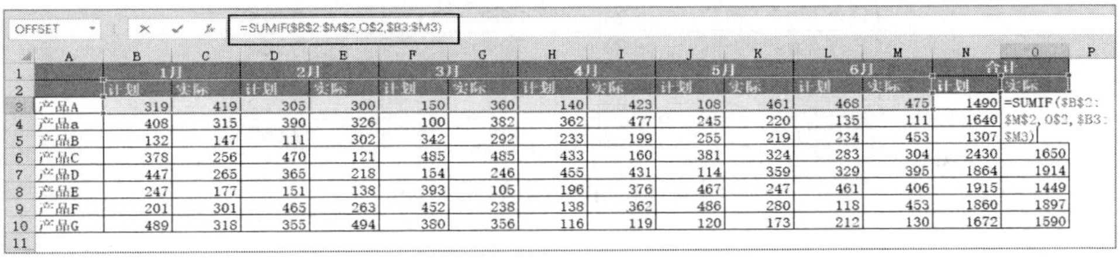

OFFSET　=SUMIF($B$2:$M$2,O$2,$B3:$M3)

	A	B	C	D	E	F	G	H	I	J	K	L	M	N	O	P
1		1月		2月		3月		4月		5月		6月		合计		
2		计划	实际	计划	实际	计划	实际	计划	实际	计划	实际	计划	实际	计划	实际	
3	产品A	319	419	305	300	150	360	140	423	108	461	468	475	1490	=SUMIF($B$2:$M$2,O$2,$B3:$M3)	
4	产品a	408	315	390	326	100	382	362	477	245	220	135	111	1640		
5	产品B	132	147	111	302	342	292	233	199	255	219	234	453	1307		
6	产品C	378	256	470	121	485	485	433	160	381	324	283	304	2430	1650	
7	产品D	447	265	365	218	154	246	455	431	114	359	329	395	1864	1914	
8	产品E	247	177	151	138	393	105	196	376	467	247	461	406	1915	1449	
9	产品F	201	301	465	263	452	238	138	362	486	280	118	453	1860	1897	
10	产品G	489	318	355	494	380	356	116	119	120	173	212	130	1672	1590	
11																

图 4-43　对各月份实际数进行隔行求和

感受到公式的强大了吗？还是那句话，万丈高楼平地起，我们刚才用了很多篇幅去讲SUMIF和SUMIFS函数的用法，还专门详细说明了绝对引用和相对引用在每个案例中的意义。现在我们在这个案例中，运用刚才说的知识，两步就解决了以前需要单击很多次单元格选取数据的痛苦。

4.13　SUMPRODUCT函数——学会特殊求和

函数语法：SUMPRODUCT(数组1,数组2,数组3,…)

具体应用：SUMPRODUCT函数是在给定的几组数组中，将数组间对应的元素相乘，并返回乘积之和。从函数的名称看，SUM函数是求和的意思，PRODUCT函数是相乘的意思，SUMPRODUCT函数就是相乘之后再求和。SUMPRODUCT函数在使用时，需要注意以下两点：

（1）它会将非数值型的数组元素作为0处理。

（2）数组参数必须有相同的高度，即如果选取的是单元格区域，则单元格区域要对应，否则返回错误值。

下面，我们用实操熟悉一下它的用法。如图4-44所示，现在有一张产品销售明细表，我们的任务是统计三个数据，分别是销售总额、折扣额及销售净额。

	A	B	C	D	E
1	产品	单价	销售量	折扣率	销售额
2	产品A	82	354	30.3%	8,791
3	产品B	25	261	18.8%	1,230
4	产品C	81	357	14.7%	4,239
5	产品D	95	737	14.8%	10,355
6	产品E	58	586	14.1%	4,800
7	产品F	76	259	4.1%	811
8	产品A	81	361	19.7%	5,754
9	产品B	50	615	4.9%	1,505
10	产品C	25	482	15.2%	1,832
11	产品A	28	386	21.0%	2,270
12	产品B	29	704	30.2%	6,161
13	产品C	57	375	25.5%	5,457
14	产品D	93	720	28.8%	19,262
15	产品E	23	429	26.0%	2,569

图 4-44　产品销售明细表

—|具体操作|—

1 统计销售总额。销售总额是每个产品的单价与销售量的乘积，然后汇总求和的结果。如果我们不用SUMPRODUCT函数，要是有100种产品，我们就需要对100种产品的单价和销售量做乘法，然后再把这100个乘积相加，想想就觉得麻烦……但是有了SUMPRODUCT函数，这一切都不是问题。在H5单元格输入公式"=SUMPRODUCT(B2:B15,C2:C15)"，公式的运算过程是"B2×C2+B3×C3+B4×C4+…+B15×C15"，这样就把B列和C列的每个单价和销售量都逐个进行相乘，最后汇总求和了，如图4-45所示。

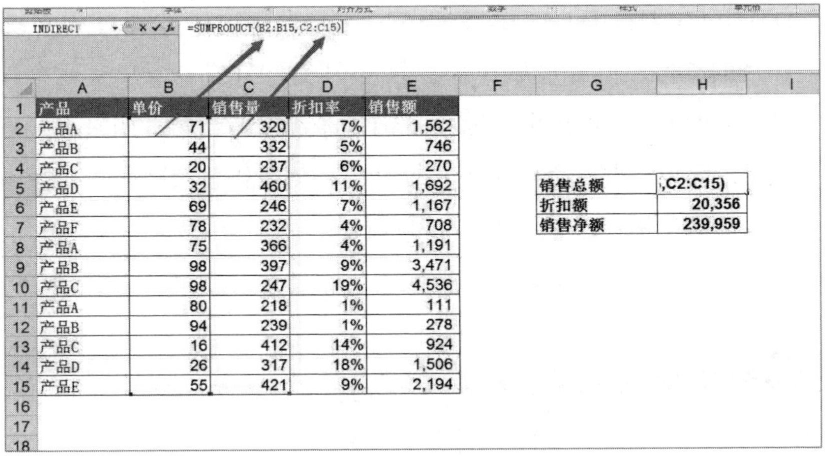

图 4-45　设置销售总额公式

2 再统计折扣额。折扣额是每种产品的单价、销售量、折扣率三个指标逐个相乘后，再汇总求和。在H6单元格内输入公式"=SUMPRODUCT(B2:B15,C2:C15,D2:D15)"，公式的运算过程是"B2*C2*D2+B3*C3*D3+B4*C4*D4+…B15*C15*D15"，这样就把B列、C列和D列的每个单价、销售量及折扣率都逐个进行相乘，然后汇总求和，如图4-46所示。

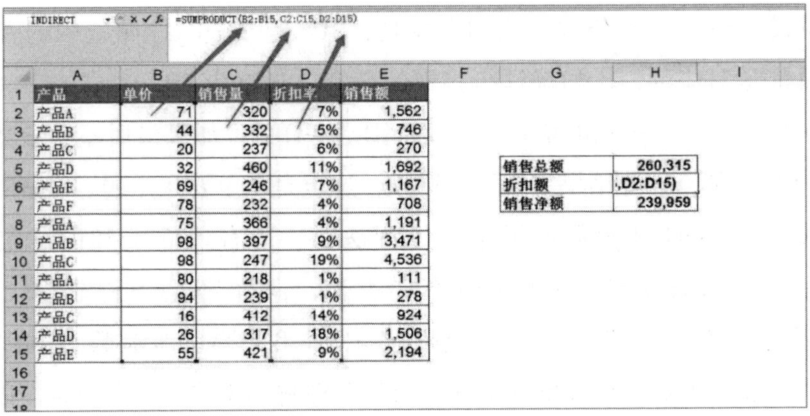

图 4-46　设置折扣额公式

3 计算销售净额。在H7单元格输入公式"=SUMPRODUCT(B2:B15, C2:C15,1-D2:D15)"，公式的运算过程是"B2*C2*(1-D2)+B3*C3*(1-

D3)+B4*C4*(1-D4)+…B15*C15*(1-D15)”，这个计算过程与统计折扣额的类似，但是最后一个参数是“1-D2:D15”，意思是逐个计算每种产品的1减去折扣率，也就是销售净额率。当然，如果不好理解，也可以简单一点，直接用刚才统计出来的销售总额减去折扣额也同样可以计算出销售净额，如图4-47所示。

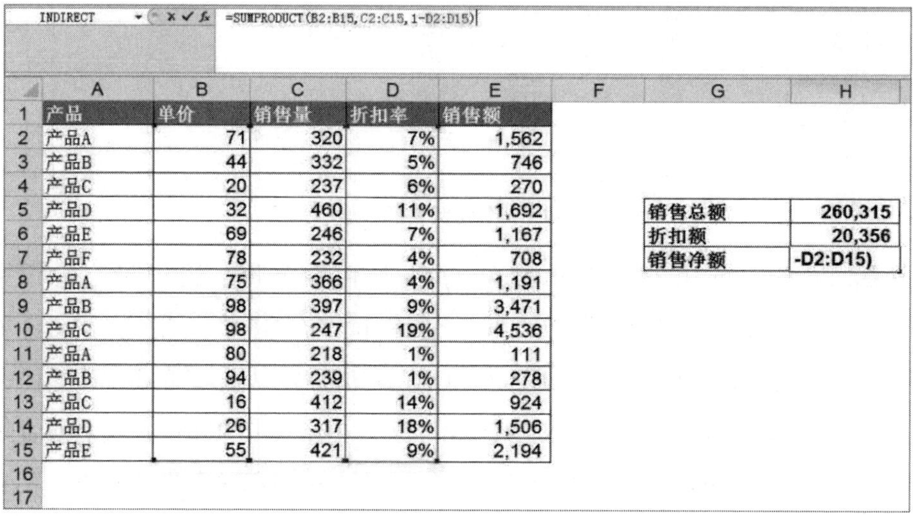

	A	B	C	D	E
1	产品	单价	销售量	折扣率	销售额
2	产品A	71	320	7%	1,562
3	产品B	44	332	5%	746
4	产品C	20	237	6%	270
5	产品D	32	460	11%	1,692
6	产品E	69	246	7%	1,167
7	产品F	78	232	4%	708
8	产品A	75	366	4%	1,191
9	产品B	98	397	9%	3,471
10	产品C	98	247	19%	4,536
11	产品A	80	218	1%	111
12	产品B	94	239	1%	278
13	产品C	16	412	14%	924
14	产品D	26	317	18%	1,506
15	产品E	55	421	9%	2,194

G	H
销售总额	260,315
折扣额	20,356
销售净额	-D2:D15)

图 4-47 设置销售净额公式

通过上述的几个公式，我们会发现，SUMPRODUCT函数中的参数数据区域都是对应的，比如统计折扣额时，三个参数为“B2:B15”“C2:C15”“D2:D15”，即三个参数的单元格高度范围是一样的，如果最后一个参数变为“D2:D18”，那么计算结果就会发生错误，这点是一定要注意的。

SUMPRODUCT函数除了刚才的用法外，还有条件求和的功能，这个功能与SUMIF及SUMIFS函数有点类似，同样都是条件求和。但是在我看来，对于初学者，建议掌握SUMIF和SUMIFS函数就可以了，SUMPRODUCT函数在做条件求和的时候，理解起来多少有点困难，因为理解其原理需要有点数学基础，对于数学基础不太好，看到数字就头痛的小伙伴们，简单地了解一下就可以了，以后如果有兴趣，再慢慢探索。

我们举一个例子来说明SUMPRODUCT函数的条件求和用法。事先声明，因为该函数使用解释过程过于复杂、费脑，请基础一般的读者耐心多看几遍。

下面是一张销售统计表，表中有几种产品1～6月份的单价和销售量数据，现在要求我们计算出每种产品1～6月份的销售金额。

---| 具体操作 |---

1 在B2单元格输入公式"=SUMPRODUCT(($C$2:$N$2="单价")*C3:N3, ($D$2:$O$2="销售量")*D3:O3)"，第一参数"($C$2:$N$2="单价")* C3:N3"，如图4-48所示。

INDIRECT	▼ (× ✓ ƒx	=SUMPRODUCT(($C$2:$N$2="单价")*C3:N3, ($D$2:$O$2="销售量")*D3:O3)											
	A	B	C	D	E	F	G	H	I	J	K	L	M	N
			1月		2月		3月		4月		5月		6月	
1	产品	销售总额	单价	销售量	单价	销售量	单价	销售量	单价	销售量	单价	销售量	单价	销售量
3	A1	售量")*D3:O3)	11	230	20	738	15	730	10	566	19	596	11	252
4	A2	46,936	17	375	15	645	19	266	12	553	16	611	15	628
5	A3	47,960	20	649	13	443	11	963	19	344	16	437	12	425
6	A4	50,335	10	627	19	427	13	875	19	459	18	602	20	251
7	A5	58,725	10	839	19	512	20	282	12	883	19	989	18	310
8	A6	49,000	15	384	13	633	13	988	19	457	11	688	17	348

图4-48 用SUMPRODUCT函数进行条件求和

2 在编辑栏中对其按一下【F9】快捷键，可得出计算结果为{13,0,12,0, 16,0,14,0,10,0,14,0}，是不是有点懵了? 别急。这个结果返回的是一个数组，但实际上是两个数组相乘之后的结果，即$C$2:$N$2="单价"返回的数组{TRUE,FALSE,TRUE,FALSE,TRUE,FALSE,TRUE, FALSE,TRUE,FALSE,TRUE,FALSE}和C3:N3返回的数组{10,627,13, 427,19,875,17,459,11,602,11,251}。

这里的TRUE和FALSE为逻辑值，逻辑值是判断的结果，即条件成立时，结果就返回TRUE；条件不成立，结果返回FALSE。逻辑值参与四则运算(加减乘除)时，TRUE会被当成1,FALSE被当作0。

"$C$2:$N$2="单价""意思是逐个对C2、D2、E2、…N2这些单元格内容是否为"单价"进行判断，判断的结果就是{是单价,不是单价,是单价,不是单价,是单价,不是单价,是单价,不是单价,是单价,不是单价,是单价,不是单价}，如果用逻辑值代表的数字表达则为{1,0,1,0,1,0,1,0,1,0,1,0}。而C3:N3产生的数组是{10,627,13,427,19,875,17,459,11,602,11,251}，这样，两个数组相乘，就形成了数组{13,0,12,0,16,0,14,0,10,0,14,0}，即所有的单价就被挑选出来了。

同样，SUMPRODUCT的第二参数"($D$2:$O$2="销售量")*D3:O3"中，"$D$2:$O$2="销售量""返回的结果为{TRUE,FALSE,TRUE,FALSE,TRUE,FALSE,TRUE,FALSE,TRUE,FALSE,TRUE,FALSE}，翻译成数字型表达的逻辑值则为{1,0,1,0,1,0,1,0,1,0,1,0}。后面的"D3:O3"产生的数组为{230,13,738,17,730,10,566,11,596,18,252,0}，两个数组相乘，就形成了数组{230,0,738,0,730,0,566,0,596,0,252,0}，即所有的销售量已被挑选出来了。

第一参数返回的单价数组为：{10,0,13,0,19,0,17,0,11,0,11,0}。

第二参数返回的销售量的数组为：{230,0,738,0,730,0,566,0,596,0,252,0}。

这两个数组外面还有一个SUMPRODUCT函数，即对单价和销售量两个数组内的各元素相乘后，再相加，这样就生成了销售总额。

看到这里，是不是有点头疼？其实不会这个函数也没有太大关系，因为有句话叫殊途同归，如果没办法理解数组，老老实实用SUMIF函数解决就好了，最终实现的结果都是一样的。

4.14 构建高效数据分析模型"青铜"篇——VLOOKUP函数

构建高效数据分析模型过程中，用得最频繁的函数就是查找和引用函数，如果你还没有用过，一种情况是公司的信息系统超级强大，可以解决工作中所有灵活多变的问题；另外一种情况就是你会面临没完没了地加班，为什么？因为如果不用这些实用的函数，估计统计数据时就只能手工复制粘贴了……

查找和引用函数分为初、中、高三个等级，分别是：

（1）青铜篇——VLOOKUP函数；

（2）白银篇——MATCH、INDEX函数；

（3）黄金篇——INDIRECT、OFFSET函数。

这三个等级需要一步一步跨越，下面我们一个一个对这些函数进行攻克。

函数语法：VLOOKUP(查找值,查找区域,返回第几列,精确查找/模糊查找)

具体应用：VLOOKUP函数是财务工作中用于查找函数使用最频繁的，没有之一。好多初入财务职场的人士，以会用VLOOKUP函数为最高荣誉，这充分说明了这个函数的重要性和实用性。

使用这个函数时，需要注意以下五个问题：

（1）在使用函数时，首先要对查找区域的数据内容进行检查，审核其是否规范，例如数据中是否有特殊字符、空格、合并单元格，数据格式是否正确，等等。如果查找区域的数据错误，会导致查找失败。

（2）要查找的值必须在查找范围的第一列。

（3）查找值必须在查找区域第一列中是唯一的，如果不唯一，则默认选择第一个遇到的。比如查找小红，结果名单中有两个小红，则VLOOKUP函数会返回第一个遇到的小红。

（4）找到后返回的列数，是查找区域的列数，不是整个Excel表格中的列数。

（5）第四参数一般写0，意思是精确查找，即查找的数据完全匹配。如果为1，即模糊查找，向下找最相近的数值。

好了，现在我们通过几个小练习熟悉一下VLOOKUP函数。

4.14.1　VLOOKUP函数——基本用法

如图4-49所示，这是一份员工信息统计表，我们想制作一份查询表格，输入员工编号后，就自动查询出其性别和籍贯。

	A	B	C	D	E
1	姓名	工号	性别	籍贯	出生年月
2	王存庭	YG001	男	广东	1970年8月
3	刘守焱	YG002	女	天津	1980年9月
4	王卫东	YG003	男	河北	1975年3月
5	杨文彬	YG004	女	河南	1985年12月
6	单提仕	YG005	男	广东	1970年8月
7	朱希祥	YG006	女	天津	1988年9月
8	张传英	YG007	男	河北	1970年8月
9	康建波	YG008	女	河南	1980年9月
10	邹振海	YG009	男	北京	1975年3月
11	孙超	YG010	男	天津	1985年12月
12	李新侠	YG011	女	河北	1970年8月
13	武周国	YG012	男	北京	1988年9月
14	陈晓燕	YG013	女	天津	1979年3月
15	王利锋	YG014	男	天津	1983年12月

图 4-49　员工信息统计表

─┤具体操作├─

1 先在员工信息统计表的右侧设置数据查询区域，如图4-50所示。

图 4-50　设置数据查询区域

2 在I3单元格输入公式"=VLOOKUP(H3,B1:E23,2,0)"用于查询性别。公式中，第一参数"H3"为我们要查询的员工编号；第二参数"B1:E23"为查找区域。注意，这里的工号是在B列，不是在A列，如果这里的查找区域输入"A1:E23"，则公式结果会返回错误；第三参数"2"的意思是返回查找区域的第二列，查找区域的第二列是C列即性别；第四参数为"0"即精确查找，意思是差一点都不行。公式输入后，按回车键，然后在H3单元格中输入一个员工工号YG008，工号为YG008的性别信息就被自动查询出来了，如图4-51所示。员工籍贯查询同理，如图4-52所示。

图 4-51　设置性别查找函数

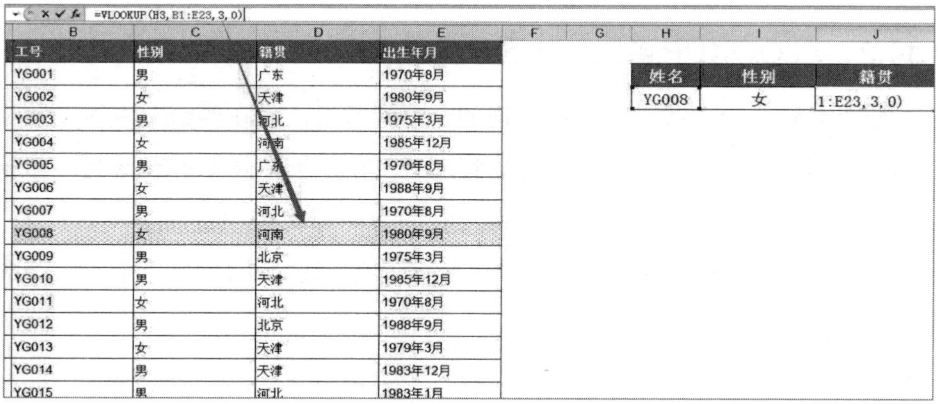

图 4-52　设置籍贯查找函数

这里我要回答四个常见问题。

问题 1：有些朋友会问，第二参数查找区域如果不输入"B1:E23"，而是输入"B2:E23"，即不含表头标题会不会有问题？

答案：没有关系，不影响查找结果。从第几行选择数据区域没有关系，关键是从第几列开始选。

问题 2：第二参数查找区域如果不输入"B1:E23"，而是输入"A1:E23"，即查找区域从姓名列开始，而不是从工号列开始，会不会影响查找结果？

答案：一定会的，查找结果肯定会提示错误。因为要查找的值必须在查找范围的第一列，所以输入的查询区域也必须以查找值所在的列为第一列。

问题 3：第三参数怎么会是第 2 列呢？明明是第 3 列呀！

答案：开头我们说函数用法的时候已经提到过，第三参数的返回列数，不是整个Excel表格的列数，而是查找区域的列数。如果你认为是第三列，那你一定是以A列姓名列开始往后计算列数的，计算到性别列时，正好是第3列。正确的计算列数的方法应该是从查找区域的第一列即B列工号开始算起，计算到性别列时，是第2列。

问题4：第四参数什么时候输入0，什么时候输入1？

答案：VLOOKUP函数在财务工作应用中大部分的情况下，第四参数都输入0。一般只有两种情况输入1，一种情况是计算应收应付款账龄，另外一种情况是计算个人所得税累计税率，这两种情形需要使用模糊查询。

4.14.2 VLOOKUP函数——制作简易利润表

如图4-53所示，我们有一份普通的公司利润表，现在要给上级领导做一份简易利润表。因为很多业务出身的管理者，在市场中长期摸爬滚打，养成了抓大放小的习惯，而且很多管理者对利润表的那么多项目其实并不十分了解，所以，我们提供的简易利润表只包括三个项目就可以了，即营业收入、成本费用、营业利润。

项　　目	行次	本年累计数	上年累计数
利润表			
编制单位：XYZ公司　　报表时间：2023年3月			单位：万元
一、营业收入	1	8,900	7,500
减：营业成本	2	3,200	2,800
营业税金及附加	3	834	654
销售费用	4	890	720
管理费用	5	1,200	980
其中：业务招待费	6		
财务费用	7		
资产减值损失	8		
加：公允价值变动收益（损失以"－"号填列）	9		
投资收益（损失以"－"号填列）	10		
其中：对联营企业和合营企业的投资收益	11		
二、营业利润（亏损以"－"号填列）	12	2,776	2,346
加：营业外收入	13		
减：营业外支出	18		
三、利润总额（亏损总额以"－"号填列）	22	2,776	2,346
减：所得税费用	23		
四、净利润（净亏损以"－"号填列）	24	2,776	2,346
减：少数股东损益	25		
五、归属于母公司所有者的净利润	26	2,776	2,346

图 4-53　公司利润表

1 在公司利润表的右侧设置简易利润表区域，然后，在H4单元格中输入公式"=VLOOKUP("*"&G4&"*",$A$3:$D$22,3,0)"，如图4-54所示。公式中的第一参数是想查找营业收入，但是我们公司的利润表中营业收入是写成"一、营业收入"，再看下面的营业利润是写成"二、营业利润（亏损以"-"号填列）"。

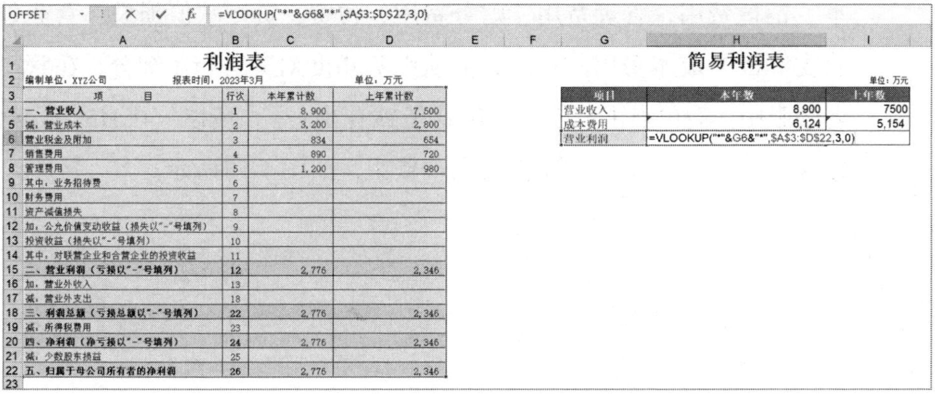

图 4-54　设置营业利润查找公式

　　在这种情况下，我们无法直接使用VLOOKUP函数在利润表中查找出对应的信息，因为查的值与查找区域的第一列值无法对应。为了能顺利找到我们想要的结果，我们可以在营业收入即G4单元格的前后都加上星号（"*"），这样就相当于告诉VLOOKUP函数只要公司利润表中第一列包含"营业收入"这四个字，就把它对应的信息查找出来。

　　第二参数是查找区域即"$A$3:$D$22"，这里要注意的是，公司利润表第一行和第二行因为有合并单元格，所以我们不去选择，选择的查找区域是从真正的数据区域A3单元格开始选择的，一直选到数据区域的右下角D22单元格，这样函数查找时才不会发生错误。

　　第三参数输入3，即返回本年累计数列。

　　第四参数输入0，要求VLOOKUP函数进行精确查找。

　　这样营业收入的本年数就被查找出来了。

2 同样的方法，复制刚刚在H4单元格中输入的公式，将其粘贴到H6单元格，让其对营业利润进行查找，但是这里，我们需要将第一参数"'*'&G4&'*'"修改为"'*'&G6&'*'"，即将G4修改为G6单元格，这样，营业利润也被查询出来了。

3 计算成本费用，这里的成本费用是广义的成本费用，即用营业收入减去营业利润的差额，因为从管理者的视角来看，我们财务上的营业成本、销售费用、管理费用、财务费用、税费、资产减值损失、营业外收支等都是成本费用，只是我们从财务角度对其进行了细分。在管理者的眼中，简单点讲，成本费用就是钱花出去了。所以，在H5单元格输入公式"=H4-H6"，计算出成本费用，如图4-55所示。

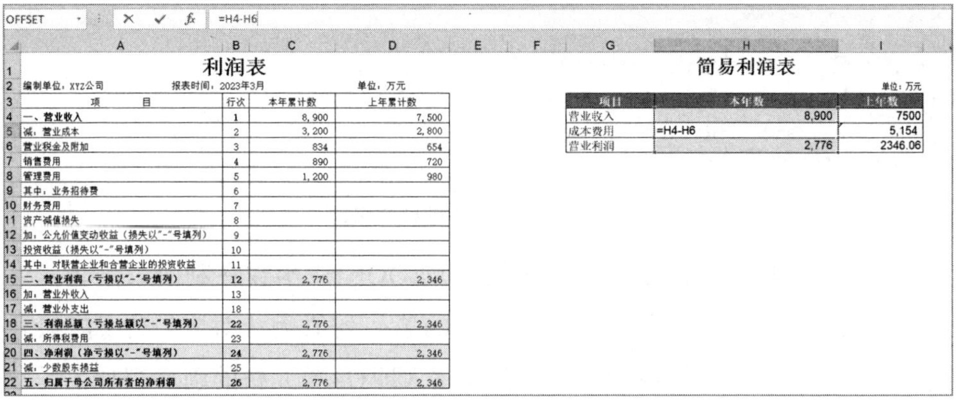

图 4-55 设置成本费用公式

现在，简易利润表三个项目的本年数已经求出来了，上年数你会做了吗？自己练习一下吧。

4.14.3 VLOOKUP函数——实现两个并列条件查找

刚才我们练习的都是一个单条件的查找，VLOOKUP函数能不能实现同时满足两个条件的数据查找呢？答案是可以的，但是需要设置辅助列，帮助其识别条件。

如图4-56所示，现在我们有一张货品供应商的供货记录表，里面记载了供经商给各个超市供应的货品名称和供货金额。我们要制作一张查询报表，按照货品和客户同时进行查找，因为这里有很多个客户，也有很多种货，有的货品同时供应了好几家超市，也有一家超市同时接受好几种货品的情况，所以我们要设计一张能够按照指定货品和客户查找的供货记录表格，以更好地核对和收回货款。

	A	B	C
1		供货记录	
2	货品	客户	货款金额
3	货品5	沃尔玛	2, 061
4	货品8	新玛特	2, 069
5	货品10	必胜客	2, 559
6	货品4	好利来	2, 397
7	货品5	沃尔玛	1, 178
8	货品6	新玛特	1, 040
9	货品7	沃尔玛	2, 614
10	货品4	新玛特	2, 990
11	货品5	沃尔玛	1, 614
12	货品6	新玛特	2, 395
13	货品7	沃尔玛	1, 743
14	货品10	新玛特	1, 818
15	货品4	必胜客	1, 102
16	货品5	好利来	1, 565
17	货品6	沃尔玛	2, 935

图4-56　供货记录表

具体操作

1 在A列插入一列，其名称为辅助列，在A3单元格输入公式“=B3&C3”，将货品和客户两个字段连接起来。公式输入完毕，按回车键，双击A3单元格右下角，将公式覆盖至底，这样我们的辅助列就做好了。

2 在供货记录表的右侧空白区域，设置查询报表区，查询报表与供货记录表一样，也要在最左侧列设置一个辅助列，要把查询的货品和客户两个内容连接起来。然后在J4单元格输入查询公式“=VLOOKUP(G4,A3:D17,4,0)”，这样同时满足货品和客户两个并列条件的查询就做好了，如图4-57所示。

IF　=VLOOKUP(G4, A3:D17, 4, 0)

	A	B	C	D	E	F	G	H	I	J
1		供货记录								
2	辅助列	货品	客户	货款金额						
3	货品5沃尔玛	货品5	沃尔玛	2, 061			辅助列	货品	客户	货款金额
4	货品8新玛特	货品8	新玛特	2, 069			货品7沃尔玛	货品7	沃尔玛	D17,4,0)
5	货品10必胜客	货品10	必胜客	2, 559						
6	货品4好利来	货品4	好利来	2, 397						
7	货品5沃尔玛	货品5	沃尔玛	1, 178						
8	货品6新玛特	货品6	新玛特	1, 040						
9	货品7沃尔玛	货品7	沃尔玛	2, 614						
10	货品4新玛特	货品4	新玛特	2, 990						
11	货品5沃尔玛	货品5	沃尔玛	1, 614						
12	货品6新玛特	货品6	新玛特	2, 395						
13	货品7沃尔玛	货品7	沃尔玛	1, 743						
14	货品10新玛特	货品10	新玛特	1, 818						
15	货品4必胜客	货品4	必胜客	1, 102						
16	货品5好利来	货品5	好利来	1, 565						
17	货品6沃尔玛	货品6	沃尔玛	2, 935						

图 4-57　在A列设置辅助列，并设置查找公式

有的时候，公式往往不能一下就满足我们的需求，在财务实务中，我们要多动脑，辅助列就是一个很好的方式，虽然走的是曲折路线，但可以避免设置过于复杂的公式，能够简单高效地解决问题。

4.14.4　VLOOKUP函数——制作个人所得税计算表

下面我们要学习VLOOKUP函数的模糊查询功能，也就是VLOOKUP函数的第四个参数输入1。前面，我们已经说过，VLOOKUP函数的模糊查询功能一般限于应收应付账龄的计算和个人所得税的计算，现在，我们看看VLOOKUP函数的模糊查询功能怎样帮助我们快速计算个人所得税。

如图4-58所示，这是一张个人所得税税率表，其中B列为应纳税所得额的每个税率区间的下限，这个下限已经按照升序进行了排列，接下来看看如何实现快速计算个人所得税。

	A	B	C	D	E
1			个人所得税税率表		
2	级数	应税所得超过	且不超过	税率	速算扣除数
3	1		3000	3%	0
4	2	3000	12000	10%	210
5	3	12000	25000	20%	1410
6	4	25000	35000	25%	2660
7	5	35000	55000	30%	4410
8	6	55000	80000	35%	7160
9	7	80000		45%	15160
10					

图 4-58　个人所得税税率表

──┤ 具体操作 ├────────────────────────

1 在个人所得税税率表的下方空白区域制作一个个人所得税计算表，这个计算表有员工姓名、工号和应纳税所得额。然后，在D13单元格输入公式，计算第一个员工的个人所得税税率，公式为"=VLOOKUP(C13-0.01,$B$3:$E$9,3,1)"，公式的意思是在个人所得税税率表$B$3:$E$9区域，查找一个员工的应税所得，找到后返回第三列即税率，第四参数为1即模糊查找，如图4-59所示。

	OFFSET	▾	× ✓ f_x	=VLOOKUP(C13-0.01,$B$3:$E$9,3,1)		
	A	B	C	D	E	F
10						
11						
12	姓名	工号	应税所得	税率	速算扣除数	个人所得税
13	王存庭	YG001	4,500	=VLOOKUP(C13-0.01, $B$3:$E$9, 3, 1)		240
14	刘守焱	YG002	6,833	10%	210	473
15	王卫东	YG003	40,000	30%	4410	7,590
16	杨文彬	YG004	5,090	10%	210	299
17	单提仕	YG005	35,000	25%	2660	6,090
18	朱希祥	YG006	5,343	10%	210	324
19	张传英	YG007	12,528	20%	1410	1,096
20	康建波	YG008	15,330	20%	1410	1,656
21	邹振海	YG009	8,868	10%	210	677
22	孙超	YG010	10,412	10%	210	831
23						

图 4-59　输入公式计算税率

　　模糊查找的意思理解了吗? 举个例子你就明白了。比如, 一个员工的应税所得是 6 000 元, 在个人所得税税率表的 B 列中, 是没有正好 6 000 的, 但是 6 000 是介于 4 500 和 9 000 之间, 所以 VLOOKUP 函数在进行模糊搜索的时候, 它会找到最接近, 但是比它小的那个数, 在 4 500 和 9 000 的区间中, VLOOKUP 函数查找 6 000 时, 会找到比它小的 4 500, 也就找到了对应的税率 20%。我们可以再看一下, 这个 20% 税率的应纳税所得额的下限和上限分别为 4 500 元和 9 000 元, 说明 VLOOKUP 函数查找的税率正确。

　　但是还有一个问题, 万一查找的应纳税所得额正好等于上限或者下限金额怎么办? 比如, 我们刚刚查找的第一个员工的应纳税所得额正好是 4 500 元, 让 VLOOKUP 函数正常进行模糊查找, 它会将 4 500 对应到 20% 的税率, 但是, 我们查一下个人所得税税率表可知, 4 500 应该对应的税率是 10%。这种情况怎么处理呢? 我们可以在要查的应纳税所得额后面减去 0.01, 这样, 4 500 就变成了 4 499.99, 用 VLOOKP 函数模糊查找到小于并最近的接近数是 1500, 对应的税率是 10%。减去 0.01 并不影响任何计算, 但是却解决了临界值的问题。这就是第一参数为什么要减去 0.01 的原因。

　　2 计算速算扣除数, 在 E13 单元格中输入公式 "=VLOOKUP(C13-0.01,$B$3:$E$9,4,1)", 在个人所得税税率表中查找速算扣除数, 道理跟前面一样, 此处不再赘述, 如图 4-60 所示。

图 4-60　输入公式计算速算扣除数

③ 在F13单元格输入公式"=C13*D13-E13"，计算出员工应缴纳的个人所得税，如图4-61所示。

图 4-61　输入公式计算个人所得税

4.15　构建高效数据分析模型"白银"篇——MATCH和 INDEX函数

函数语法：MATCH(查找值,查找区域,0/1/-1)

具体应用：MATCH与COLUMN/ROW函数一样，也是查找函数中的辅助函数，一般与其他查找函数联合使用，它的作用是查找一个数据在某一行或一列的位置。例如，MATCH(A2,A1:A10,0)的意思是查找A2单元格在A列中的行号，这个公式会返回结果2，也就是A2在A列中是第2行。

MATCH函数在使用时有两个注意事项：

（1）函数中的第二参数查找区域，只能是一行或者一列，如果你选择了一个行列区域，那么函数会返回错误值。

（2）函数的第三参数有三个选择：0、-1和1。选择0，则MATCH函数会进行精确查找；选择-1，则查找大于或等于查找值的最小数值在查找区域中的位置，注意，这时的查找区域必须事先按降序排列；选择1，则查找小于或等于查找值的最大数值在查找区域中的位置，注意，这时的查找区域必须事先按升序排列。在财务工作中，我们90%的场景都是将第三参数设为0。

4.15.1 MATCH函数——制作门店业绩查询表

如图4-62所示，这是一张部门基础信息表，我们的任务是查找指定部门在这张表中的行号。

	A	B
1	序号	部门
2	1	采购部
3	2	销售部
4	3	财务部
5	4	人力资源部
6	5	研发部
7	6	市场部
8	7	策划部
9	8	企划部
10	9	基建部

图4-62　部门基础信息表

具体操作

在部门基础信息表的右侧设置查询表格，接着，在F4单元格中输入查询公式“=MATCH(E4,B2:B10,0)”，如图4-63所示。

IF　=MATCH(E4,B2:B10,0)

	A	B	C	D	E	F
1	序号	部门				
2	1	采购部				
3	2	销售部			查询部门	序号
4	3	财务部			研发部	:B10,0)
5	4	人力资源部				
6	5	研发部				
7	6	市场部				
8	7	策划部				
9	8	企划部				
10	9	基建部				
11						
12						
13						
14						

图4-63　输入公式对指定部门进行查询

公式的第一参数E4，是我们要查找的值“研发部”；第二参数B2:B10，是部门基础信息表中除了第一行标题行以外的部门列区域；第三参数0，代表精确查找。

这个公式返回的结果为5，意味着刚才查找的研发部在部门基础信息表部门列的第5行，如图4-64所示。

	A	B	C	D	E	F
1	序号	部门				
2	1	采购部				
3	2	销售部			查询部门	序号
4	3	财务部			研发部	5
5	4	人力资源部				
6	5	研发部				
7	6	市场部				
8	7	策划部				
9	8	企划部				
10	9	基建部				
11						
12						
13						

图 4-64　查询结果

MATCH函数单独使用的情况是比较少的，因为它返回的结果是一个数字，简单讲就是一个查行数或列数的工具，必须与其他函数联用，才能发挥其强大的潜在功能。现在我们举一个MATCH和VLOOKUP函数联合使用，制作门店业绩查询表的案例。

如图4-65所示，我们有一张门店效益情况表，现在需要制作一张可以按照门店查询各月销售业绩的查询表。

	A	B	C	D	E	F	G	H	I	J	K	L
1	2023年各门店效益情况											
2	月份	门店1	门店2	门店3	门店4	门店5	门店6	门店7	门店8	门店9	门店10	合计
3	2023年1月	520,681	484,851	362,094	84,095	197,879	703,678	118,581	722,404	42,750	345,776	3,582,789
4	2023年2月	644,018	606,828	167,971	673,474	456,249	278,840	460,951	603,433	477,159	540,094	4,909,017
5	2023年3月	622,505	186,311	568,735	552,044	449,513	388,599	73,631	700,798	326,472	326,496	4,195,104
6	2023年4月	47,257	311,823	438,564	86,279	680,910	453,698	363,196	490,471	233,829	517,913	3,623,940
7	2023年5月	712,707	508,270	55,596	478,953	170,739	689,205	223,078	73,359	532,836	416,120	3,860,863
8	2023年6月	501,888	539,737	494,078	119,492	510,123	487,338	440,303	654,178	358,529	109,499	4,215,165
9	2023年7月	641,297	735,854	698,040	555,053	56,703	766,916	167,482	425,132	87,313	150,559	4,284,349
10	2023年8月	678,196	489,223	265,746	20,056	103,618	164,684	260,498	417,140	344,243	356,618	3,100,022
11	2023年9月	780,806	329,152	150,941	348,418	192,050	481,649	527,567	252,534	784,591	768,818	4,616,526
12	2023年10月	166,994	270,165	323,195	586,320	249,885	200,779	775,049	584,584	588,869	227,950	3,973,790
13	2023年11月	170,069	92,308	771,482	294,109	483,233	320,513	677,939	608,520	570,176	131,212	4,119,561
14	2023年12月	285,407	195,961	191,562	219,500	608,488	791,641	161,691	340,028	300,103	620,660	3,715,041
15	合计	5,771,825	4,750,483	4,488,004	4,017,793	4,159,390	5,727,540	4,249,966	5,872,581	4,646,870	4,511,715	48,196,167

图 4-65　门店效益情况表

──┤具体操作├────────────────────────

1 在门店效益情况表右侧空白区域设置门店动态查询报表，如图4-66所示。

月份	门店1	门店2	门店3	门店4	门店5	门店6	门店7	门店8	门店9	门店10	合计		选择门店	门店8
													门店动态查询报表	
2023年1月	520,681	484,851	362,094	84,095	197,879	703,678	118,581	722,404	42,750	345,776	3,582,789		2023年1月	722,404
2023年2月	644,018	606,828	167,971	673,474	456,249	278,940	460,951	603,433	477,159	540,094	4,909,017		2023年2月	603,433
2023年3月	622,505	186,311	568,735	552,044	449,513	388,599	73,631	700,798	326,472	326,496	4,195,104		2023年3月	700,798
2023年4月	47,257	311,823	438,564	86,279	680,910	453,698	363,196	490,471	233,829	517,913	3,623,940		2023年4月	490,471
2023年5月	712,707	508,270	55,596	478,953	170,739	689,205	223,078	73,359	532,836	416,120	3,860,863		2023年5月	73,359
2023年6月	501,888	539,737	494,078	119,492	510,123	487,338	440,303	654,178	358,529	109,499	4,215,165		2023年6月	654,178
2023年7月	641,297	735,854	698,040	555,053	56,703	766,916	167,482	425,132	87,313	150,559	4,284,349		2023年7月	425,132
2023年8月	678,196	489,223	265,746	20,056	103,618	164,984	260,498	417,140	344,243	356,618	3,100,022		2023年8月	417,140
2023年9月	780,806	329,152	150,941	348,418	192,050	481,649	527,567	252,534	784,591	768,818	4,616,526		2023年9月	252,534
2023年10月	166,994	270,165	323,195	586,320	249,885	200,779	775,049	584,584	588,869	227,950	3,973,790		2023年10月	584,584
2023年11月	170,069	92,308	771,482	294,109	483,233	320,513	677,939	608,520	570,176	131,212	4,119,561		2023年11月	608,520
2023年12月	285,407	195,961	191,562	219,500	608,488	791,641	161,691	340,028	300,103	620,660	3,715,041		2023年12月	340,028
合计	5,771,825	4,750,483	4,488,004	4,017,793	4,159,390	5,727,540	4,249,966	5,872,581	4,646,870	4,511,715	48,196,167			

图 4-66　在右侧空白区域设置门店动态查询报表

2 在门店动态查询报表中的P3单元格插入VLOOKUP公式，第一参数输入"O3"即查询2023年1月数据；第二参数输入"$A$3:$L$15"，即数据查询区域为门店效益情况表的数据区域；第三参数需要插入MATCH函数，用MATCH函数查找要查询的门店在"$A$3:$L$15"单元格的列数，在第三参数位置进行单击，然后选中【名称框】，在【名称框】中选择【其他函数】选项，如图4-67所示。

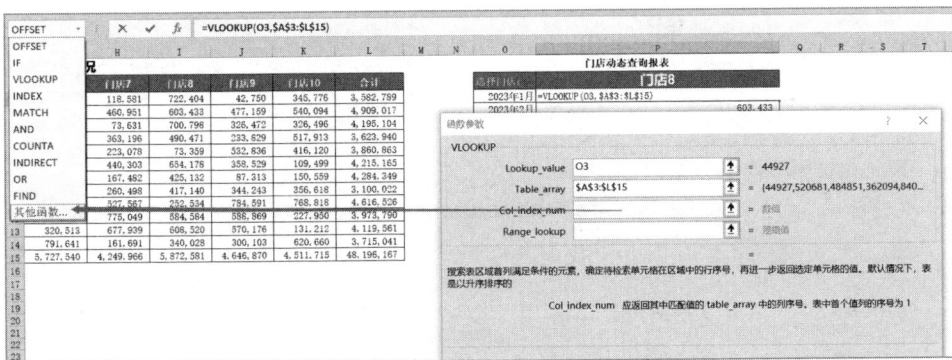

图 4-67　在VLOOKUP第三参数插入嵌套公式

3 搜索MATCH函数，单击【确定】按钮，进入MATCH函数对话框界面，如图4-68所示。MATCH函数的第一参数为"$P$2"，即要查找门店的单元格位置，第二参数输入"$A$2:$L$2"即门店效益情况表的门店名称标题行，第三参数输入"0"，即精确查找，如图4-69所示。注意，输入MATCH函数参数后，不要直接单击确定，否则会漏下VLOOKUP函数的第四参数，结果会产生错误！

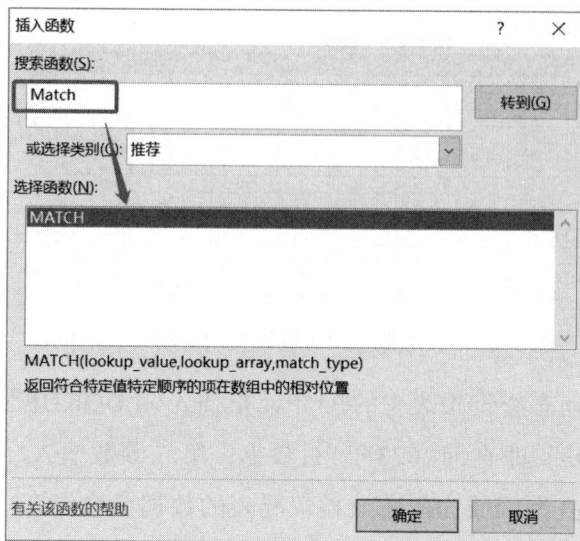

图 4-68　插入MATCH函数

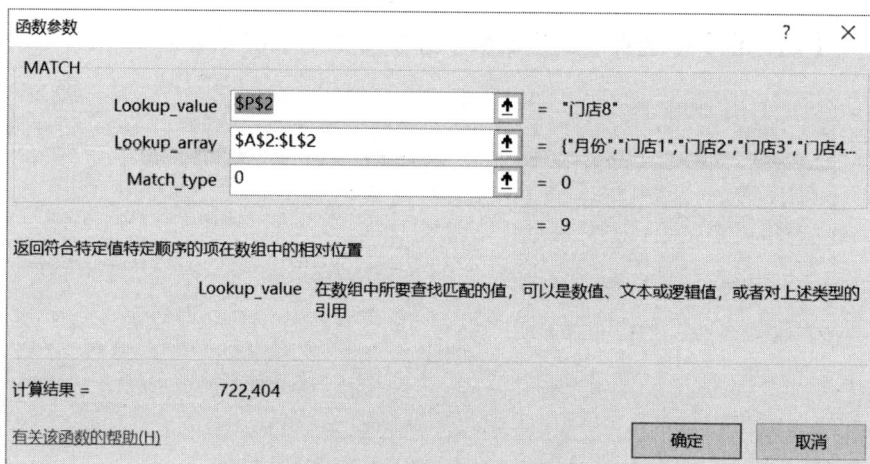

图 4-69　设置MATCH函数参数

4 这里输入MATCH参数后，要单击一下编辑栏中VLOOKUP函数的
第二参数位置，这样，函数对话框就回到了VLOOKUP函数界面，
对VLOOKUP的第四参数输入"0"，如图4-70所示。然后双击P3单
元格右下角，将公式覆盖至底部。

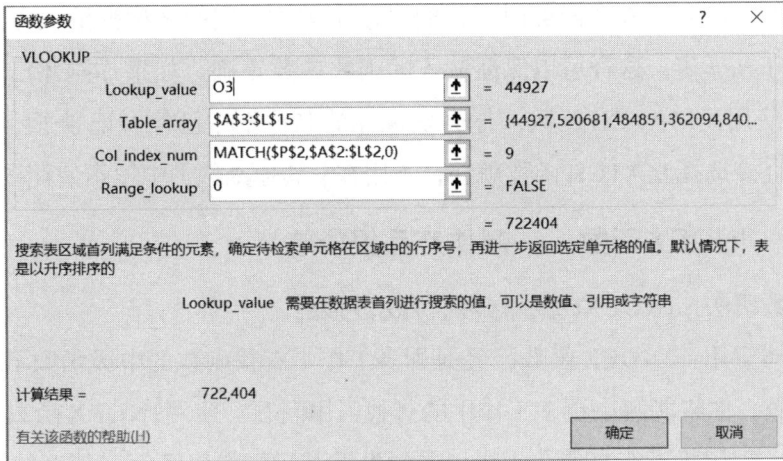

图 4-70　VLOOKUP函数参数设置

这样，我们的门店动态查询报表就完成了，如果要查询某个门店的信息，只要在P2单元格选择不同的门店，查询报表就会自动产生对应门店的各月销售数据，配上图形效果更加直观，如图4-71所示。

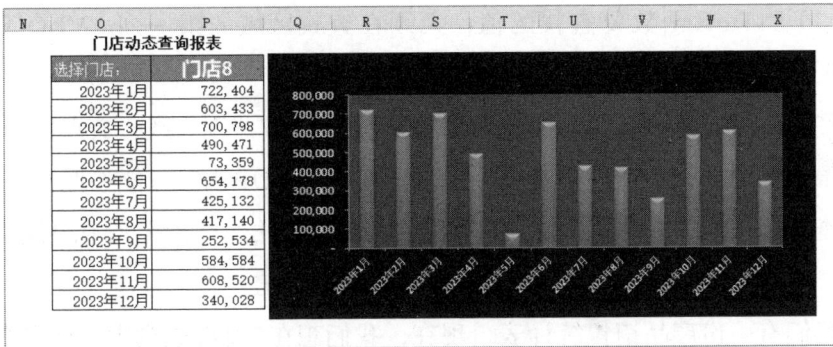

图 4-71　门店动态查询报表最终效果

这个案例中，我们联合使用了MATCH和VLOOKUP两个函数，解决了动态查询的问题。MATCH函数解决了查询部门所在列的问题，VLOOKUP函数解决了查找对应月份数据的问题。这里需要注意的是，MATCH函数选择的数据区域和VLOOKUP函数选择的数据区域的开始列和结束列必须一致，即VLOOKUP函数如果从A列开始L列结束，MATCH函数也必须从A列开始L列结束，否则会造成数据查询错误。

另外，在使用嵌套函数时，我们尽量用刚才介绍的名称框输入方式，尤其是对于初学者，这样可以保证输入的函数参数正确。如果你刚才已经在名称框中使用了MATCH函数，你会发现你的名称框中已经有记录了，下次再用时，直接选择MATCH函数就行，不用在【其他函数】中搜索使用了。

4.15.2　INDEX函数——制作产品报价单

函数语法：INDEX(查找区域,行数,列数)

具体应用：INDEX函数已经是财务工作中查找函数的中级函数了，掌握这个函数，你将能解决更多工作中的查找引用问题。使用INDEX函数有点像投石车，想用投石车打什么，你只需要告诉其目标点位经度和纬度的编号就行了。INDEX函数在查找数据时，你需要先给它一个数据范围，然后告诉它这个数据是在数据范围的第几行和第几列，它就会把这个指定数据抓取出来了。

INDEX与VLOOKUP函数的区别：

（1）INDEX函数要查找的值，无须在查找区域的第一列；VLOOKUP函数要查找的值必须在查找区域的第一列。

（2）INDEX函数既可以按照行查找，也可以按照列查找，有点像十字定位，根据行数和列数坐标直接找到数据；VLOOKUP函数只能按照行查找，即在查找区域的第一列中，找到查找值对应的行，再返回指定列中的数据。

1. INDEX函数从单行/列中提取指定位置的值

我们有一份产品销售统计表，现在，我们想在3月份这列中，查找产品5的销售额。

──┤具体操作├──────────────────────────────

■ 输入公式"=INDEX(D2:D11,5)"，第一参数为"D2:D11"意思是查找的范围在3月份这列；第二参数为"5"，是告诉INDEX函数，我们要找的产品5在查找区域的第5行。公式返回的结果值为4 010，即3月份产品5的销售额为4 010，如图4-72所示。

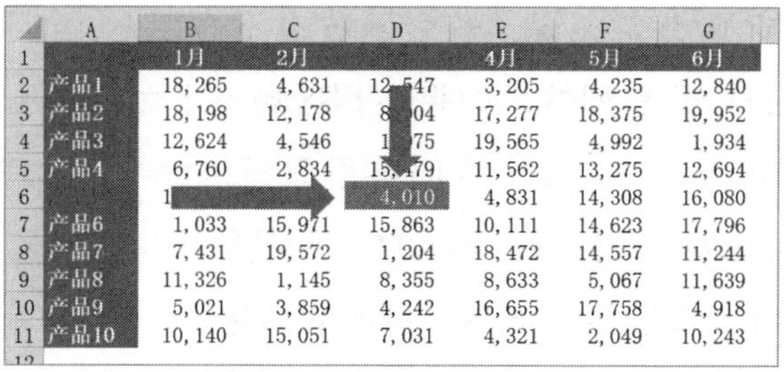

	A	B	C	D	E	F	G
1		1月	2月		4月	5月	6月
2	产品1	18,265	4,631	12,547	3,205	4,235	12,840
3	产品2	18,198	12,178	8,04	17,277	18,375	19,952
4	产品3	12,624	4,546	1 75	19,565	4,992	1,934
5	产品4	6,760	2,834	15,179	11,562	13,275	12,694
6		1		4,010	4,831	14,308	16,080
7	产品6	1,033	15,971	15,863	10,111	14,623	17,796
8	产品7	7,431	19,572	1,204	18,472	14,557	11,244
9	产品8	11,326	1,145	8,355	8,633	5,067	11,639
10	产品9	5,021	3,859	4,242	16,655	17,758	4,918
11	产品10	10,140	15,051	7,031	4,321	2,049	10,243

图 4-72　产品销售统计表

这里我们使用了INDEX函数在单列中提取指定行数据的方法，INDEX函数的第三参数列数并没有输入，我们要查找的数据区域就是3月份这列，所以第三参数省略就可以了。

2. INDEX函数从多行多列区域中提取指定位置的值

这次，我们还是用上个案例的产品销售统计表进行练习，查找产品5的3月份销售额，但是我们不在3月份这列中提取数据了，而是要在产品销售统计表整个数据区域（B2:G11）提取数据，我们必须要告诉INDEX函数，查找数据是在这个区域的第几行和第几列。经过火眼金睛查数，我们可以得知，产品5是在查询数据区域的第5行，3月在第3列。

具体操作

■ 在J5单元格输入公式“=INDEX(B2:G11,5,3)”，公式中第一参数为查询数据区域，第二参数为第5行，第三参数为第3列。公式的结果返回4 010，正好是我们要的产品5的3月份销售额，如图4-73所示。

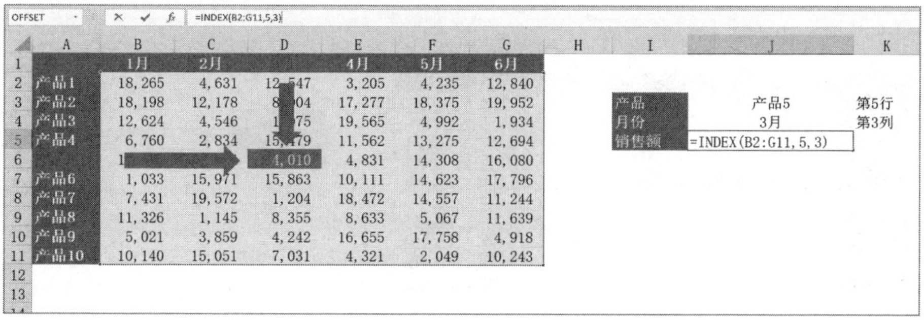

	A	B	C	D	E	F	G	H	I	J	K
1		1月	2月		4月	5月	6月				
2	产品1	18,265	4,631	12,547	3,205	4,235	12,840				
3	产品2	18,198	12,178	8,04	17,277	18,375	19,952		产品	产品5	第5行
4	产品3	12,624	4,546	1 75	19,565	4,992	1,934		月份	3月	第3列
5	产品4	6,760	2,834	15,179	11,562	13,275	12,694		销售额	=INDEX(B2:G11,5,3)	
6		1		4,010	4,831	14,308	16,080				
7	产品6	1,033	15,971	15,863	10,111	14,623	17,796				
8	产品7	7,431	19,572	1,204	18,472	14,557	11,244				
9	产品8	11,326	1,145	8,355	8,633	5,067	11,639				
10	产品9	5,021	3,859	4,242	16,655	17,758	4,918				
11	产品10	10,140	15,051	7,031	4,321	2,049	10,243				

图 4-73　按照指定行数和列数提取数据

这个时候，肯定有人会说，这个函数也不好用啊，如果要查找数据，那每次都得自己查行数和列数，如果数据区域有上百行和几十列，那我查询个数据不得累个半死……别急，我们这里只是讲解了INDEX函数的查找原理，下面讲解INDEX函数如何与MATCH函数联用，实现多条件查询数据。

3. INDEX函数查找指定产品和月份的销售额

还用上面的案例，这次我们用聪明一点的方法查找产品5的3月份销售额。我们在J3单元格查找产品5所在的行数。

具体操作

1 输入公式“=MATCH("产品5",A2:A11,0)”，公式返回结果为5，即产品5在查找区域的第5行，如图4-74所示。

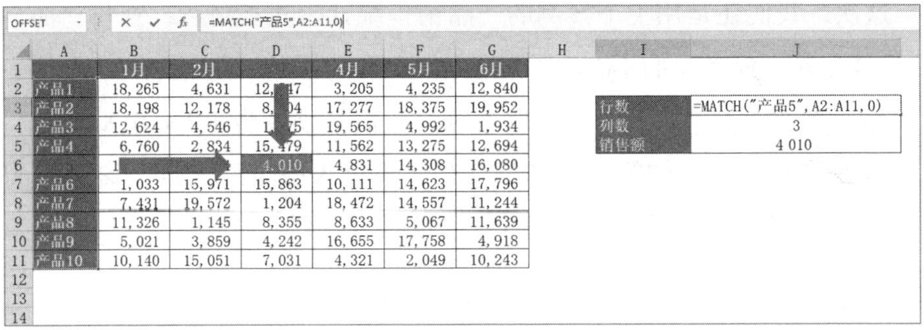

	A	B	C	D	E	F	G
1		1月	2月	[illegible]	4月	5月	6月
2	产品1	18, 265	4, 631	12, [illegible]47	3, 205	4, 235	12, 840
3	产品2	18, 198	12, 178	8, [illegible]04	17, 277	18, 375	19, 952
4	产品3	12, 624	4, 546	1, [illegible]75	19, 565	4, 992	1, 934
5	产品4	6, 760	2, 834	15, 479	11, 562	13, 275	12, 694
6	[illegible]	1[illegible]	[illegible]	4, 010	4, 831	14, 308	16, 080
7	产品6	1, 033	15, 971	15, 863	10, 111	14, 623	17, 796
8	产品7	7, 431	19, 572	1, 204	18, 472	14, 557	11, 244
9	产品8	11, 326	1, 145	8, 355	8, 633	5, 067	11, 639
10	产品9	5, 021	3, 859	4, 242	16, 655	17, 758	4, 918
11	产品10	10, 140	15, 051	7, 031	4, 321	2, 049	10, 243

I	J
行数	=MATCH("产品5", A2:A11, 0)
列数	3
销售额	4 010

图 4-74　用MATCH函数查找行数

2 在J4单元格查找3月份所在列数，输入公式“=MATCH("3月",B1:G1,0)”，公式返回结果为3，即3月份在查找区域的第3列，如图4-75所示。

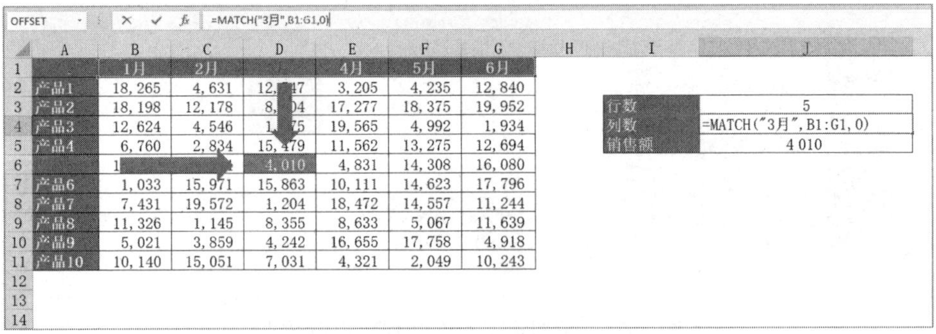

	A	B	C	D	E	F	G
1		1月	2月	[illegible]	4月	5月	6月
2	产品1	18, 265	4, 631	12, [illegible]47	3, 205	4, 235	12, 840
3	产品2	18, 198	12, 178	8, [illegible]04	17, 277	18, 375	19, 952
4	产品3	12, 624	4, 546	1, [illegible]75	19, 565	4, 992	1, 934
5	产品4	6, 760	2, 834	15, 479	11, 562	13, 275	12, 694
6	[illegible]	1[illegible]	[illegible]	4, 010	4, 831	14, 308	16, 080
7	产品6	1, 033	15, 971	15, 863	10, 111	14, 623	17, 796
8	产品7	7, 431	19, 572	1, 204	18, 472	14, 557	11, 244
9	产品8	11, 326	1, 145	8, 355	8, 633	5, 067	11, 639
10	产品9	5, 021	3, 859	4, 242	16, 655	17, 758	4, 918
11	产品10	10, 140	15, 051	7, 031	4, 321	2, 049	10, 243

I	J
行数	5
列数	=MATCH("3月", B1:G1, 0)
销售额	4 010

图 4-75　用MATCH函数查找列数

3 在J5单元格利用刚才的行列结果查找销售额，输入公式"=INDEX (B2:G11,J3,J4)"，第一参数B2:G11为查询数据区域，第二参数和第三参数分别是刚才计算出的5和3，即第5行、第3列。公式返回的结果为4 010,查找成功，如图4-76所示。

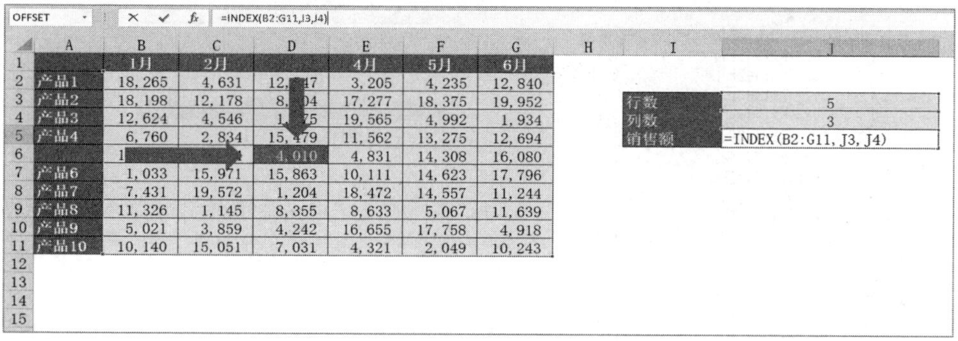

图 4-76　查找结果

有了MATCH函数的加入，INDEX函数的使用就方便多了，先用MATCH函数判断出要查找的行数和列数，再用INDEX函数将MATCH函数查询出的结果进行引用，这个方法与VLOOKUP和MATCH函数联合查找有异曲同工之妙。

4. INDEX函数提取最新报价信息

在批发零售业，最重要的一项数据莫过于零售单价，单价如果查询错误，就会影响给供应商的报价，报价高了，可能失去客户；报价低了，会给自己造成经济损失，如何能够设计一张每天更新的报价信息表呢？现在我们就来练习一下。

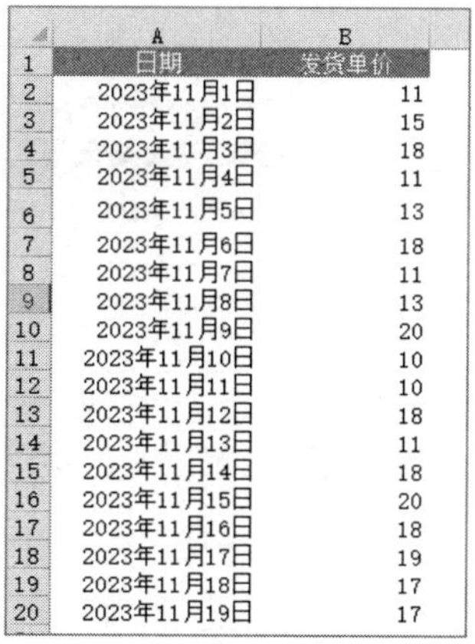

如图4-77所示，我们手里有一张发货单价表，这张表格每天都有更新，数据区域的最后一行就是最后一次更新的记录，也就是最新的发货单价，但是这种表格可能很长，少则几十行，多则几百行。那么，怎样用INDEX函数快速查询出最新发货单价呢？

图4-77　发货单价表

■ 在发货单价表右侧空白区域设置查询表格。在E6单元格输入公式"=INDEX(B:B,COUNTA(B:B))"。如图4-78所示。

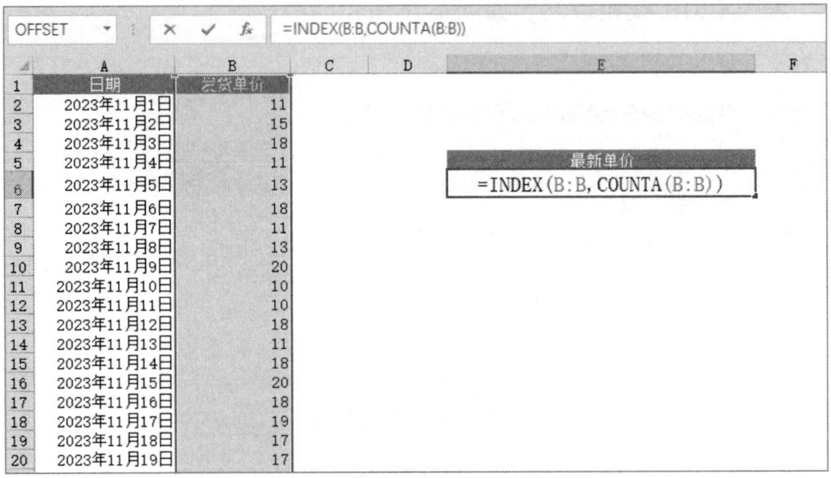

图 4-78　设置公式查找最新单价

这个公式第一参数是B列，也就是发货单价整理的数据，第二参数"COUNTA(B:B)"，意思是查找B列非空单元格的个数，结果返回值是20。我们看发货单价表的第20行，正好是最新的发货单价行。最后，整个公式返回值为17，也就是我们最新的发货单价已经被查询出来了，如图4-79所示。

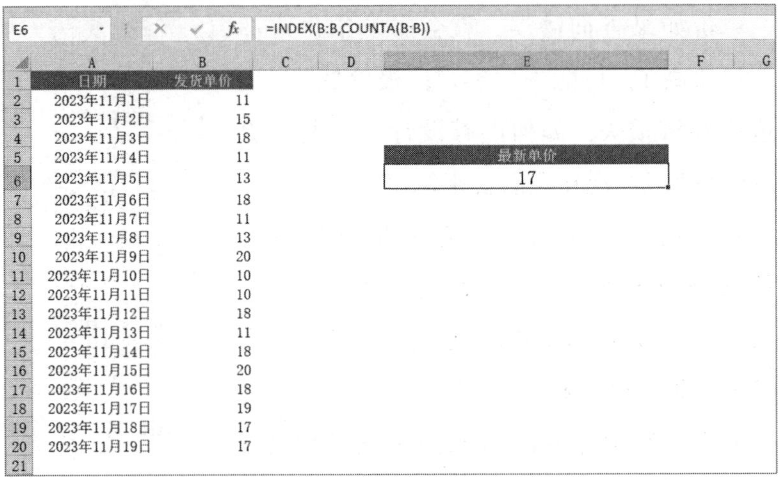

图 4-79　最新单价已被查询出

这里COUNTA函数用于统计非空单元格个数，与INDEX联合使用查询最新信息，效果非常好。

4.16 构建高效数据分析模型"黄金"篇——INDIRECT和OFFSET函数

4.16.1 INDIRECT函数——制作门店销售业绩动态汇总表

函数语法：INDIRECT("[工作簿名.xls]工作表表名!单元格地址")

具体应用：INDIRECT函数用于返回并显示指定引用的内容，它可以引用其他工作簿的名称、工作表名称和单元格，算是财务工作常用函数中的高级查找引用函数了。很多财务职场人士都没怎么接触过这个函数，其实，这个函数非常有用，将INDIRECT函数与SUM、SUMIIF、SUMIIFS、SUMPRODUCT等汇总函数联合使用，可以实现一个工作表内多个区域汇总、一个工作簿内的多表汇总、多个工作簿的多表汇总等，与VLOOKUP、MATCH、INDEX等查找引用函数联合使用，可以制作多种财务工作中常见的自动化分析模板。

使用INDIRECT函数时需要注意以下两个问题：

（1）INDIRECT("[工作簿名.xls]工作表表名!单元格地址")中的参数，是可以简化的。如果只是在一个工作簿中提取数据，则可以省略工作簿名，省略后为INDIRECT("工作表表名!单元格地址")；如果只是在一张表上提取数据，则可以省略工作表名，省略后为INDIRECT("单元格地址")。

（2）如果是对另一个工作簿的引用（外部引用），则那个工作簿必须被打开。如果源工作簿没有打开，INDIRECT函数返回错误值"#REF!"，也就是说，当你想做几个工作簿的数据汇总时，这几个工作簿都是在打开的状态，才可以保证数据的顺利提取和汇总。

INDIRECT函数对单元格的引用方式有以下两种：

第一种引用方法是直接输入INDIRECT("单元格地址")，这个单元格地址是带双引号的，这种情况下INDIRECT函数把这个单元格地址中的内容提取出来。例如，在A1单元格中，输入内容为"资产负债表"这几个字，我们输入公式"=INDIRECT("A1")"，公式结果为"资产负债表"，也就是说，INDIRECT函数将A1单元格的内容提取出来作为公式的结果了。

第二种引用方法是输入INDIRECT(单元格地址)，这个单元格地址是不带双引号的，这种情况下INDIRECT函数会把单元格内的地址引用的单元格的内容提取出来。说起来有点绕，让我们举个例子来理解。

下面这个案例中，A1单元格已经输入了"资产负债表"几个字，C1单元格输入的内容是A1。

─┤具体操作├─────────────────────

1 在E1单元格输入"=INDIRECT(C1)"，如图4-80所示。注意这里的C1没有带双引号。

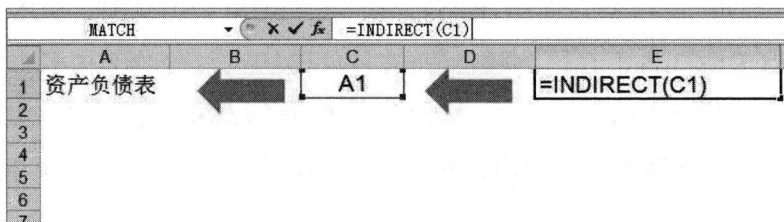

图4-80 输入公式"=INDIRECT(C1)"

2 按回车键查看结果，刚才输入的公式将C1单元格内的地址引用A1中的内容"资产负债表"提取出来了，如图4-81所示。

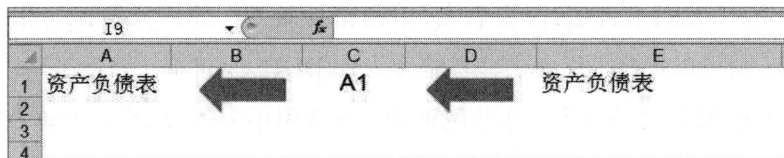

图4-81 INDIRECT函数已提取出A1单元格内容

费了半天劲，终于把两种引用说明白了。通过两种引用的比较，我只想告诉你一个事情，就是：当你要引用单元格内的数据时，千万要记得加双引号! 要不有可能会把错误的数据提取出来。

接下来，我们用INDIERCT函数练习一个1分钟汇
总10个门店销售业绩的案例。

现在我们有10张如图4-82所示的各门店销售业绩
情况表，10个门店算是比较少的，在实际业务中，有的
公司连锁店有上百家，那么如何汇总各个门店的业绩情
况就是非常头疼的事情了。无论是10家，还是上百家，
对于INDIRECT函数而言都是一样的，它可以轻松完成
多个结构相同表格的汇总工作。下面，我们一起来操作
一下。

	A	B
1	月份	销售额
2	1月	4,641
3	2月	3,585
4	3月	4,637
5	4月	4,345
6	5月	4,274
7	6月	1,321
8	7月	1,485
9	8月	4,011
10	9月	2,310
11	10月	4,918
12	11月	4,853
13	12月	1,301
14	合计	41,681

图4-82　门店1的销售
业绩情况表

─┤具体操作├─

1　设计一张销售业绩汇总表，如图4-83所示。汇总表的第一行为各个
门店的名称，注意，这里的门店名称一定要与后面要汇总的各门店的
表格名称一致，即要汇总的门店1表名为"门店1"，则汇总表的第一
行标题中的门店名称也必须是"门店1"。

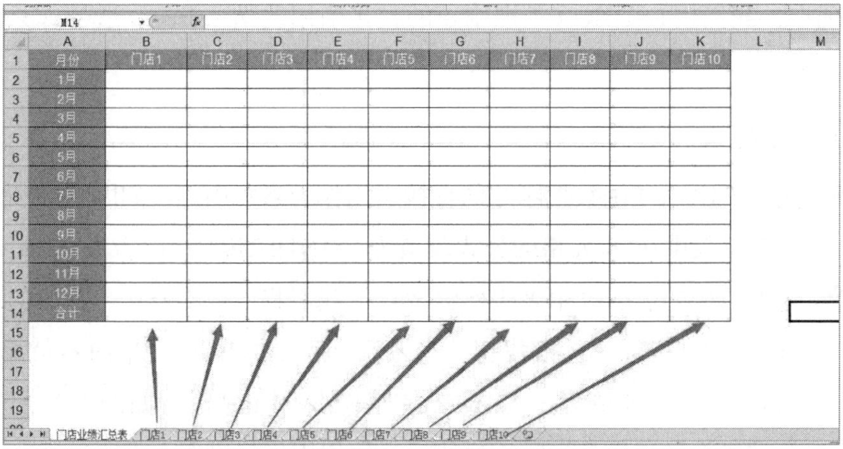

图 4-83　销售业绩汇总表

2　设置公式。如果不会使用INDIRECT函数，通常会用直接引用的
方式，直接在汇总表中将每个门店的业绩情况用等于的方式引用过
来。一般财务人员会这样操作，如图4-84所示，在汇总表的B2单元
格输入等于号，然后选择"门店1"表格中B2单元格，按回车键，之

119

后将B2单元格的公式往下拖拽，这样就完成了门店1的数据引用。

	A	B	C	D	E	F	G	H	I	J	K	L	M
	月份	门店1	门店2	门店3	门店4	门店5	门店6	门店7	门店8	门店9	门店10		
1													
2	1月	=门店1!B2											
3	2月	3,585											
4	3月	4,637											
5	4月	4,345											
6	5月	4,274											
7	6月	1,321											
8	7月	1,485											
9	8月	4,011											
10	9月	2,310											
11	10月	4,918											
12	11月	4,853											
13	12月	1,301											
14	合计	41,681											

图 4-84　采用直接引用方式引用数据

这个方法，我承认，还是可以的，但是如果我们这个汇总表不是10个门店，而是100个门店，那你就要反复引用拖拽100次……而且你要保证你的精神很集中，完全不会出错才行。

现在，我们用INDIRECT把刚才的直接引用改造一下，改造公式只需要三个步骤。

┤具体操作├

1 用INDIRECT函数把刚才的直接引用作为参数引用，如图4-85所示，将汇总表中B2单元格的公式改造为"=INDIRECT("门店1! B2")。

2 将参数中的表名改用表头标题替代。我们将上一步公式参数中的表名"门店1"用B1单元格代替，因为汇总表中的B1单元格内容就是"门店1"，公式改造为"=INDIRECT(B$1&"! B2")"，如图4-86所示。改造表名的目的是为后几列的门店数据引用做准备，因为这个公式往右拖拽就会自动变成"门店2 B2""门店3 B2""门店4 B2"……"门店10 B2"，这样就把所有门店的B2单元格数据，也就是1月份销售业绩引用过来了。注意，这里别忘记给B1的行加上美元符号（$）进行绝对引用，因为一会儿公式还要被向下拖拽，要让其始终保持在第一行标题，才能确保取出的表名正确。

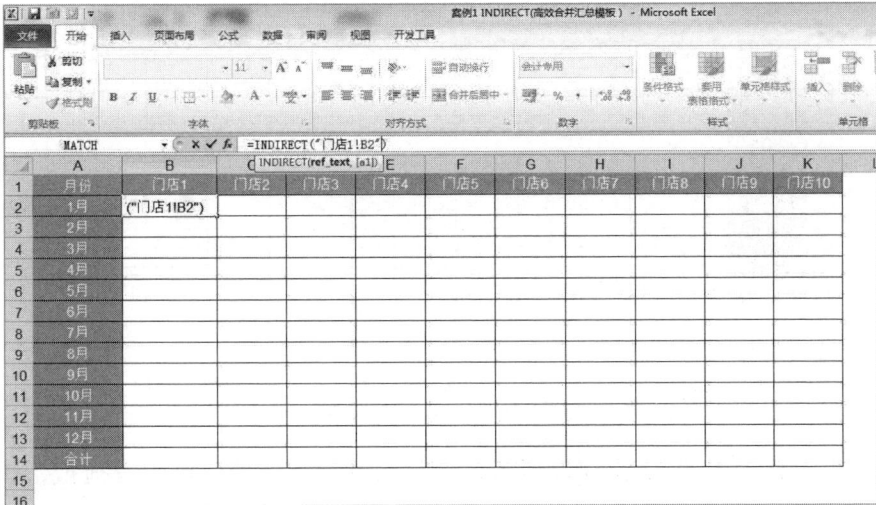

图 4-85　第一步改造

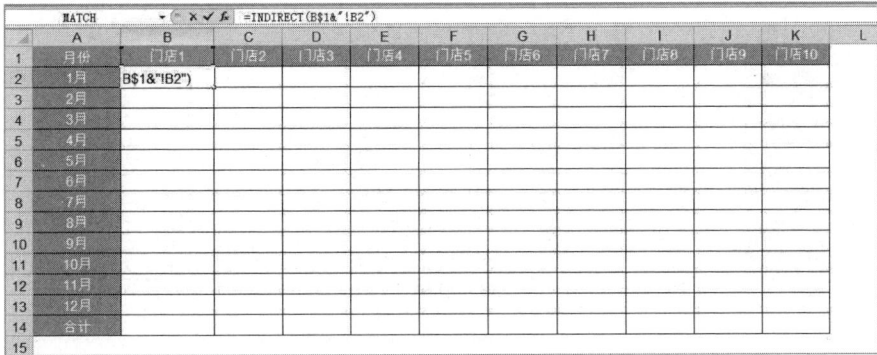

图 4-86　第二步改造

3 将行号改用ROW(A2)代替，即公式改造为"=INDIRECT(B$1&"!B"&ROW(A2))"，如图4-87所示。改造这个的目的，是因为一会儿我们还要将公式往下拖拽，统计门店1的2月份、3月份、4月份……12月份以及合计的销售业绩。将B2中的2改造成ROW(A2)，公式下拉时，ROW(A2)会变成ROW(A3)、ROW(A4)、ROW(A5)……ROW(A14)，这样，各个ROW函数返回的值依次是2、3、4、5、

6……14，这样就把门店1中的B2、B3、B4……B14中的1～12月份及合计销售业绩提取出来，实现了滚动提取数据。

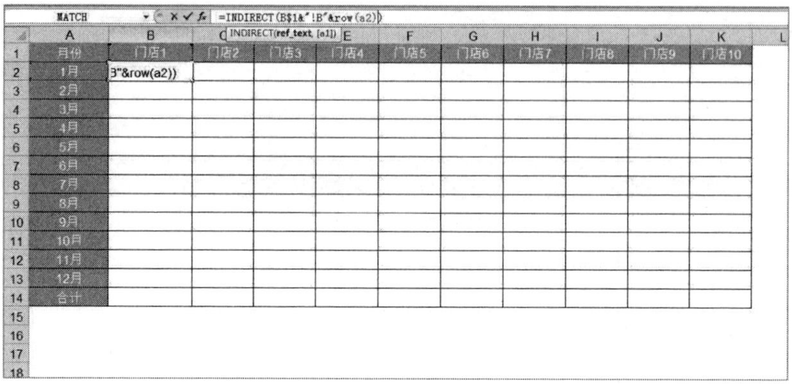

图 4-87　第三步改造

汇总表中的B2公式设置好后，将公式向下拖拽，再向右拖拽，瞬间就完成了10个门店的销售业绩汇总工作，如图4-88所示。

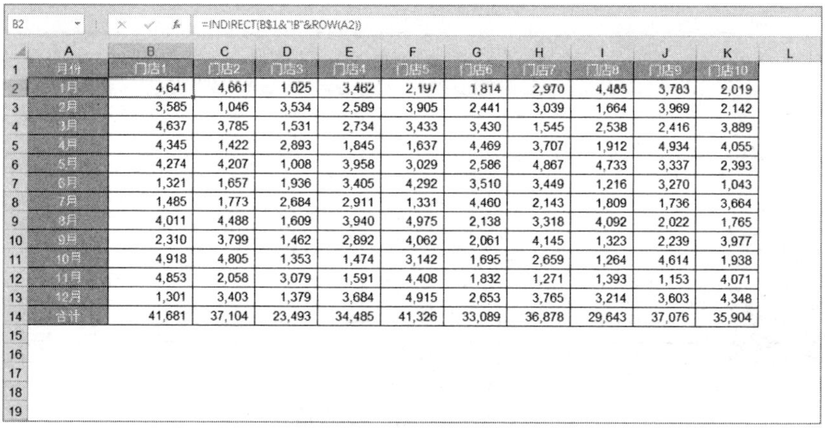

=INDIRECT(B$1&"!B"&ROW(A2))

月份	门店1	门店2	门店3	门店4	门店5	门店6	门店7	门店8	门店9	门店10
1月	4,641	4,661	1,025	3,462	2,197	1,814	2,970	4,485	3,783	2,019
2月	3,585	1,046	3,534	2,589	3,905	2,441	3,039	1,664	3,969	2,142
3月	4,637	3,785	1,531	2,734	3,433	3,430	1,545	2,538	2,416	3,889
4月	4,345	1,422	2,893	1,845	1,637	4,469	3,707	1,912	4,934	4,055
5月	4,274	4,207	1,008	3,958	3,029	2,586	4,867	4,733	3,337	2,393
6月	1,321	1,657	1,936	3,405	4,292	3,510	3,449	1,216	3,270	1,043
7月	1,485	1,773	2,684	2,911	1,331	4,460	2,143	1,809	1,736	3,664
8月	4,011	4,488	1,609	3,940	4,975	2,138	3,318	4,092	2,022	1,765
9月	2,310	3,799	1,462	2,892	4,062	2,061	4,145	1,323	2,239	3,977
10月	4,918	4,805	1,353	1,474	3,142	1,695	2,659	1,264	4,614	1,938
11月	4,853	2,058	3,079	1,591	4,408	1,832	1,271	1,393	1,153	4,071
12月	1,301	3,403	1,379	3,684	4,915	2,653	3,765	3,214	3,603	4,348
合计	41,681	37,104	23,493	34,485	41,326	33,089	36,878	29,643	37,076	35,904

图 4-88　汇总完成

这里需要注意以下两点：

（1）要汇总的工作表的位置顺序没有关系，即门店1可以放在门店2的后面，不会影响汇总表的汇总结果。

（2）工作表起名一定要规范，汇总表的表头标题一定要与工作表名一致。

4.16.2 OFFSET函数——制作自动更新统计表

函数语法：OFFSET(起始单元格,移动行数,移动列数,高度值,宽度值)

具体应用：OFFSET函数是以指定单元格为基点，通过给定偏移量得到新的单元格引用或者单元格区域。

OFFSET函数是我们查找引用函数中的独孤求败，一方面是因为它确实很厉害，与其他函数联合使用可以制作各种各样的自动分析模板，绘制动态图表，进行滚动汇总，等等。另外一方面，是因为它难，没错……很多刚入门的小伙伴，基本在网上看完它的使用方式，就再也不想用它了。因为确实较难理解，我也是在反复的实践中，慢慢跟它磨熟的。下面，你也跟它打个招呼，熟悉一下吧。

1. OFFSET函数引用某个单元格数据

下面这个案例中，A1:H16为基础数据区域，K3:L7区域为我们要对OFFSET设置的四个参数。现在我要引用基础数据区域中的单元格数据。

具体操作

■ 在L9单元格输入公式"=OFFSET(B2,3,3)"，公式中第一参数是以B2单元格为地点，第二参数是向下偏移3行，第三参数是向右偏移3列，这样OFFSET函数就移动到了E5单元格，并将E5单元格内的数据49提取出来了，如图4-89所示。

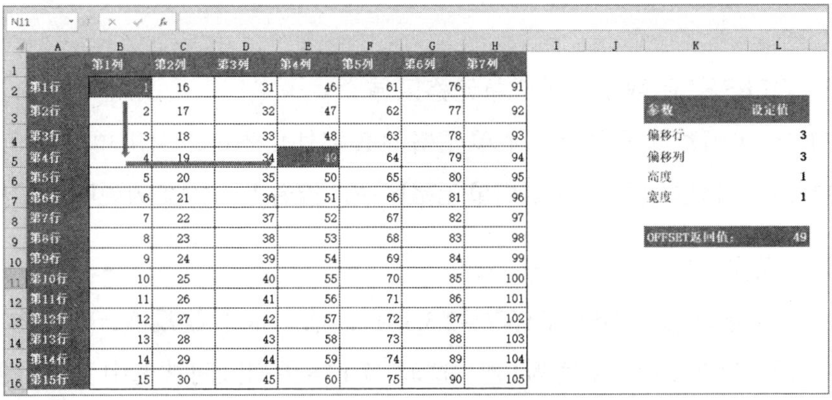

	第1列	第2列	第3列	第4列	第5列	第6列	第7列
第1行	1	16	31	46	61	76	91
第2行	2	17	32	47	62	77	92
第3行	3	18	33	48	63	78	93
第4行	4	19	34	49	64	79	94
第5行	5	20	35	50	65	80	95
第6行	6	21	36	51	66	81	96
第7行	7	22	37	52	67	82	97
第8行	8	23	38	53	68	83	98
第9行	9	24	39	54	69	84	99
第10行	10	25	40	55	70	85	100
第11行	11	26	41	56	71	86	101
第12行	12	27	42	57	72	87	102
第13行	13	28	43	58	73	88	103
第14行	14	29	44	59	74	89	104
第15行	15	30	45	60	75	90	105

参数	设定值
偏移行	3
偏移列	3
高度	1
宽度	1
OFFSET返回值:	49

图 4-89　下移3行，右移3列，引用单元格内容

这个公式中，我们省略了第四和第五参数，意思是只取提取这一个单元格内的数据。

刚才我们设置的移动行数和移动列数都是正数的，当移动行数为正数时，单元格向下移动，当移动列数为正数时，单元格向右移动。如果移动行数和列数被设置为负数时，则行向上移动，列向左移动。

具体操作

■ 输入公式“=OFFSET(C6,–2,3)”，第一参数是以C6为起点，第二参数为–2，即向上移动两行；第三参数为3，向右移动3列。这次单元格被移动到了F4，于是F4内的数据63就被提取了出来，如图4-90所示。

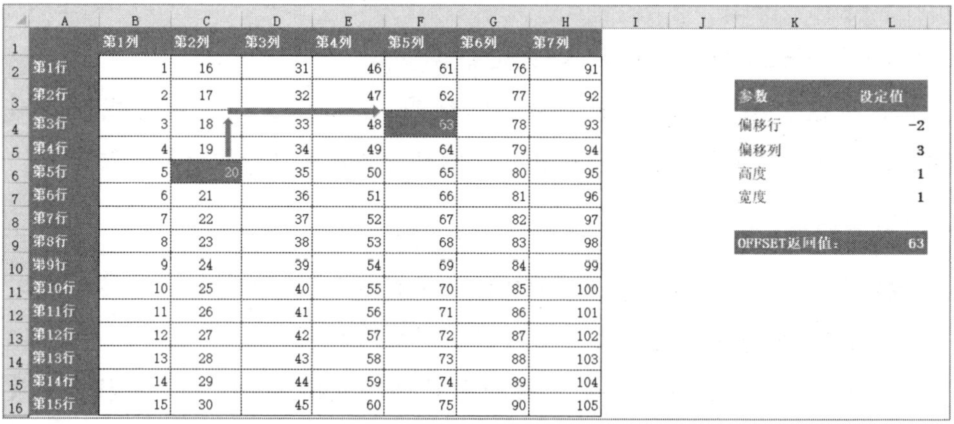

	第1列	第2列	第3列	第4列	第5列	第6列	第7列
第1行	1	16	31	46	61	76	91
第2行	2	17	32	47	62	77	92
第3行	3	18	33	48	63	78	93
第4行	4	19	34	49	64	79	94
第5行	5	20	35	50	65	80	95
第6行	6	21	36	51	66	81	96
第7行	7	22	37	52	67	82	97
第8行	8	23	38	53	68	83	98
第9行	9	24	39	54	69	84	99
第10行	10	25	40	55	70	85	100
第11行	11	26	41	56	71	86	101
第12行	12	27	42	57	72	87	102
第13行	13	28	43	58	73	88	103
第14行	14	29	44	59	74	89	104
第15行	15	30	45	60	75	90	105

参数	设定值
偏移行	-2
偏移列	3
高度	1
宽度	1
OFFSET返回值：	63

图4-90　上移2行，右移3列，引用单元格内容

2. OFFSET函数引用某个单元格区域

OFFSET函数除了引用一个单元格的数据外，还可以引用单列单元格区域、单行单元格区域及多行多列单元格区域，接着上面的案例说明。

具体操作

■ 将公式修改为“=OFFSET(C6,–2,3,3,1)”，前三个参数没变，第四参数为3，即高度为3行，宽度为1列，这时，F4:F6单列区间被选中了，如图4-91所示。

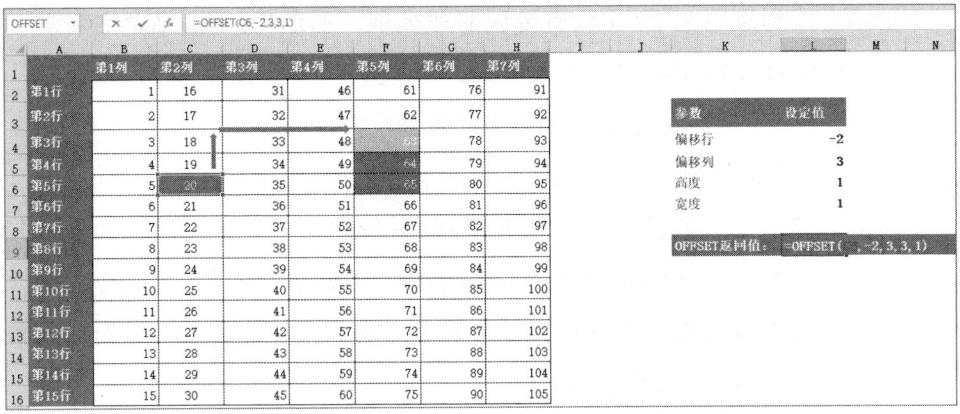

图 4-91　上移2行, 右移3列, 高3行宽1列

怎么看输入的OFFSET函数选中的区域呢? 我们可以将公式复制粘贴到名称框中, 然后按回车键即可。下面我们再练习一个案例。

───┤ 具体操作 ├───

■ 公式修改为 "=OFFSET(C6,–2,3,3,2)", 这时的区域变成了高3行, 宽2列, 构成了一个多行多列单元格区域, 如图4-92所示。

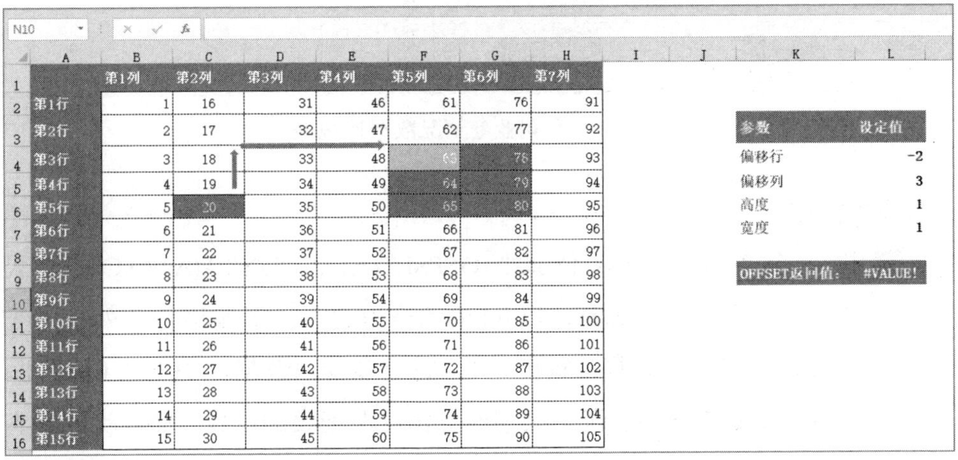

图 4-92　上移2行, 右移3列, 高3行宽2列

是不是找到点感觉了? 也没有传说的那么难, 不是吗? 下面结合之前学习的知识, 讲解OFFSET函数的实操情景。

3. OFFSET函数让数据透视表自动更新

接下来, 我们练习一下如何用OFFSET函数让数据透视表可以自动更新。

如图4-93所示, 我们现有一张更新到6月份的公司业务情况明细表, 并进行了数据透视。现在的问题是, 每次新月份的数据出来后, 我们的数据透视表都要重新更改数据透视区域, 非常麻烦, 能不能基础数据一更新, 数据透视表的透视区域也自动更新呢?

	年份	月份	客户名称	报关方式	报关单号	重量	报名	报关单位	报关费	送审人员	报关成本					
237	2023	6	A00080	航空	800518352	89	HH0008382	KH000260	29,370	潘胜拔	16,323					
238	2023	6	A00086	航空	800127257	61	HH0008808	KH000802	20,130	龚佩义	1,240					
239	2023	6	A00023	航空	800681568	7	HH0007463	KH000369	2,310	夏莱台	1,973					
240	2023	6	A00032	港口	800638888	18	HH0007965	KH000443	5,940	潘胜拔	2,343					
241	2023	6	A00059	航空	800474751	71	HH0007975	KH000222	23,430	龚佩义	14,397					
242	2023	6	A00057	陆地	800588890	43	HH0007018	KH000226	14,190	瑟壮保	12,517					
243	2023	6	A00057	航空	800146279	72	HH0008475	KH000551	23,760	黑工维	13,434					
244	2023	6	A00052	航空	800782817	31	HH0008494	KH000708	10,230	刘翟星	9,438					
245	2023	6	A00059	陆地	800466893	76	HH0008193	KH000240	25,080	卢欸约	7,780					
246	2023	6	A00080	航空	800896105	2	HH0007841	KH000721	660	薄百薇	388		报关方式			
247	2023	6	A00025	港口	800365963	31	HH0008122	KH000590	10,230	薄丙薇	403	月份	陆地	航空	港口	
248	2023	6	A00018	港口	800332548	63	HH0006896	KH000835	20,790	潘顺瘤	5,782	1月	181,500	275,550	212,190	
249	2023	6	A00081	陆地	800375613	63	HH0008070	KH000243	20,790	夏莱台	17,804	2月	219,120	246,510	285,780	
250	2023	6	A00037	陆地	800695974	97	HH0007020	KH000885	32,010	潘胜拔	24,086	3月	191,070	242,880	216,480	
251	2023	6	A00041	陆地	800456516	2	HH0006715	KH000317	660	夏雨聪	308	4月	319,440	189,090	139,590	
252	2023	6	A00070	港口	800667582	35	HH0008875	KH000518	11,550	瑟壮保	5,882	5月	223,740	235,290	442,860	
253	2023	6	A00095	陆地	800881014	66	HH0008986	KH000972	21,780	黑工维	7,227	6月	217,800	238,920	209,550	
254	2023	6	A00095	航空	800803318	49	HH0006932	KH000549	16,170	刘翟星	5,794	7月	127,710	372,900	275,880	
255	2023	6	A00074	港口	800696443	93	HH0008266	KH000243	30,690	卢欸约	1,247					
256	2023	6	A00029	航空	800893021	68	HH0008090	KH000189	22,440	薄百薇	15,248					
257	2023	7	A00043	港口	800531117	56	HH0008003	KH000433	18,480	薄雨聪	9,597					
258	2023	7	A00077	航空	800429424	74	HH0008943	KH000696	24,420	张顺瘤	4,200					
259	2023	7	A00052	航空	800582909	15	HH0008388	KH000931	4,950	夏莱台	472					
260	2023	7	A00069	港口	800549722	24	HH0008550	KH000543	7,920	潘胜拔	1,826					
261	2023	7	A00022	航空	800261912	40	HH0008284	KH000520	13,200	龚佩义	3,262					
262	2023	7	A00022	航空	800497471	85	HH0007777	KH000523	28,050	瑟壮保	26,586					
263	2023	7	A00016	航空	800896356	4	HH0008604	KH000101	1,320	黑工维	23					
264	2023	7	A00094	陆地	800134084	59	HH0008070	KH000576	19,470	刘翟星	6,346					
265	2023	7	A00038	航空	800588631	86	HH0006936	KH000957	28,380	卢欸约	19,640					

图 4-93 公司业务情况数据透视表

——|**具体操作**|——————————————————

1 找一个单元格输入公式 "=OFFSET(A1,,,COUNTA(A:A),COUNTA(1:1))", 公式的意思是, 以A1单元格为起点, 不偏移行和列, 高度是A列有多少行数据, 宽度是第1行有多少列数据。OFFSET函数框定的这个数据区域会随着公司业务情况明细表的更新, 而自动扩展基础数据区域的选择范围。

2 为刚才设好的OFFSET函数公式定义名称, 名称为 "数据源", 如图4-94所示。

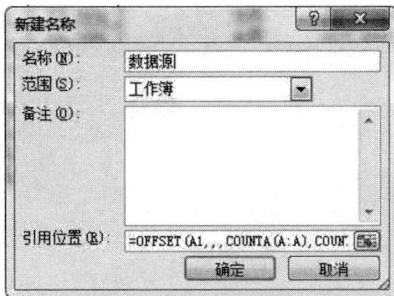

图 4-94　定义名称

③ 用动态名称创建数据透视表。这里因为我们已经创建好了数据透视表，所以，只要更改一次数据源就好了，如图4-95、图4-96所示。

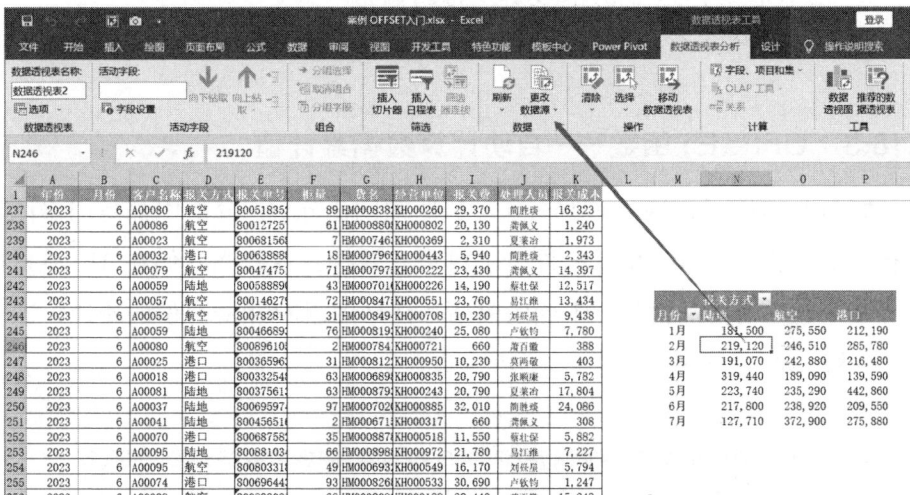

图 4-95　单击【更改数据源】

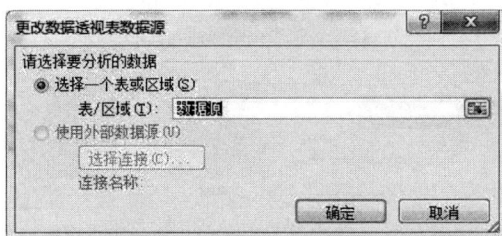

图 4-96　更改数据源名称为：数据源

④ 当我们对表格添加了7月份数据时，我们只要刷新一下数据，数据透视表就实时更新了，如图4-97所示。

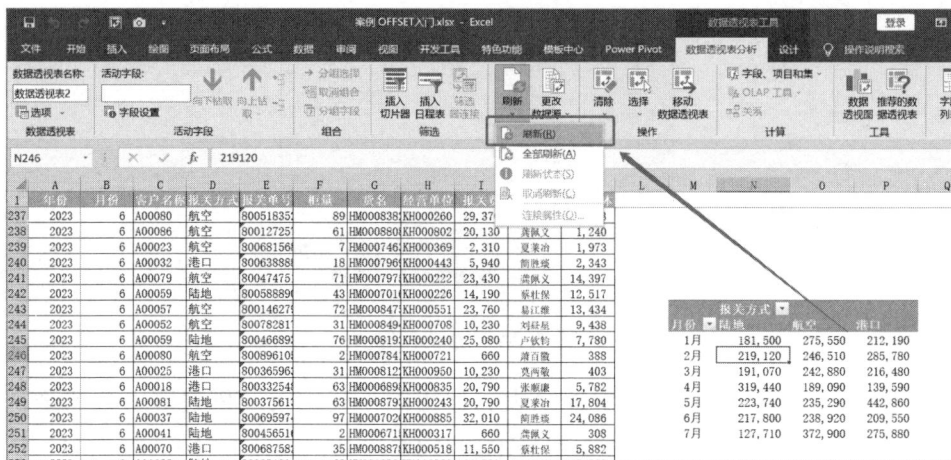

图 4-97　单击【刷新】

4.16.3　OFFSET函数——自动计算数据累计值

如图4-98所示，这是一张公司项目业绩同比分析，分析中都是用累计数进行同比。我们对B12单元格设置了数据有效性，这样当我们在B12单元格选择某个数字月份的时候，下面的表格和柱形图就对相应月份的累计数进行同比分析。

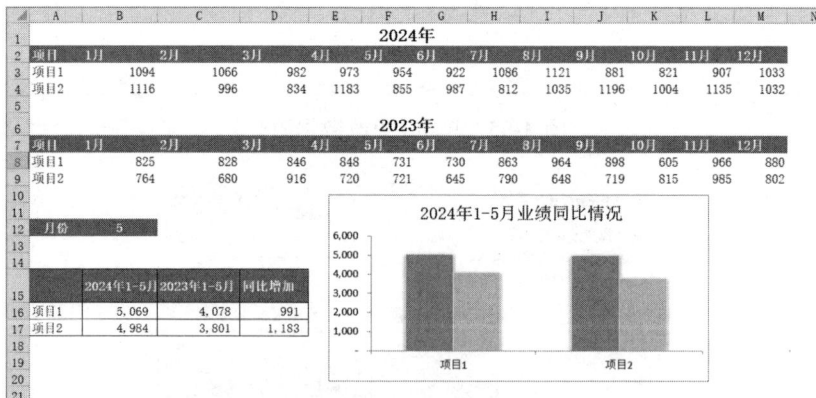

图 4-98　项目业绩同比分析

│具体操作│

1 在B16单元格设置公式"=SUM(OFFSET($B3,,,1,$B$12))"，公式中

OFFSET函数构建了一个单元格区域，即以B3为起点的1行高，B12宽的单元格区域，也就是说，当B12是5时，这个单元格数据区域就是2024年1～5月的项目1业绩区域；当B12为10时，这个单元格数据区域就是2024年1～10月的项目1业绩区域。这个区域会随着我们对B12单元格中月份数字的选择而变化。最外面的SUM函数即对这个累计数单元格区域求和，如图4-99所示。

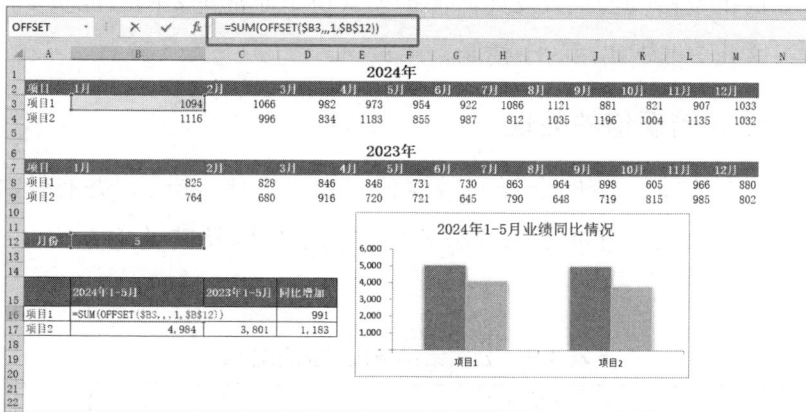

图 4-99　输入公式计算2024年累计数

2 同样道理，继续对2023年的累计数设置公式，在C16单元格中输入公式"=SUM(OFFSET($B8,,,1,$B$12))"，这样，我们的累计数就设置好了，如图4-100所示。

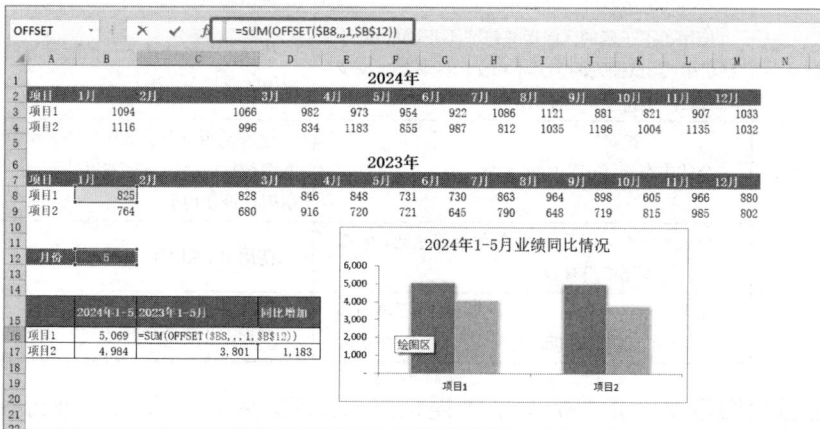

图 4-100　输入公式计算2023年累计数

这个案例，主要是利用了OFFSET函数的特点，让其先选择指定求和区域，然后再用SUM函数对这个区域求和。

4.17　财务职场实用公式小技能

在实际工作中，我们除了要掌握基础的函数和公式应用，如何修改错误公式、如何批量修改公式以及如何保护公式也是非常重要的技能。下面我们一起学习这几个非常实用的小技能。

4.17.1　公式错误值的处理

公式计算结果，有时会返回错误值，知道为什么错了，并有针对性地进行修改非常重要。下面整理了公式错误值的原因及其处理方法，具体见表4-1。

表 4-1　公式错误原因及消除方法

错误值	发生原因	清除方法
#DIV/0!	做除法时，被除数为 0	将 0 修改为非 0 数值
#NUM!	使用了无效的参数或数值。例如，函数中参数输入错误，或者数字超过规定的输入范围	修改参数或数字
#VALUE!	参数或运算类型错误，例如，函数中只能计算数值，而我们输入了文本型数据，或者本来应该输入一个单元格，而我们输入了一个区域	使用正确的数据类型，重新输入数值或区域
#REF!	公式中引用的单元格被删除了	重新输入公式中的引用单元格区域
#NULL!	使用了不正确的区域运算符或不正确的单元格引用。当试图为两个并不相交的区域指定交叉点时将产生错误值 #NULL ！	检查公式中连接条件的逗号等符号和引用区域是否正确
#NAME?	公式中有无法识别的文本时	检查是否引用了不存在的名称，引用文本型数据时是否有加双引号 ("")，区域引用是否使用了冒号 (:)
#N/A	公式中没有可用数值时，例如查找函数，被查找的表格单元格没有数据	使用 IFERROR 函数嵌套消除
##### !	如果单元格所含的数字、日期或时间比单元格宽，或者单元格的日期时间公式产生了一个负值	调宽单元格或修改日期时间数据

这里我们需要补充一个忽略错误信息的函数。有时，我们在进行查找引用时，由于被查找表格没有对应数据会产生错误值，这样带有错误值的表格给上级管理者报上去会让管理人员很费解，他会认为你把数字给算错了。为

了使数据看起来更加规整、美观,我们可以这样输入公式"=IFERROR(查找函数,"")",这个公式的意思是如果查找函数的结果正确,就返回结果查找函数的结果;如果不正确,就返回空值。一对双引号在这里是空值的意思,也就是什么都不显示。这样上报上去的表格看起来就不会有"错误值"了。

4.17.2　公式的批量修改

下面是一张2023年各公司的业绩汇总表,它的数据来自我们2023年数据基础表,现在我们将数据更新到2024年,如何批量修改公式,快速统计呢?

——|具体操作|——

1 选择【公式】菜单中的【显示公式】功能,这个时候B列中所有的公式都被显示出来了,如图4-101所示。

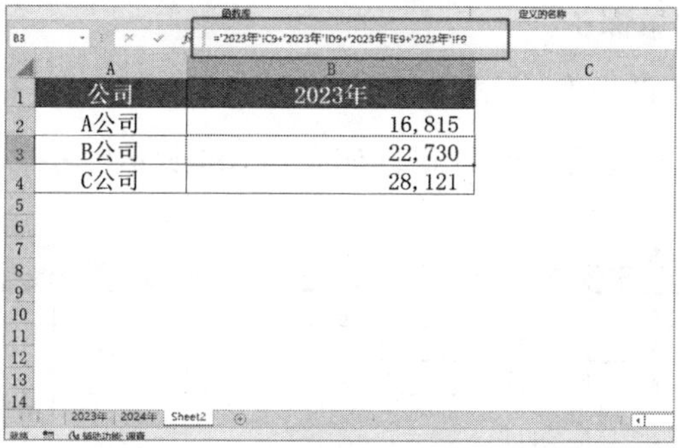

图 4-101　2023年各公司业绩汇总表

2 选中B列,按【Ctrl+F】快捷键调出【查找和替换】对话框,用"2024年"替换"2023年",单击【全部替换】按钮,如图4-102所示。

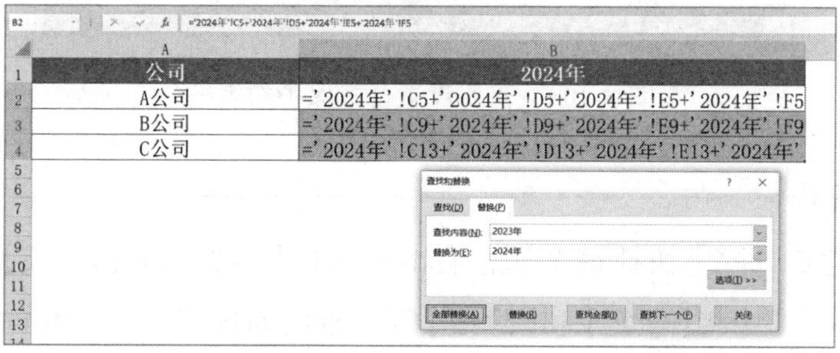

图 4-102　批量修改公式为2024年数据

3 再次单击一下【显示公式】，让公式重新计算。

好了，如图4-103所示，现在是不是所有的汇总数都更新到2024年了？

B2 ='2024年'!C5+'2024年'!D5+'2024年'!E5+'2024年'!F5

	A	B
1	公司	2024年
2	A公司	33,630
3	B公司	45,460
4	C公司	56,242
5		

图 4-103　公式更新为2024年数据

4.17.3　公式的批量保护

对于要转发给其他同事填报你汇总的表格，这时对公式的保护是非常重要的，如果别人由于不熟悉Excel而不小心修改了你的公式，那么当你对表格进行汇总时，就会发生错误，最终造成不好的影响。下面我们来说一下，怎样对公式进行批量保护。

这是一张已经设置好公式的表格，现在我们要对表格内的公式进行保护，让填写表格的人无法修改公式，如图4-104所示。

	A	B	C	D	E	F
1	公司	月份	东北	华北	西北	西南
2	A	1月	1,430	1,086	1,840	1,073
3	A	2月	1,234	1,420	1,403	1,725
4	A	3月	1,058	1,559	1,840	1,147
5	小计		3,722	4,065	5,083	3,945
6	B	1月	1,028	1,230	1,281	1,992
7	B	2月	1,985	1,568	1,191	1,090
8	B	3月	3,013	2,798	2,472	3,082
9	小计		6,026	5,596	4,944	6,164
10	C	1月	1,948	2,054	1,122	3,138
11	C	2月	2,027	1,426	2,297	1,236
12	C	3月	1,691	3,181	4,513	3,488
13	小计		5,666	6,661	7,932	7,862
14	合计		15,414	16,322	17,959	17,971

图 4-104　需要设置公式保护的表格

具体操作

1 按【Ctrl+A】快捷键全选，右击并选择【设置单元格格式】选项，在【保护】中将【锁定】和【隐藏】复选框的勾选清空，如图4-105所示。

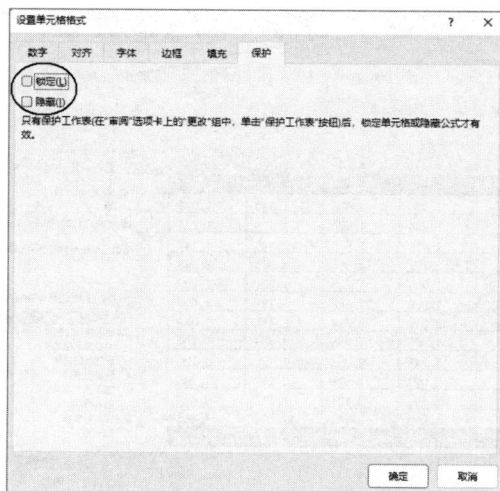

图 4-105　取消勾选【锁定】和【隐藏】

2 按【Ctrl+G】快捷键定位公式，选择定位条件，勾选【公式】，如图4-106所示。右击并选择【设置单元格格式】选项，在【保护】中勾选【锁定】复选框，如果不只要保护还要隐藏公式就把【隐藏】复选框也勾选上，如图4-107所示。

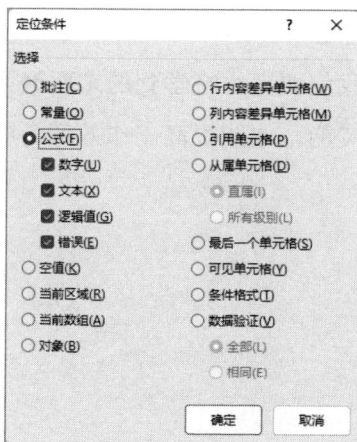

图 4-106　定位公式

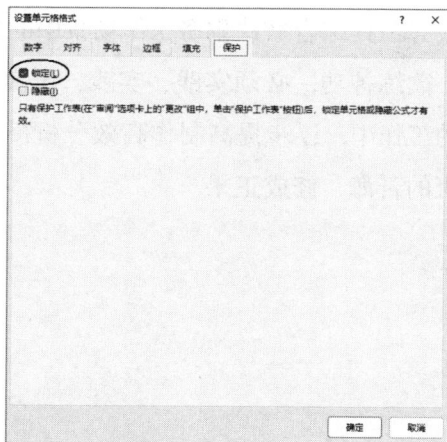

图 4-107　对带有公式的单元格勾选【锁定】

3 选择【审阅】菜单中的【保护工作表】选项，默认选项，单击【确定】按钮。如果需要设置密码，就设置一个密码，如图4-108所示。

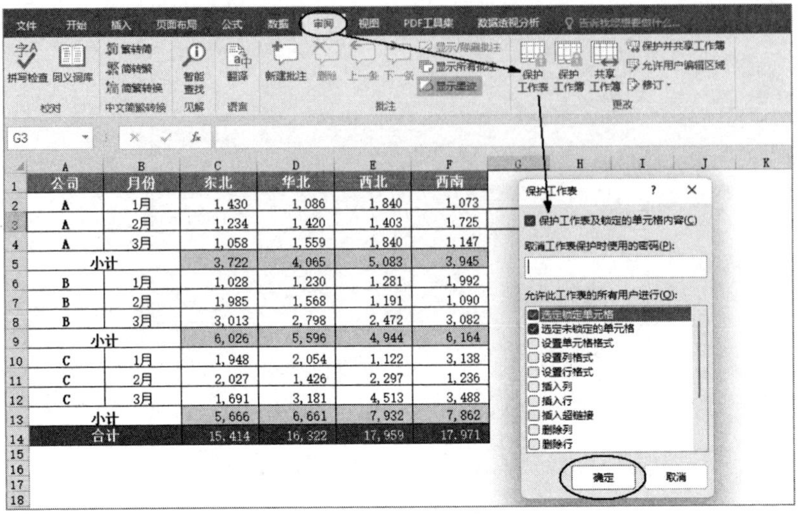

图 4-108　保护工作表

现在工作表中的公式已经被批量保护了，看看是不是单击带有公式的单元格时已经没有办法编辑了？

本章主要介绍了各种函数和公式的使用技巧，函数和公式的学习方法主要是逐个击破，然后再结合绝对引用、相对引用、名称、数据有效性、条件格式等工具综合解决财务工作场景中的各种问题。

欲练神功，必须实践、实践、再实践，我们要努力将学到的东西融入日常的工作中，逐步提高制作高效分析模板的技能，才能提高工作效率，脱离加班的苦海，修成正果。

第5章　如何用商务图表呈现财务数据

麦肯锡公司有一个重要的30秒电梯理论。该公司曾经为一家重要的大客户做咨询。咨询结束的时候，麦肯锡的项目负责人在电梯间里遇见了对方的董事长，该董事长问麦肯锡的项目负责人："你能不能说一下现在的结果呢？"由于该项目负责人没有准备，而且即使有准备，也无法在电梯从30层到1层的30秒内把结果说清楚。最终，麦肯锡失去了这一重要客户。

从此，麦肯锡要求公司员工凡事要在最短的时间内把结果表达清楚，凡事要直奔主题、直奔结果。这个法则提醒我们在做财务分析的时候也是一样，俗话说，文不如表，表不如图，能够最简单、最有效地把自己的观点跟老板表达清除，是我们决胜财务职场的关键，下面我们就一起领略一下图表的魅力吧。

5.1　财务分析必备图表

在做财务分析时，有时密密麻麻的文字还真不如一张图来得实在，如图5-1所示，是阿里巴巴的财报业绩，如果你用文字说明，可能用200个字也未必能讲明白重点，但是用一张图就生动形象、高效地将业绩进行了展示。

在制作图表时，我们要把握的关键是两个词：专业、精准。专业就是制作的图表看起来不能花里胡哨，不能像业余选手一样临时拼凑一个图上去，要做出来的图表无论从配色、布局都得像出自专业人士之手。精准就是图表类型得与你要表达的意思相匹配，不能为了做图表而做图表，图表要能支撑你的观点，表达你的思想。

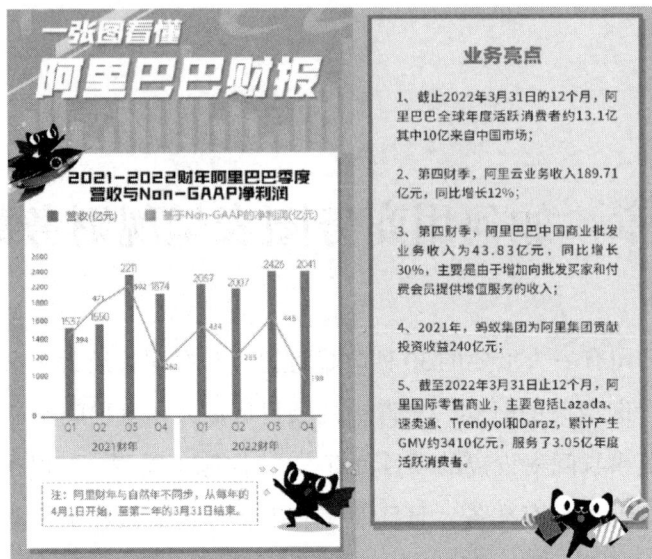

图 5-1　一张图看懂阿里巴巴业绩

（注：图片来自网络）

5.1.1　初识专业图表

图表不要着急做，按照我们之前讲的原则——专业和精准来看，图表类型的选择很重要。下面废话不多说，直接看表，遇到要分析的各类场景，按照表5-1对照着选择就行了。

表5-1　图表主要应用场景

数据关系	应用场景举例	建议图表
分类对比	本年各产品销售同比情况	柱形图
	业绩排名前几名的门店	条形图
	几大业务（或财务指标）对比	旋风图/雷达图
时间序列	本年1～12月成本费用变化趋势	折线图
总体构成	公司主要成本占比	饼图
	公司各项销售业务占比	圆环图
差异分析	公司预算利润与实际利润差异原因	瀑布图
	公司本年利润与上年利润差异原因	
	本年实际利润与预算利润比	双轴柱形图
完成情况	本年收入/利润完成率	卡片图/仪表盘
关联关系	变动成本与销售量之间的线性关系	散点图

数据关系	应用场景举例	建议图表
转化情况	消费者进入网站到实现购买的最终转化率	漏斗图
项目进度	各类项目实施的进展和进度	甘特图
业务地区分布	东北、华北、西南地区本年销售业绩	地图

图表的结构和主要元素，如图 5-2 所示。一般来讲，一张图表中，最外面的边框内就是图表区，里面有很多元素，包括标题、数据系列（这里一个柱子就代表一个数据）、数据标签、主要数值轴、分类轴、网格线等。此外，为了表达数据的需要，有时，我们还会额外添加一些图表元素，包括次要数值轴、趋势线、高低点连线、垂直线、涨跌柱，等等。

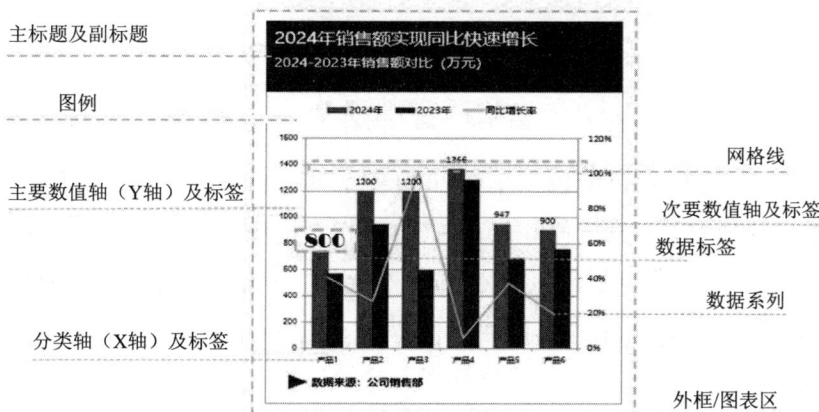

图 5-2　图表的结构和主要元素

5.1.2　制作你的第一张专业图表

下面，我们通过实操练习专业图表的制作。

──┤ 具体操作 ├──

1️⃣ 选择制图类型。如图 5-3 所示，这是一张两年产品销售额的对比表，这里选择柱形图作为目标图表。

2️⃣ 插入图表。选中 A2:D8 单元格区域，在【插入】菜单的【柱形图】中选择【簇状柱形图】选项；删除网格线，将图例拖动至图表上部，将图表横向拖动填满图表区，如图 5-4 所示。

图 5-3　等待作图的基本表格

图 5-4　插入图表

3 给图表进行专业配色。单击2024年系列的柱子，在【格式】菜单的【形状填充】中选择【其他填充颜色】选项，如图5-5所示。【自定义】菜单中，【颜色模式】选择【RGB】选项，红绿蓝对话框分别填入数值：239,0,0。如图5-6所示。同样方法对2023年系列柱子填充颜色为：0,59,112。

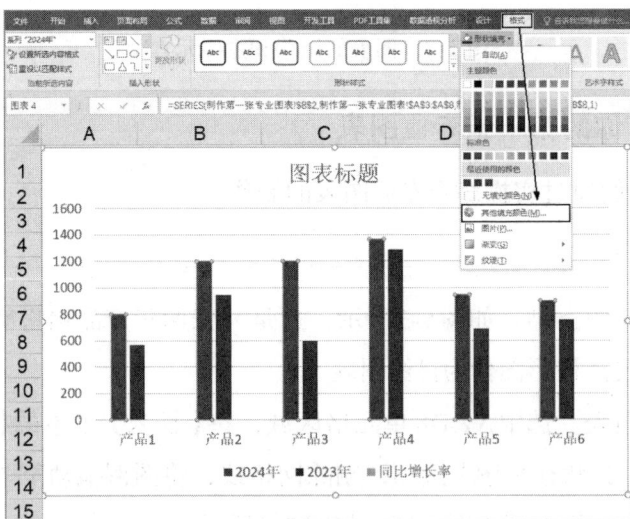

图 5-5　改变一个系列柱子的颜色

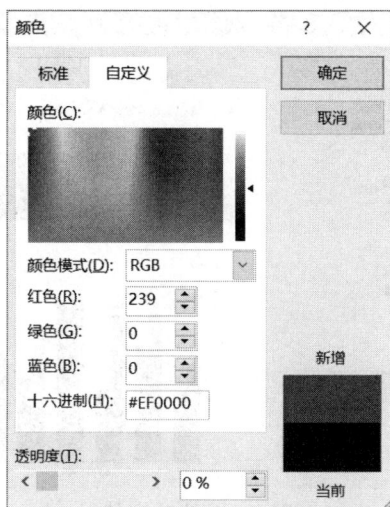

图 5-6 自定义RGB颜色

4 为图表加标题。选中图表区域，在【格式】菜单中，选中【文本框】
选项，插入图表区作为标题，如图5-7所示。输入标题，并修改字
体为微软雅黑，主标题字号修改为20号，副标题为15号，如图5-8
所示。

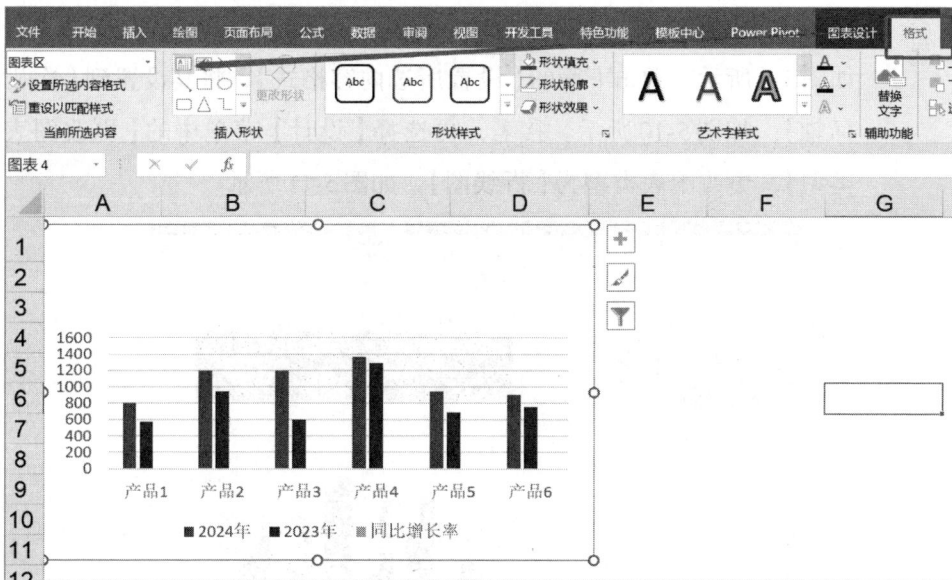

图 5-7 插入图表区作为标题

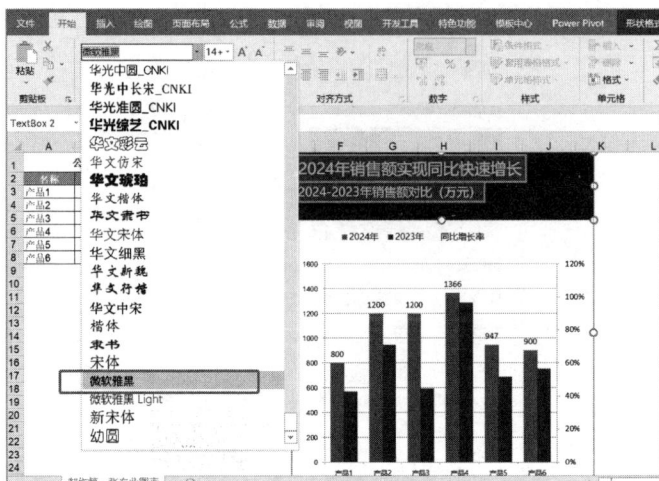

图 5-8　修改字体

5 显现同比增长率。销售额和同比增长率，在本案例中的区间一个是几百万元到一千多万元，另外一个是小于1或者1以下，所以如果同比增长率与销售额以同一个数值坐标轴作为参照，是显示不出来的，必须要将同比增长率放在次坐标轴，单独度量，并以折线图展示增长趋势。

在【格式】菜单最左侧对话框中，选择【系列"同比增值率"】选项，如图5-9所示。单击下面的【设置所选内容格式】，将其设置到【次坐标轴】，如图5-10所示。接着，再选择【设计】菜单中的【更改图表类型】，更改图表类型为【折线图】，如图5-11所示。

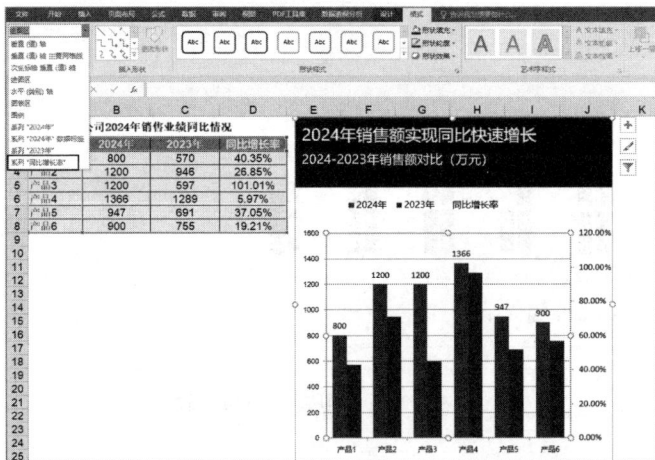

图 5-9　在【格式】菜单中选中对象【系列"同比增值率"】

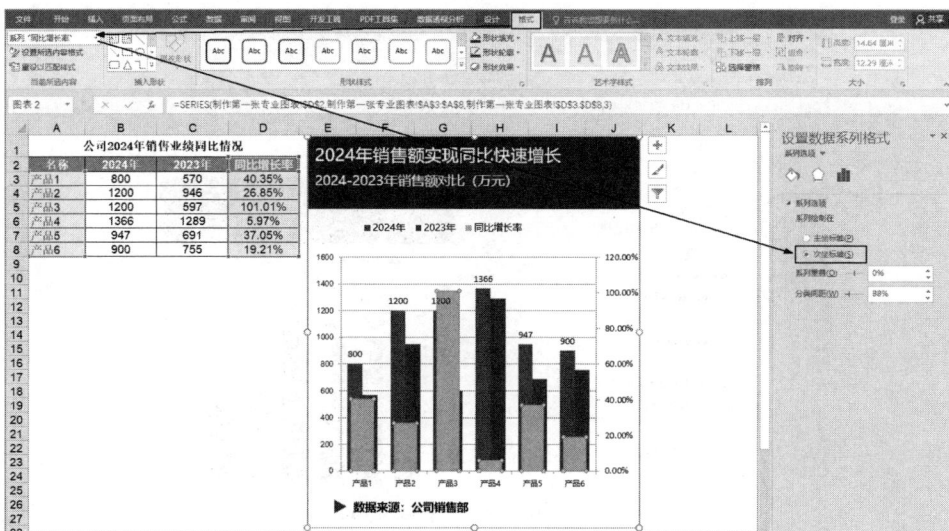

图 5-10　将【系列"同比增值率"】设置到【次坐标轴】

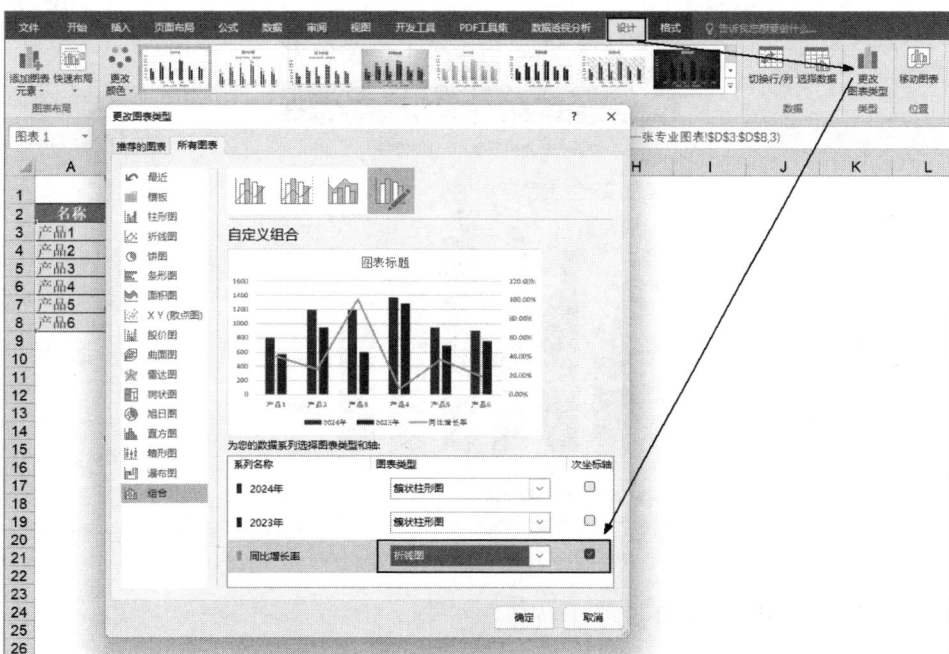

图 5-11　更改图表类型为【折线图】

6 细节完善。汉字的数据标签及说明要修改为【微软雅黑】字体，数字修改为【Arial Unicode MS】，字号均为8号字。几个坐标轴都要修改，如图5-12所示。专业图表最终效果如图5-13所示。

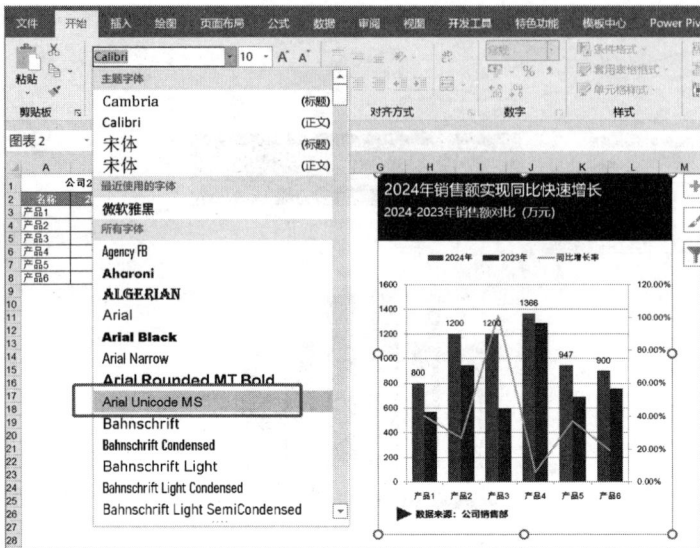

图 5-12　修改坐标轴标签的字体、字号

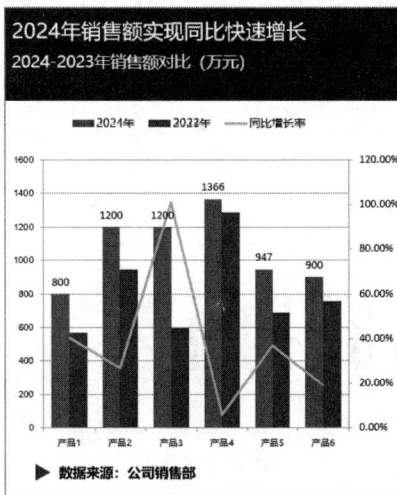

图 5-13　专业图表最终效果

制作专业图表有以下几个小技巧：

（1）指哪打哪，对象正确。即要设置哪个要素就选择哪个要素，如果只想选择要素中的某一个单独内容，比如想设置2017年系列中的产品2，则用鼠标单击一下，然后再单击一下就选中了单体。

（2）不要用默认的颜色、字体和字号。Excel图表默认的颜色、字体和字号都比较简单，要想做得更加专业，就必须进行手工调整。如何配色将在下一节中进行说明；字体分为两类，汉字一般选择【微软雅黑】，数字选择【Arial Unicode MS】；字号从8到20号区分内容进行设置。

5.1.3 图表如何配色才能高大上

图表的配色对于财务人士可以说是老大难问题，很多人往往对于用什么样的颜色去修饰图表完全没有概念，其实笔者自己也是一样，每次作图的时候，都苦于颜色的搭配。最终，笔者找到了两个解决方案供大家参考。

> 注意：因本书是黑白印刷，本节内容通过书中图片很难直观感受设置效果，请大家根据颜色数值自行到软件中进行尝试，这里主要是讲解理论方法。

（1）利用色轮配色。如图5-14所示，这是一个有12种颜色的色轮，网上还有24色以及更多色的色轮。如果你已经定了一个基础色调，比如蓝色，那么如果不想颜色搭配得过于突兀，就可以沿着色轮从外至内确定重要到次重要项目的颜色。

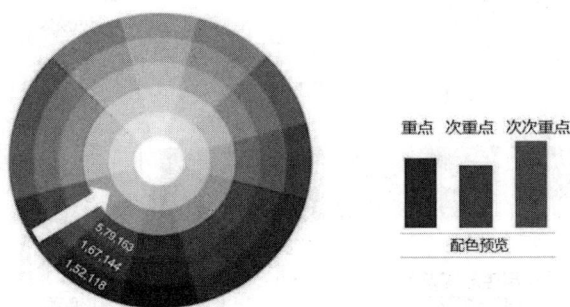

图 5-14　利用色轮配色

（2）建立自用颜色库。要学会建立自己的图表颜色库。什么样的颜色与什么样的颜色搭配起来比较好看，很多设计师已经研究过了，我们不用再费心去颠覆。图5-15至图5-20是笔者平时自己制图时收集的颜色搭配，大家拿走直接用就行，左边是颜色及颜色RGB代码，右边是用这些颜色搭配制图的效果。

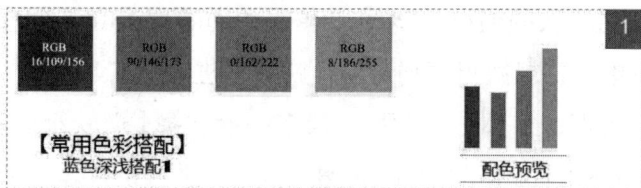

图 5-15　参考配色1

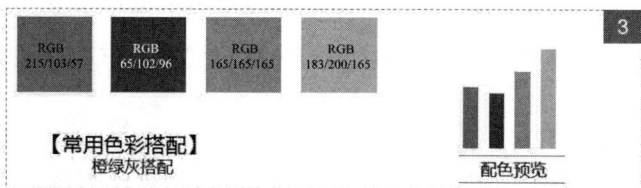

图 5-16　参考配色2

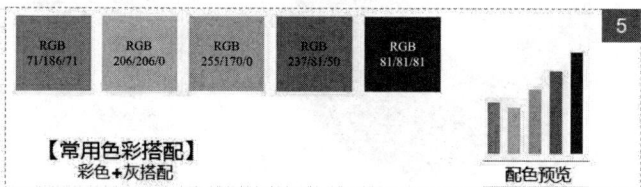

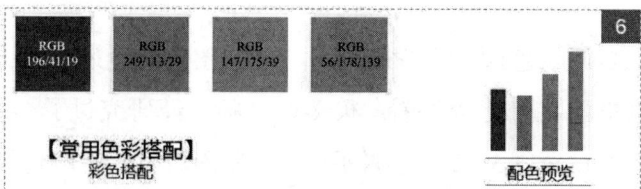

图 5-17　参考配色3

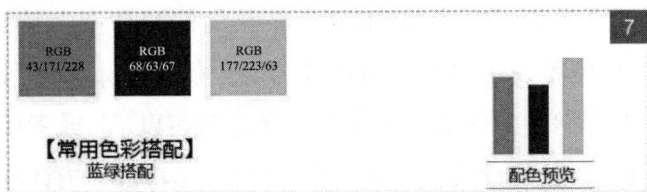

图 5-18　参考配色4

图 5-19　参考配色5

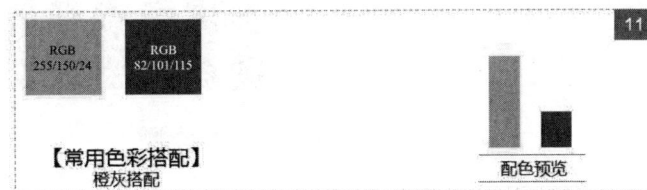

图 5-20　参考配色6

这里要解释一下，什么是RGB？所谓RGB就是Red、Green、Blue的简称，也就是红色、绿色、蓝色的混合搭配，会生成一种新的颜色，这个颜色的代码可以用红、绿、蓝三种颜色的数值大小表示。

如果我们在某个网站或者电子杂志上看到一个颜色比较漂亮，想保留起来，怎么办呢？我们可以利用QQ聊天工具的截屏功能。登录QQ后，按【Ctrl+Alt+A】快捷键，这时会启动截屏功能，鼠标指针移动到你想要的颜色区域，然后将屏幕上标注的RGB值记录下来就可以了。或者用微信，也是一样，按下微信的截屏快捷键【Alt+A】，也是一样将鼠标指针移动到你想要的颜色区域，然后将屏幕上标注的RGB值记录下来即可。

最后一个问题是：如何保留并直接使用我们的颜色库？

─┤具体操作├─

1 选择【页面布局】菜单中【颜色】功能的【自定义颜色】，如图5-21所示。

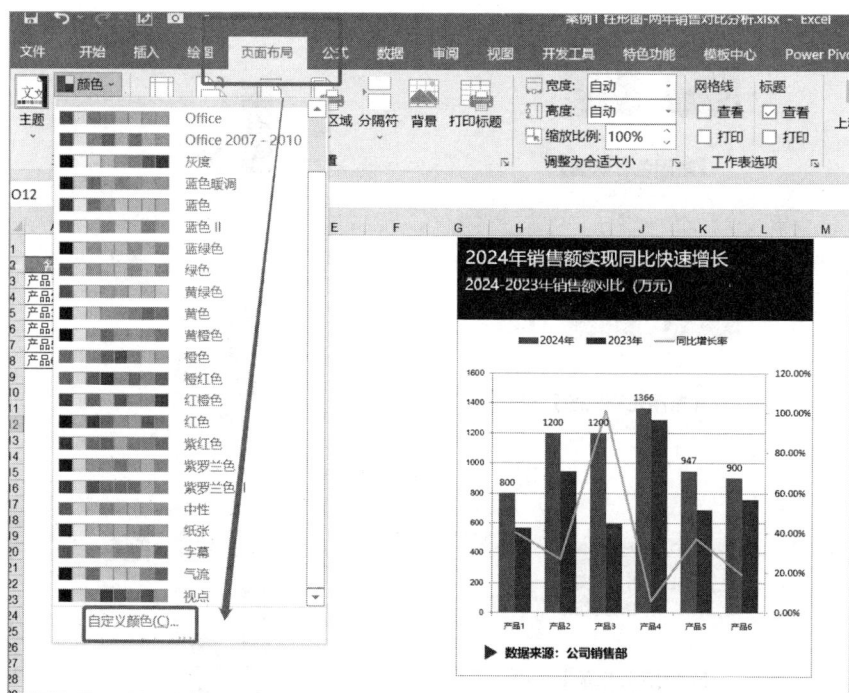

图 5-21　【颜色】中选择【自定义颜色】

2 修改【着色1】至【着色6】，并起名保存。当我们修改【着色1】时会发现，右侧的柱形图示例的第一根柱子的颜色已经发生了变化，这意味着，每个着色都对应着图表系列的颜色。不用把着色1~6全部修改，可以根据需要进行设置，这里我们只修改了前3个，如图5-22所示。

146

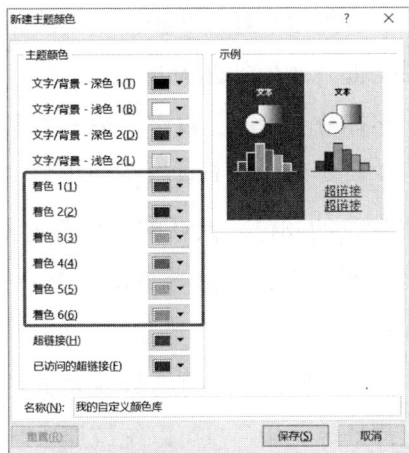

图 5-22　修改【强调文字颜色】，并起名保存

3 将【颜色】选择为我们刚刚新建的主题，然后再次插入柱形图，我们会发现，现在的柱形图颜色就是我们刚才设置的颜色，设置成功后如图 5-23 所示。

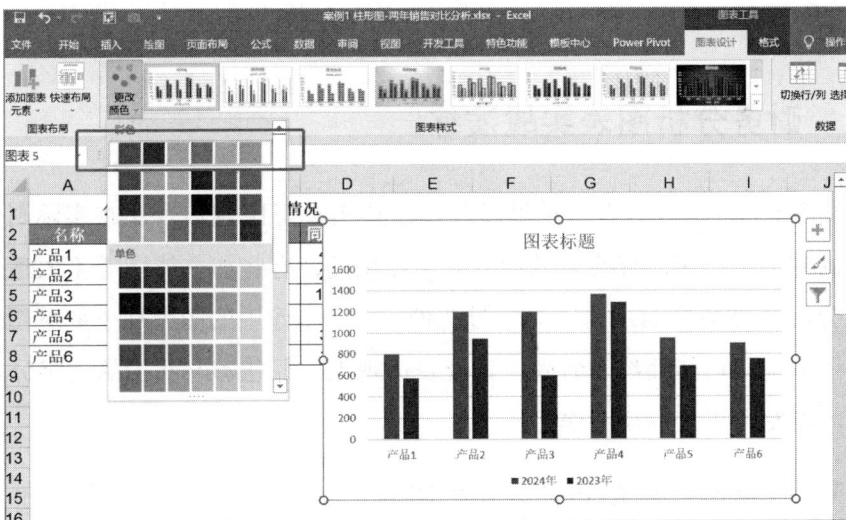

图 5-23　再次插入新图表已默认新的颜色

5.1.4　图表提升颜值的四大技法

图表在上经营分析会之前，总要美化一下，要对得起参会的观众。另外，如果图表做的太难看，估计我们自己都会感觉专业能力没有得到很好的

展现，如果这么简单的事情都做不好，谁相信咱们能帮助公司扭转乾坤呢？

下面一起来学习图表提升颜值的四大技法：

（1）字体和字号。字体分为两类，汉字一般选择【微软雅黑】，数字选择【Arial Unicode MS】；字号从8到20号区分内容进行设置。

（2）颜色。不要用默认的颜色，默认的颜色普遍都不是很美观，达不到我们想要的更加专业的效果，所以可以参照我在上一节给的颜色搭配，也可以建立自己的个人颜色库。

（3）去掉无用的信息。现在流行的趋势就是简约、实用，图表也是一样，像网格线、复杂的背景等无用信息可以统统删去。

（4）标题要做好。标题是非常重要的，从人的视线扫描习惯来看，第一眼要看的就是标题，所以主标题一般直奔主题，比如2024年产品A业绩大幅提升，公司水电费下降20%等，副标题再说明要对比的具体是什么内容。主标题和副标题的搭配有利于提升整体档次，并且可以避免标题文字过长，不好排版的问题。

5.2　财务分析图表实战演练

别看Excel图表有百余种可以选择，其实真正比较适合用在实际财务工作中的并不是很多，有些是其他专业领域用的，有些如立体图等不太适合在经营分析会等场合演示，因为太过花俏。财务工作中的图表属于商务图表，商务图表应尽可能简约、时尚、直接表达观点，并能够与我们的文字分析结合，才能发挥更大的说明作用。

5.2.1　柱形图——销售情况比一比

在本章的第一节，我们已经学习过柱形图的画法，但是之前只说了自动画图法，还有一种绘图方法叫作手工画图法。自动画图法直接选择制图区域，插入图表就可以了，操作非常简单，但是对于设置了复杂公式的制图区域，再用自动画图法会发现无法正常插入想要的图表了，这时，我们就要采取手工画图法，这个方法也是非常好用的，一起来实操一下吧。

1 插入簇状柱形图。在距离画图单元格区域A2:D8稍微远一点的位置插入簇状柱形图。距离太近插入图表会一不小心带入部分数据，导致错误，如图5-24所示。

2 添加数据系列。首先添加2024年和2023年两个数据系列，选择【图表设计】菜单中的【选择数据】选项，选择【图例项（系列）】中的【添加】选项，如图5-25所示。在【系列名称】中，选择B2单元格（2024年），在【系列值】中，选择对应的数据区域B3:B8（2024年产品1～产品6的销售额），如图5-26所示。接下来，对水平分类轴进行设置，单击【水平（分类）轴标签】中的【编辑】选项，如图5-27所示。在【轴标签】中选择对应的数据区域A3:A8（各产品名称），如图5-28所示。

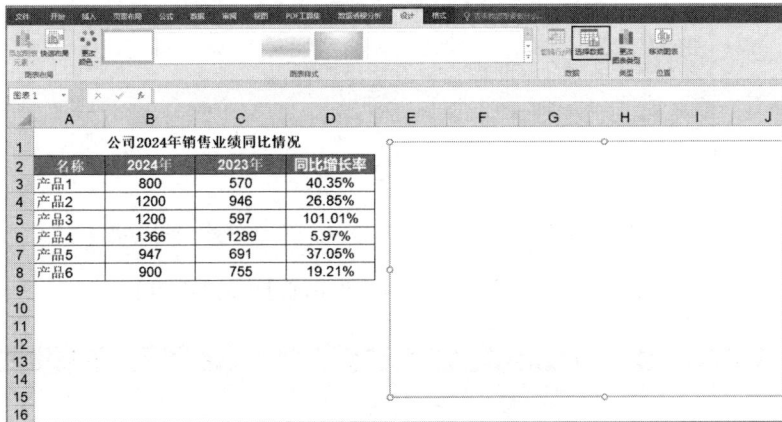

图 5-24　插入簇状柱形图

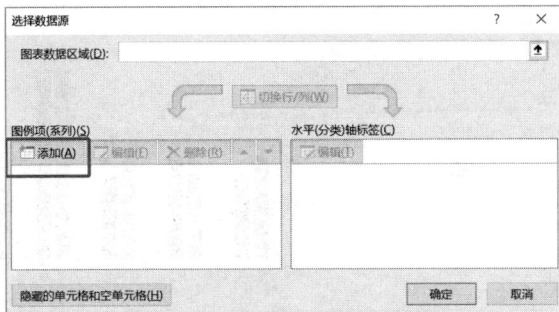

图 5-25　单击【图例项（系列）】中的【添加】

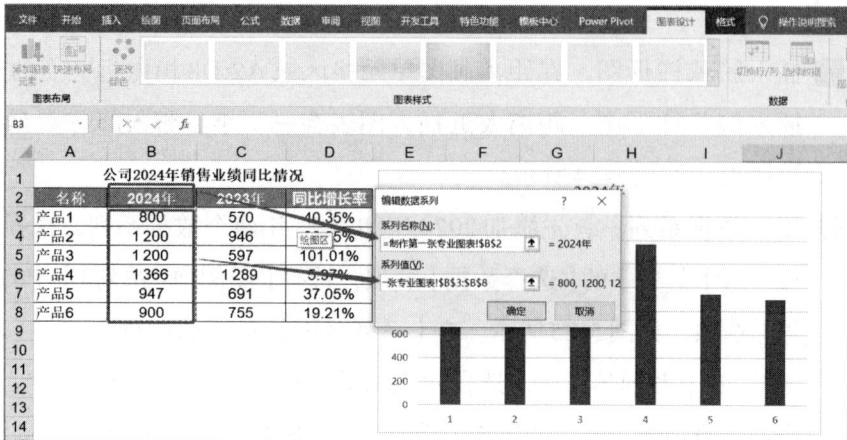

图 5-26 对【系列名称】和【系列值】进行设置

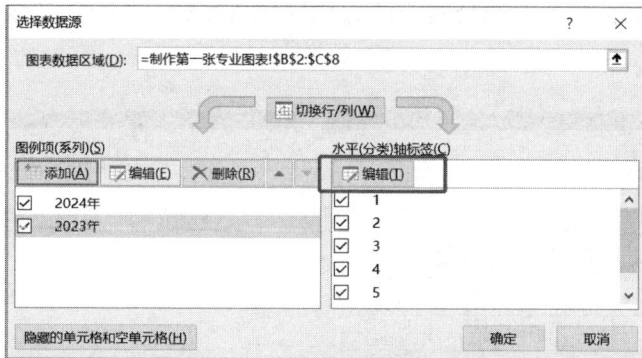

图 5-27 单击【水平（分类）轴标签】中的【编辑】

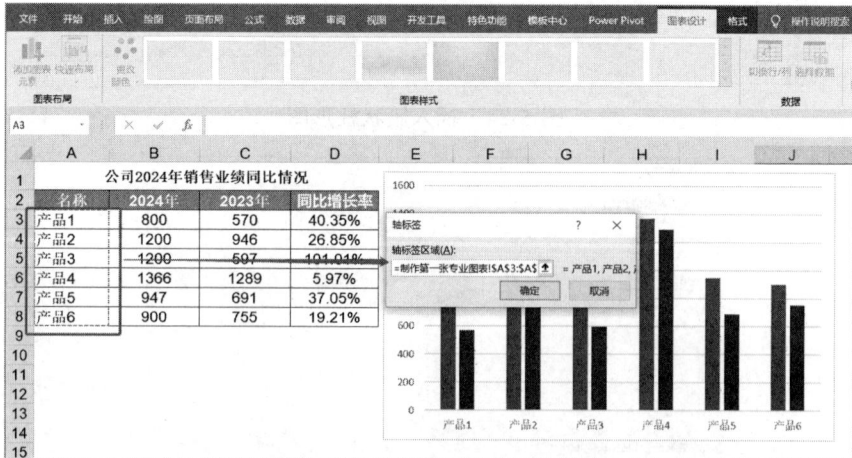

图 5-28 对【轴标签】进行设置

3 对图表进行颜值提升。现在柱形图的柱子有点细，需要调节分类间距，选中2024年系列任意一个柱子，右击，将【设置数据系列格式】中的【分类间距】调节为80%，如图5-29所示。字体、字号、颜色、标题美化方法与第一节内容一致，不再赘述，如图5-30所示。

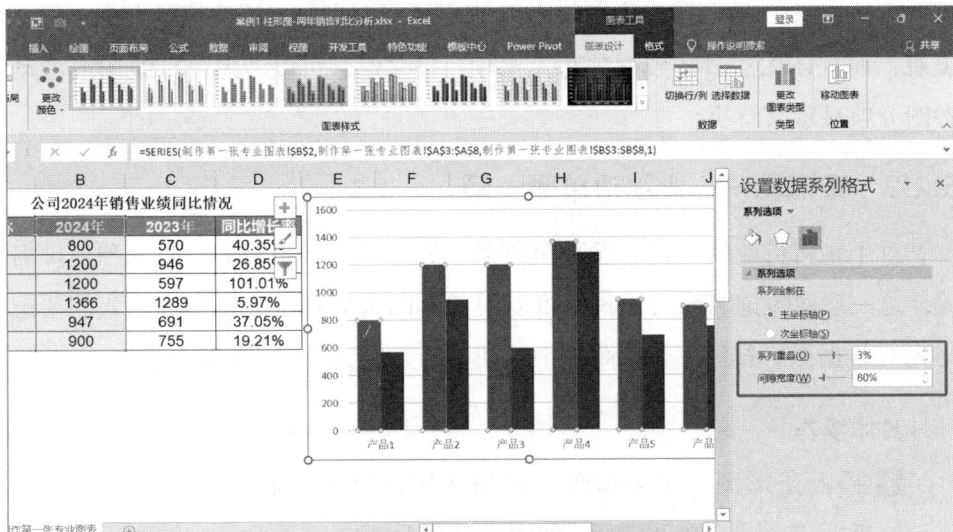

图 5-29　调节分类间距

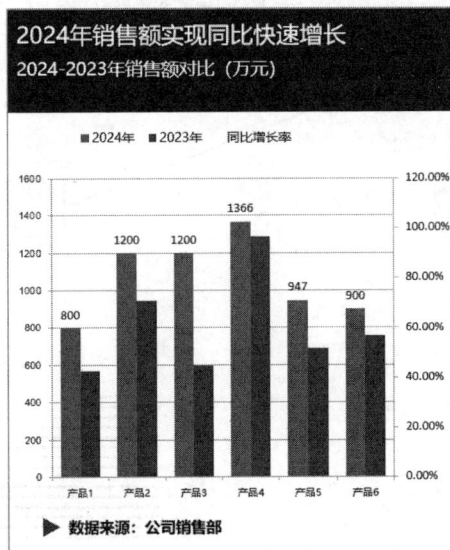

图 5-30　调节后效果

绘制柱形图需注意以下事项：

（1）分类间距要设置合适，一般来讲，默认出现的柱形图，分类间距都需要重新设置，否则柱子看起来会非常细，不美观。

（2）一个系列中的项目不要太多。比如这个案例中，如果不止有5个产品，而是20个产品，那么我们就不要使用柱形图表达，因为柱子太多不但不美观，而且还无法看清数据趋势。当项目较多时，可以考虑用折线图或者动态图分项显示来解决。

5.2.2 条形图——业绩清单晒一晒

对于销售员业绩排名、库存量排名、成本费用支出排名、收入项目排名等，这一系列的排名图表，我们可以用条形图来展现。在制图前，我们要记得先对数据做好排序，要不图表中的柱子会杂乱无章，没有层次感。

┤具体操作├

1 插入条形图。选中画图单元格区域A2:B17，插入簇状条形图，这时，条形图已经出来了，如图5-31所示。

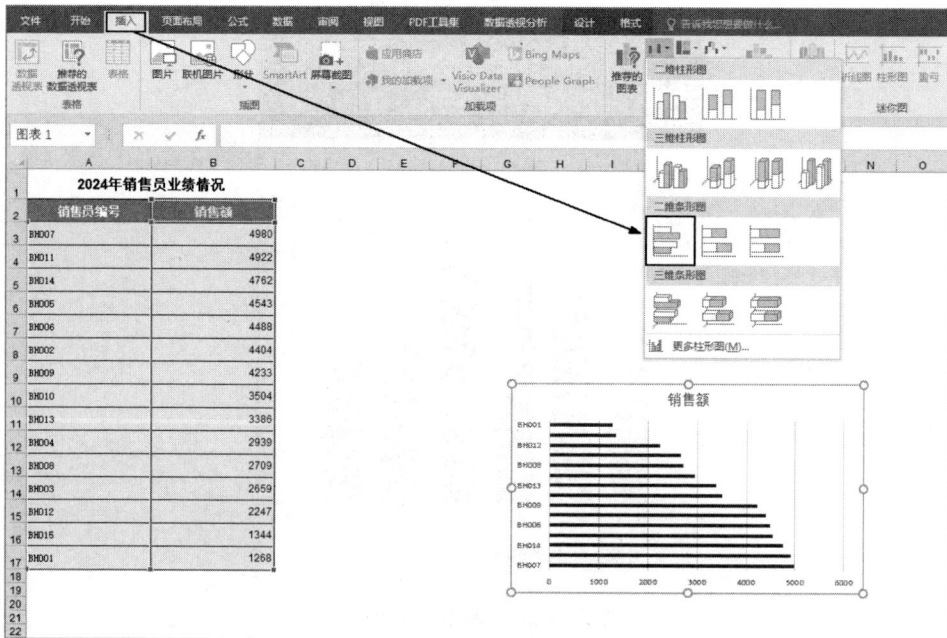

图 5-31　插入条形图

2 调整条形图显示顺序。仔细观察，我们会发现，条形图中横条的顺序与画图单元格数据区域的数据顺序是相反的，如何让其按照正常的顺序显示呢？选中左侧的主要数值轴，右击，在【设置坐标轴格式】中勾选【逆序类别】复选框，现在条形图的数据展现顺序是不是与单元格区域的数据顺序一致了？如图5-32所示。

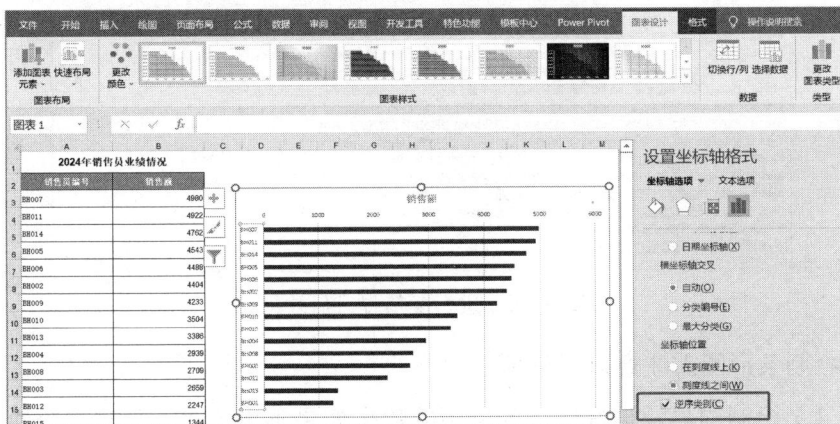

图 5-32　勾选【设置坐标轴格式】中的【逆序类别】

3 添加数据标签。任意选中一根横条，选中【图表设计】—【添加图表元素】—【数据标签】—【数据标签外】选项，这时，数据标签已经显示出来了，如图5-33所示。

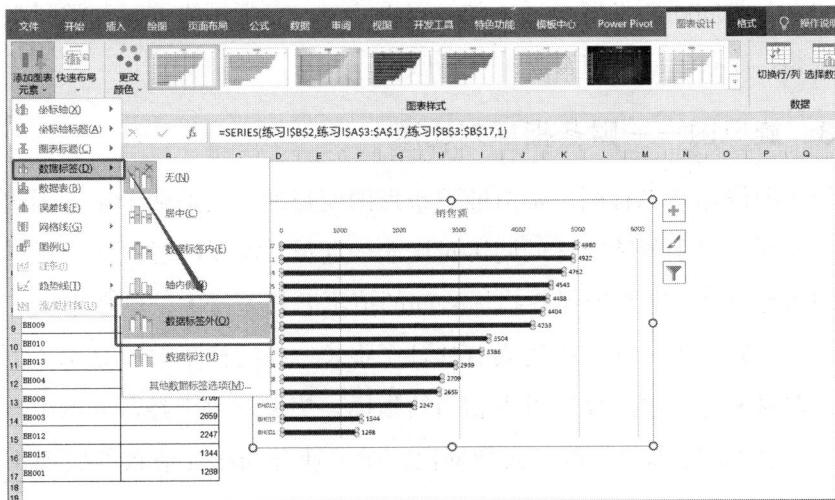

图 5-33　添加数据标签

4 对图表进行颜值提升。增加标题、修改字体、字号、修改分类间距
等，最终效果如图5-34所示。

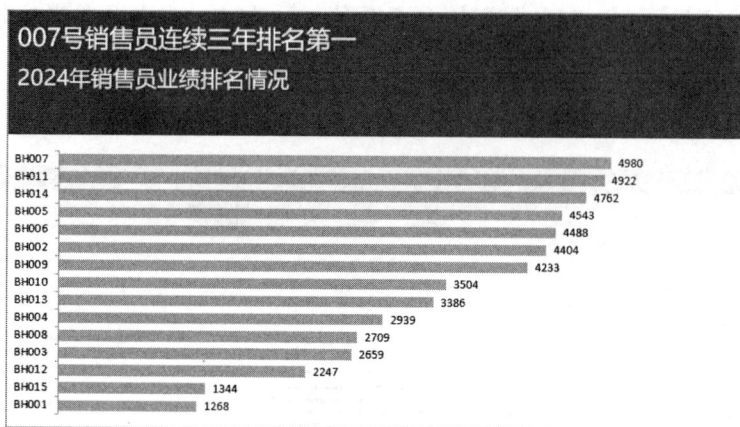

007号销售员连续三年排名第一
2024年销售员业绩排名情况

编号	数值
BH007	4980
BH011	4922
BH014	4762
BH005	4543
BH006	4488
BH002	4404
BH009	4233
BH010	3504
BH013	3386
BH004	2939
BH008	2709
BH003	2659
BH012	2247
BH015	1344
BH001	1268

图 5-34　进行颜值提升后效果

绘制条形图需注意以下事项：

（1）绘制前尽量排好序。条形图的数据如果不事先进行排序，会给人造
成非常凌乱的感觉，所以要对数据事先排好顺序，让图表看起来更加规整。

（2）及时调整数据展现顺序。插入条形图后，第一件事就是记得一定要
勾选【设置坐标轴格式】中的【逆序类别】复选框，将其显示顺序调整为与
绘图区域的数据顺序一致。

（3）分类间距要设置合适。与柱形图一样，条形图也要对分类间距进行
适当调整，让条形的粗细看起来更舒服。

5.2.3　旋风图——财务指标对比清

旋风图俗称背靠背图，是由堆积条形图变形的，类似两个条形图组合在
一起的效果，对于各项指标的同比对比非常直观。需要注意的是，在选择要
对比的指标时，一定要确保各指标之间的值不要相差过大，例如把入职率和
员工人数一起分析，势必会造成有的柱子很长，有的柱子太短显示不出来，
所以，在对比时要选择数量级别相当的指标。旋风图对于经营分析中财务指
标同比、各部门（岗位）员工人数同比、主要业务同比等情景的展现都非常
直观。

1 设置辅助绘图区域。设置辅助绘图区域 B9:E15 单元格，其中，"2024
年"列中 C10 单元格公式设置为"=-C2"，然后将公式拖动至底部，
并对其设置自定义格式为"0.00%;0.00%;0.00%"，意思是确保显示
出来的数值全部为正数的百分比形式，负数也要显示为正数；"VS"
列为占位列，这里设置为35%，如果想再宽或窄，就将数值调大或调
小即可；"2023年"列中 E10 单元格公式设置为"=D2"，将公式拖动
至底部，如图5-35所示。

图 5-35　设置辅助绘图区域

2 插入堆积条形图。选中辅助绘图区域 B9:E15 单元格，插入堆积条形
图，如图5-36所示。

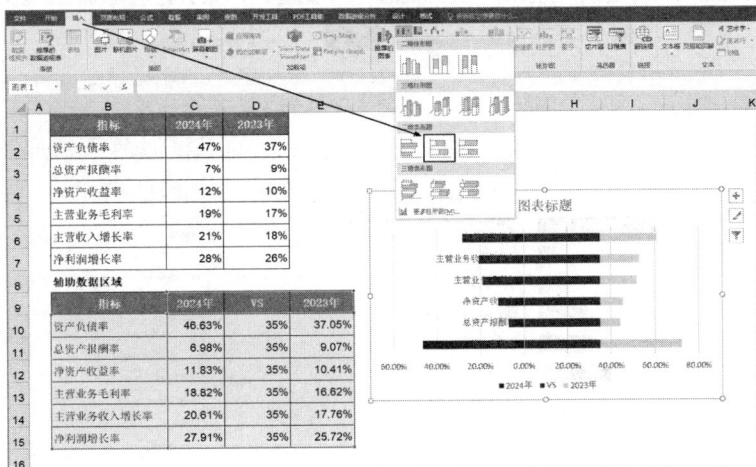

图 5-36　插入堆积条形图

3 对图表进行颜值提升。包括增加标题，修改字体、字号等。选中垂直（类别）轴，右击，在【设置坐标轴格式】中勾选【逆序类别】复选框，调节分类间距，使柱子变宽，删除无用的网格线。将中间的"VS"系列设置为【无填充颜色】，分别为2024年和2023年两列条形图加上数据标签，如图5-37所示。然后，设置中间的条形图，让其标签显示【类别名称】，如图5-38所示。美化图表后效果如图5-39所示。

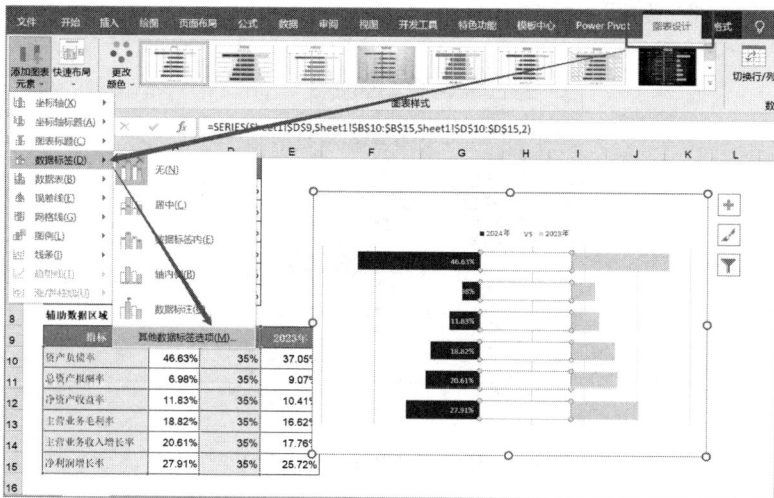

图 5-37　插入其他数据标签

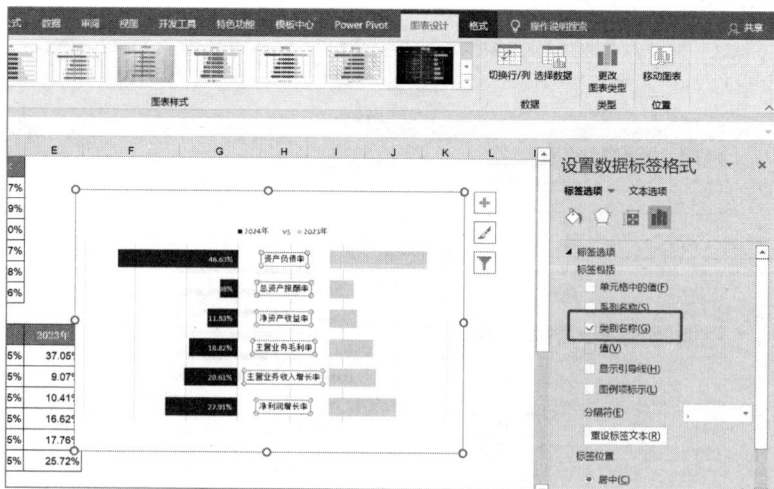

图 5-38　勾选【类别名称】复选框

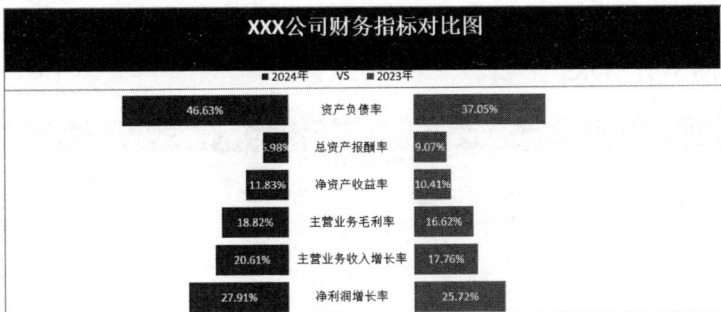

图 5-39　美化图表后效果

5.2.4　雷达图——综合评估财务状况

雷达图也称为网络图、蜘蛛网图，它将多个维度的数据量映射到坐标轴上，每一个维度的数据都分别对应一个坐标轴，这些坐标轴以相同的间距沿着径向排列，并且刻度相同。雷达图适用于多维数据（四维以上）的对比展示分析，比如可以用于公司多个部门的实际费用与预算费用对比、公司多个维度财务指标完成值与目标值的对比或者个人不同能力维度的对比分析等。

───┤具体操作├───

1 设置辅助绘图区域。设置辅助绘图区域A1:E12单元格，对指标名称分别设置输入实际值、目标值和对比值，对比值即用实际值与目标值的比，如图5-40所示。

图 5-40　设置辅助绘图区域

2 插入雷达图。选中辅助绘图区域 B 列和 E 列中的数据，插入雷达图，如图 5-41 所示。

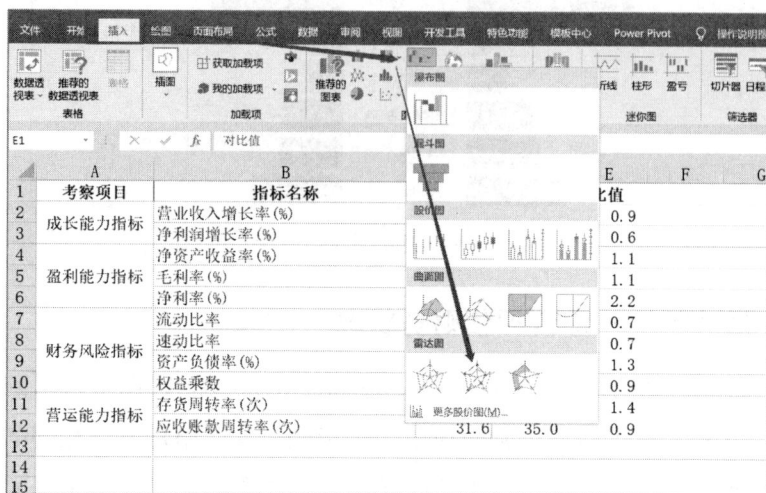

图 5-41　插入雷达图

3 对图表进行颜值提升。在【设置坐标轴格式】—【最大值】中输入 2，【单位】—【大】中输入 1，如图 5-42 所示。单击图表后，选择【图表设计】中的任意一个你喜欢的样式，增加标题，修改字体、字号。如图 5-43 所示。雷达图最终效果如图 5-44 所示。

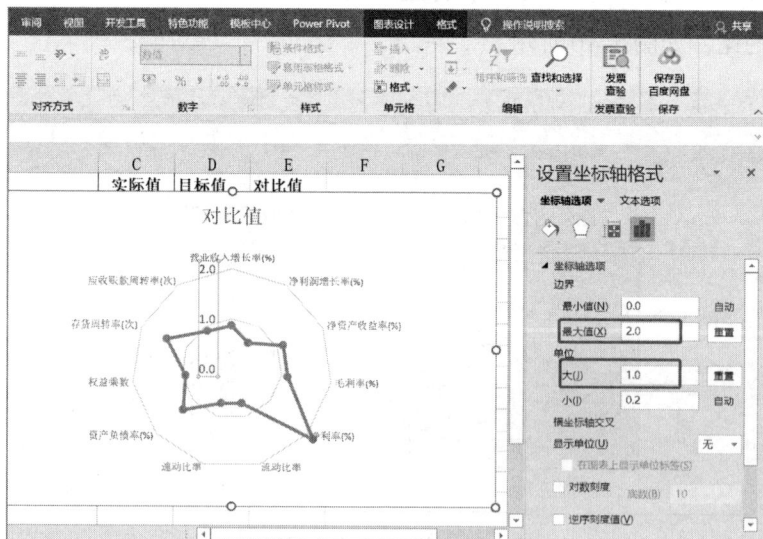

图 5-42　设置坐标轴格式

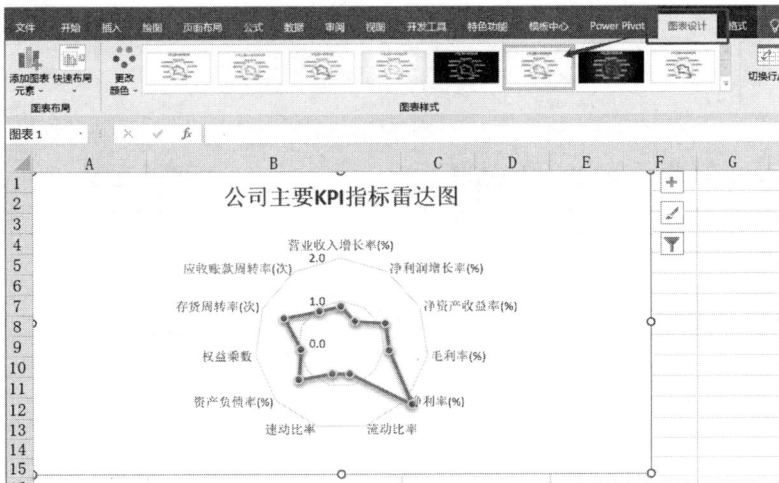

图 5-43　选择图表样式

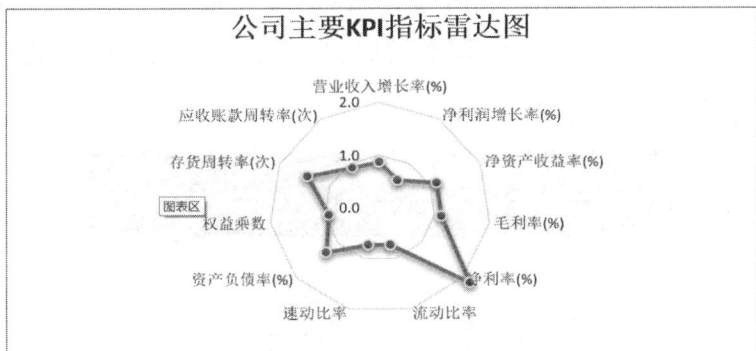

图 5-44　雷达图最终效果

5.2.5　折线图——订单回款看清晰

折线图主要是对项目的时间变化趋势进行分析。例如，通过查看某产品一年12个月销售额折线图，可以清楚地观察出该产品哪个月是淡季，哪个月是旺季等等。折线图的数据系列不宜过多，最多不能超过5条折线，否则看起来会非常凌乱，影响对数据的解读。

┤具体操作├

1 插入折线图。选中画图单元格区域A1:M4区域，插入折线图，如图5-45所示。

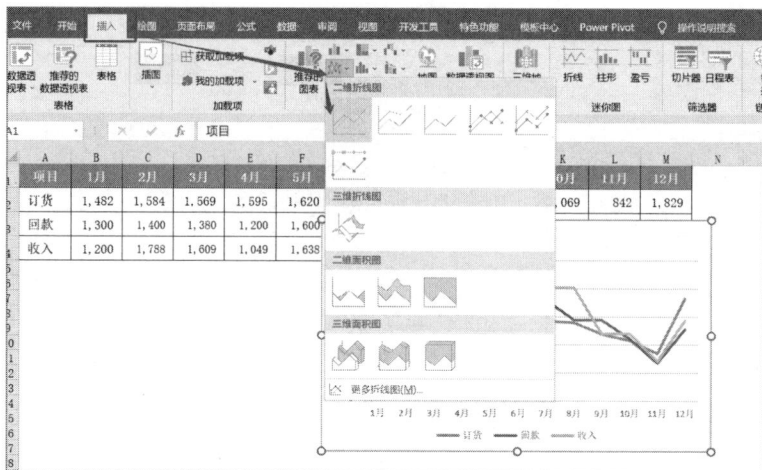

图 5-45　插入折线图

2 对图表进行颜值提升。添加标题和主要网格线，方法都是选中图表后，在菜单【布局】中添加，然后对字体、字号、颜色等进行调节，最终效果如图5-46所示。

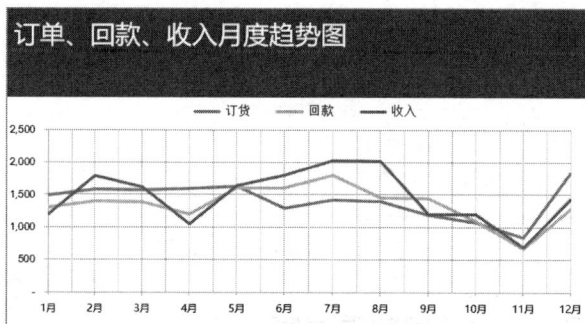

图 5-46　折线图最终效果

5.2.6　饼图/圆环图——成本结构整明白

对于结构的分析，例如公司成本结构、各产品销售额占比、某个项目盈利占总利润比重等这类的图表表达，可以用饼图或圆环图来展现。

这里需要注意以下事项：

（1）饼图的项目不要超过5个，多余的部分可以汇总后起名为"其他"代替。如果一定要展现5个以上的项目结构，可以用复合饼图来表达。

（2）圆环图在使用时，一般每个项目的占比用一个圆环图表达，即一张图表达一个项目的比重，如果有5个项目，圆环图就做5个，横向排列展示。

（3）饼图在绘制时，最大项目的扇区边界起始位置设置为12点钟方向(0度)。

—|具体操作|—————————————————————————

1 插入饼图。选中画图单元格区域B2:C8区域，插入饼图，如图5-47所示。

图 5-47　选择制图区域，插入饼图

2 旋转扇区。选中饼图，右击，选择【设置数据系列格式】选项，将【第一扇区起始角度】调整为203度，即正好是将最大项目的扇区边界起始位置设置为12点钟方向（0度），如图5-48所示。

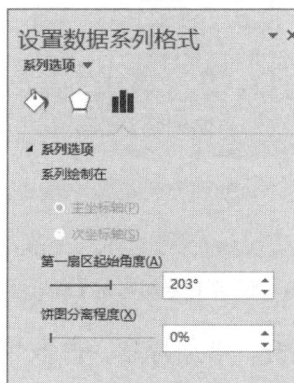

图 5-48　设置扇区边界起始角度

3 添加数据标签。选择【图表设计】—【添加图表元素】—【数据标签】—【其他数据标签选项】，如图5-49所示。勾选【类别名称】和【百分比】复选框，这时，类别名称和各项目的百分比就被显示出来了，如图5-50所示。

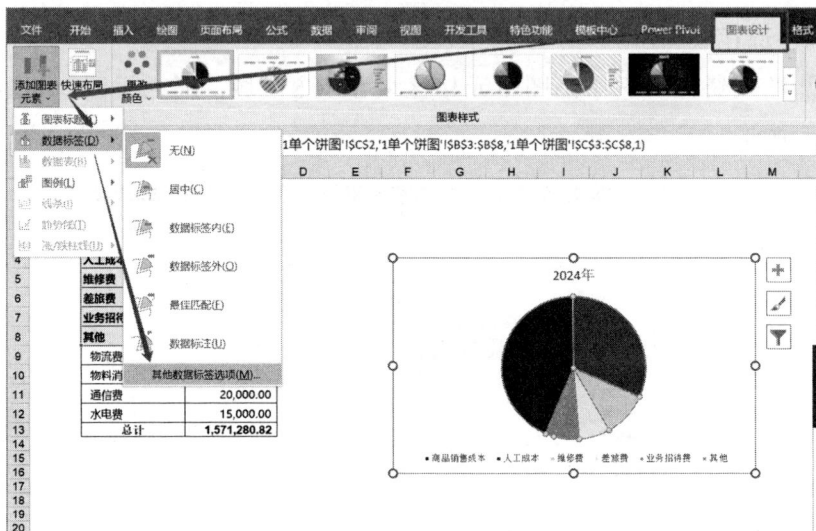

图 5-49　选择【其他数据标签选项】

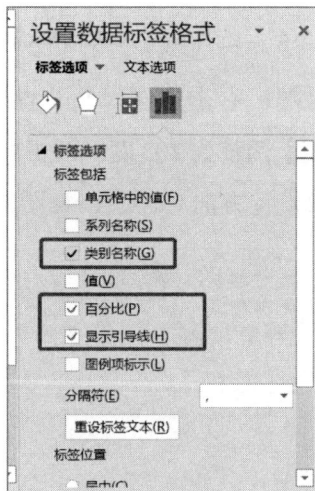

图 5-50　设置【类别名称】和【百分比】

4 对图表进行颜值提升。增加标题，修改字体、字号，插入一个修饰图片等，最终效果如图5-51所示。

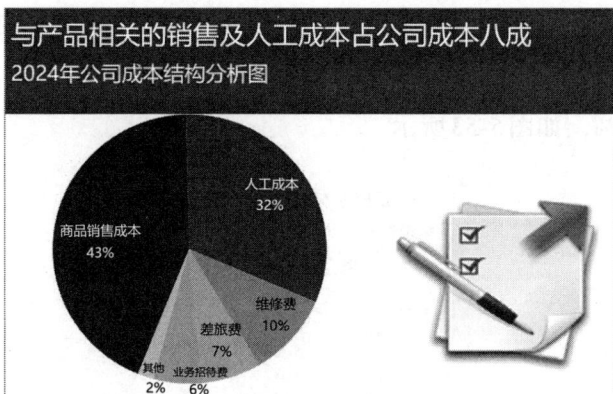

图 5-51　美化图表后的最终效果

如果项目超过5个并且有必要进行全部展示，可以考虑使用复合饼图进行绘制，即一个大饼图带一个小饼图，这里我们需要有一个提前的设计，就是要考虑把什么内容放到小饼图中。这个案例中，我们打算把所有小于5%的数据放在小饼图中显示。

┤具体操作├

1 插入饼图。选中画图单元格区域B1:C10区域，插入复合饼图，如图5-52所示。

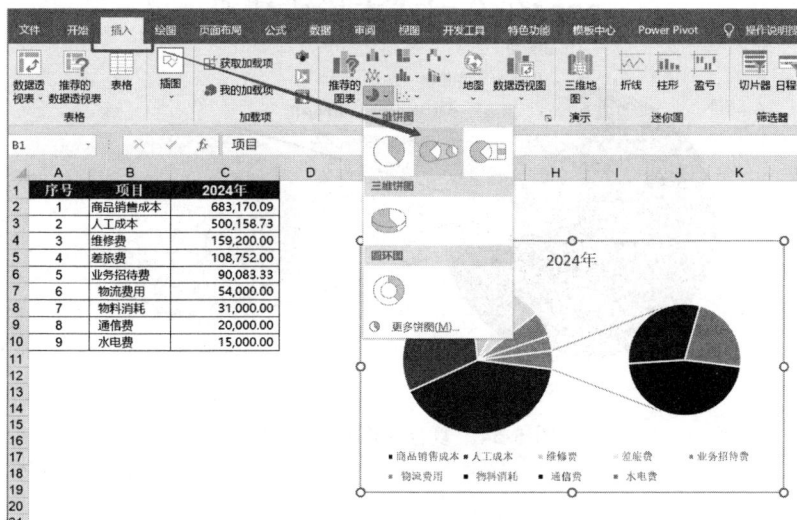

图 5-52　插入复合饼图

2 设定第二个饼图包含的数据内容。选中饼图，右击，选择【设置数据系列格式】选项，将【系列分割依据】调整为百分比值，【值小于】设置为5%，如图5-53所示。

图 5-53　调整系列分割依据和小饼图包含的数据范围

3 添加数据标签并对图表进行颜值提升。方法与前一致，不再赘述，最终效果如图5-54所示。

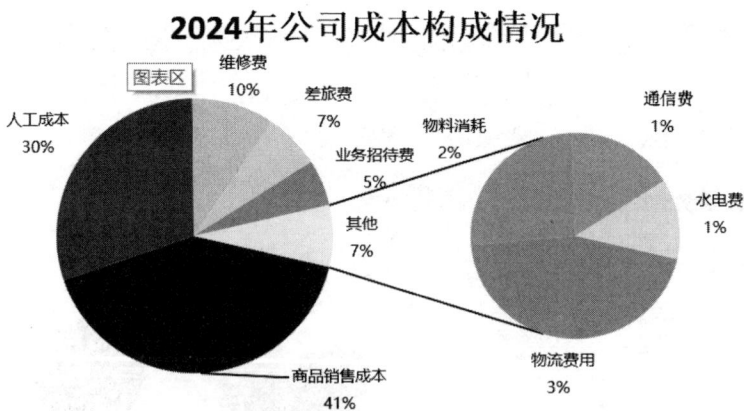

图 5-54　复合饼图最终效果

下面我们看看如何绘制圆环图。圆环图在绘制时，最好将每个项目的占比单独绘制成一个图形，然后横向排列，这样视觉效果会得到提升。

⊣ 具体操作 ⊢

1 插入圆环图。选中画图单元格区域D2:E2区域，插入圆环图，如图5-55所示。

图 5-55　插入圆环图

2 添加数据标签并对图表进行颜值提升。

3 再按照上述方法制作其他三个圆环图，然后排成一排，如图5-56所示。

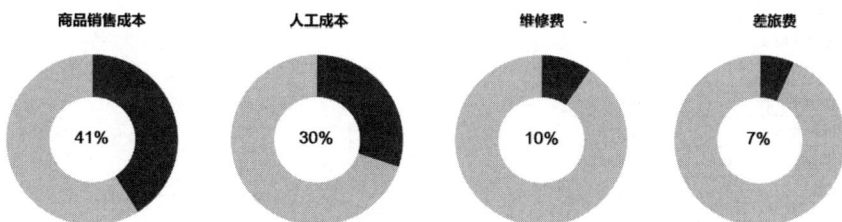

图 5-56　将圆环图排成一排展示

这里有个快捷的制作相同图表的方法，即复制一张圆环图，然后粘贴至空白区域，选中这个圆环图，这时圆环图选中的数据会在绘图区域中被框选，用鼠标移动框选位置至新的绘图数据区域，即可完成一个圆环图的制作，用这个方法处理相同图表的绘制，非常方便。

5.2.7 瀑布图——利润差异弄清楚

瀑布图是经营分析工作中常见的图表，一般用来解释一个数字到另一个数字的变化过程。比如，2024年利润同比增加了3 000万元，这3 000万元是由于营业收入增加了2 000万元，变动成本减少了1 000万元导致的。同比利润的增加原因是由什么造成的，实际收入较预算收入减少是由什么原因造成的等这样的情况解释，我们都可以用瀑布图来表达。

─┤具体操作├─

1 设置辅助绘图区域。在原始数据区域下面绘制一个辅助绘图区域，用来画图用。现在在B8和B14单元格中分别输入"=G3""=G2"，将2023年利润和2024年利润链接过来。在金额列中，收入的增加用2024年营业收入减去2023年，成本的增加用2023年的成本减去2024年，如图5-57所示。

	A	B	C	D	E	F	G	H
1	项目	产品1销售收入	产品2销售收入	产品1变动成本	产品2变动成本	固定成本	利润	
2	2024年	5000	3000	3000	1500	600	2900	
3	2023年	4000	3500	2000	1300	500	3700	
4								
5								
6	辅助绘图区							
7	项目	金额						
8	2023年利润表	3700						
9	产品1收入增加	1000						
10	产品2收入增加	-500						
11	产品1成本增加	-1000						
12	产品2成本增加	-200						
13	固定成本增加	-100						
14	2024年利润	2900						
15								
16								

图 5-57　设置辅助绘图区域

2 插入瀑布图。选中辅助绘图区域A7：B14单元格，插入瀑布图，如图5-58所示。右击2024年利润的柱子，选择【设置数据点格式】选项，勾选【设置为汇总】复选框，如图5-59所示。

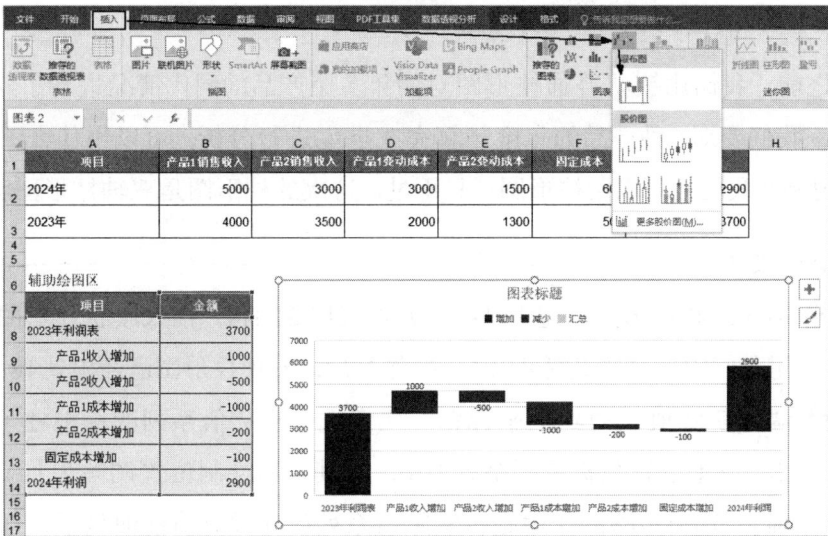

图 5-58　插入瀑布图

图 5-59　设置为汇总

3 对图表美化提升。包括加入标题，去掉网格线，添加数据标签等，如图5-60所示。

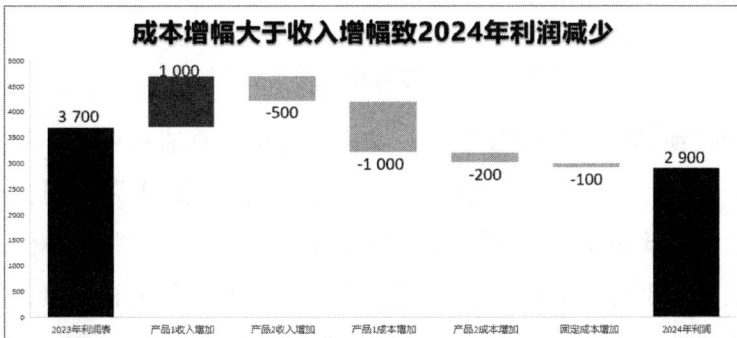

图 5-60　瀑布图最终效果

5.2.8 双轴柱形图——预算进度掌控牢

之前，我们用簇状普通柱形图对两年多个产品的同比情况进行了分析，现在，我们要对5种产品的年度预算完成进度进行分析，可以用什么图表进行表达呢？我们还可以用柱形图，只不过，这次的柱形图是双轴柱形图。

---|具体操作|---

1 **插入簇状柱形图。** 选中画图单元格区域B2:H4，插入簇状柱形图。这里我们用自动画图就可以了，操作好后，发现柱形图已经出现雏形。

2 **调整实际值系列到次坐标轴。** 任意选中实际值系列的一根柱子，右击，在【设置数据系列格式】中，将其系列绘制位置调整为【次坐标轴】，这个步骤的作用是将实际值系列放在预算值前面显示，即将谁放在次坐标轴，谁就会显示在前面，如图5-61所示。

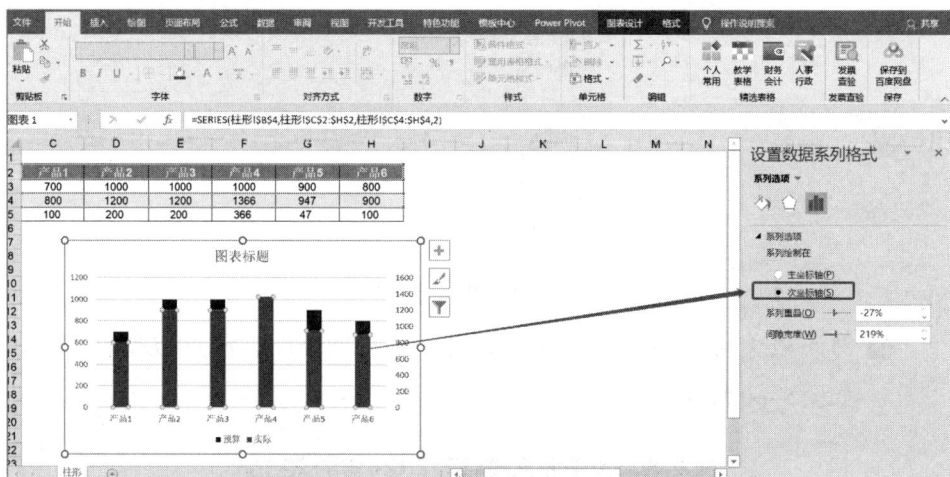

图 5-61　调整实际值系列到次坐标轴

3 **修改预算值系列的分类间距。** 任意选中预算值系列的一根柱子，右击，在【设置数据系列格式】中，将【间隙宽度】调整到合适状态，这个步骤的作用是将预算值系列的柱子变粗，从而将实际值包裹在里面，不让两者左右重合在一起。接着，将预算值的柱子填充颜色修改为无填充颜色，边框设置一个虚线的红色边框线，如图5-62所示。

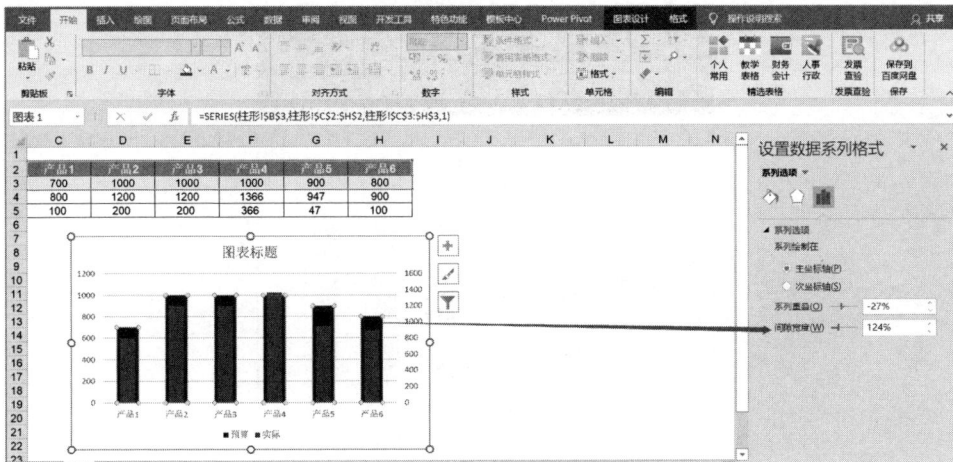

图 5-62　调整预算值系列的分类间距

4 删除次要数值坐标轴。单击图表右侧的次要数字坐标轴，按
【Delete】键将其删除，这样两个数据系列就都以左侧数值坐标轴为
度量标准了，如图 5-63 所示。

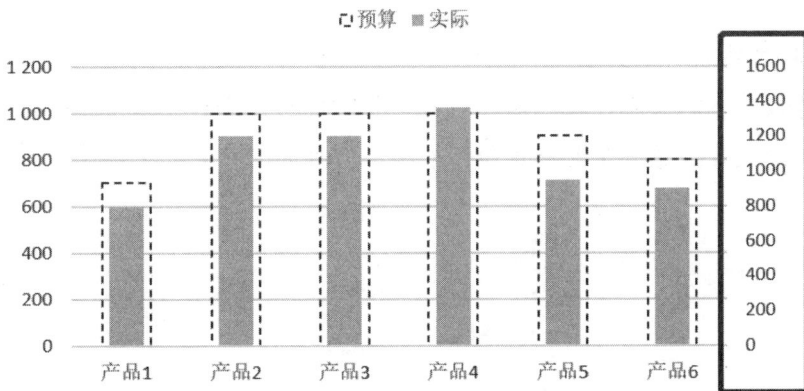

图 5-63　删除次坐标轴

5 对图表进行颜值提升。增加标题，修改字体、字号等，最终效果如
图 5-64 所示。

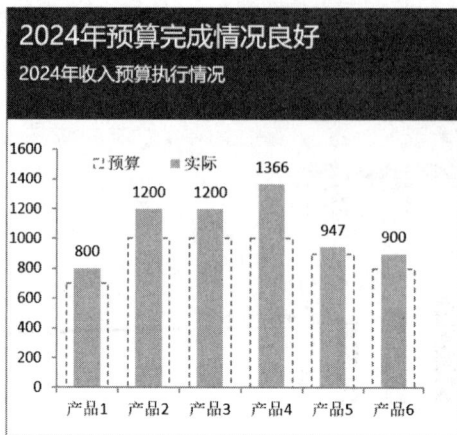

图 5-64　双轴柱形图最终效果

5.2.9　卡片图——综合看板神器

卡片图是利用普通图表的基础面板，加上文本框组成的数据展示图，多用于单个数据的展示，也可以同时展示多个数据。卡片图对于数据的展示比较直观，往往是直接展示数字。

―┤具体操作├―――――――――――――――――――――――

1 设置辅助绘图区域。制作一个"基础数据"表格，在表格中输入销售收入等数据的金额和单位，如图5-65所示。

图 5-65　设置辅助绘图区域

2 制作卡片图。在一张新的图表上，选择【格式】菜单中的文本框，如图5-66所示。

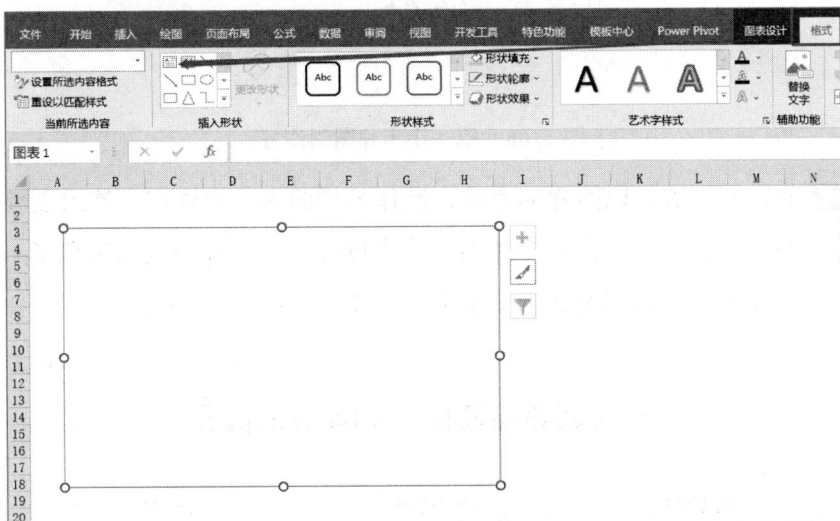

图 5-66　插入文本框

3 建立数据链接。选中刚刚插入的文本框，在编辑栏中输入"= 基础数据!$A$2"，这个时候"销售收入"标题就被引用过来了，如图5-67所示。同样操作，将基础数据表中的金额和单位也引用过来。再修改字体和字号，第一个卡片图就做好了，如图5-68所示。

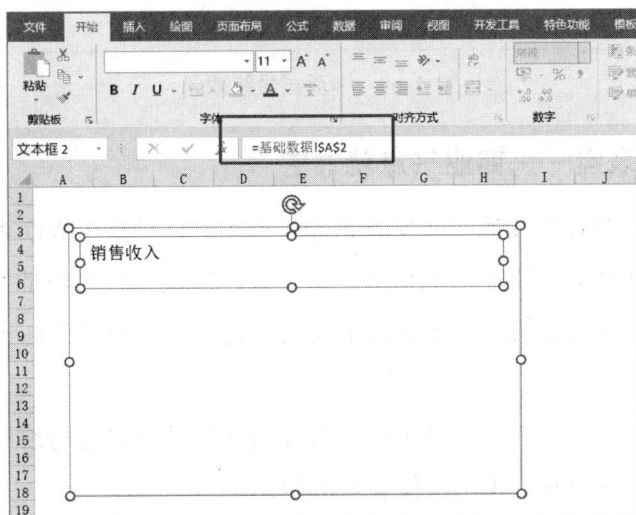

图 5-67　建立数据链接

销售收入

1545

亿元

图 5-68　第一个卡片图制作好

4 制作面板墙。以同样的方法，制作签约面积、总资产、签约金额、利润总额、待开发面积卡片图，适当排版，就可以形成面板墙了。数据面板墙对于数据的展示非常清晰直观，如图 5-69 所示。

图 5-69　卡面图最终效果

5.2.10　仪表盘——商业气息就靠它

在搭建管理者驾驶舱时，仪表盘非常有用，它对整个界面可以起到非常强的专业突出效果。仪表盘类似汽车的油表，通过指针对应的数字，可以看出公司指标值的完成情况，主要用于收入、成本、利润等指标预算完成进度等的展示。

如图 5-70 所示，这是一个用仪表盘和折线图共同打造的预算进度监控管理者驾驶舱。下面我们来学习仪表盘的制作。

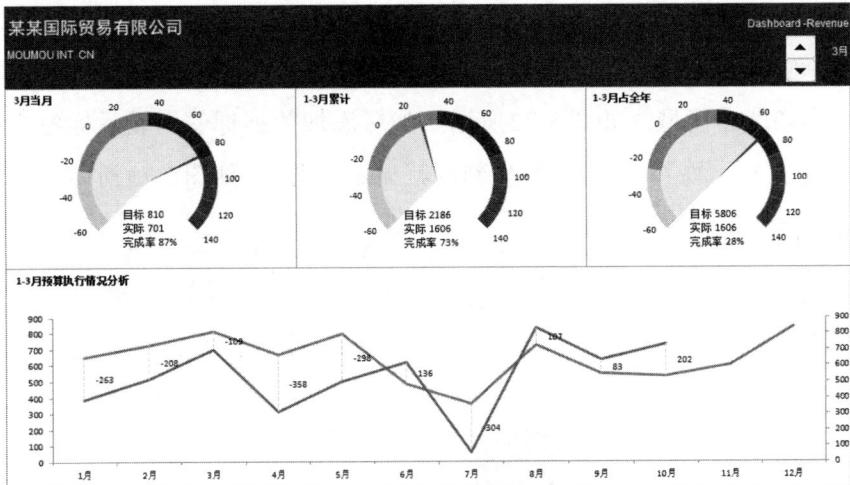

图 5-70 预算监控管理者驾驶舱

────┤ 具体操作 ├────

1 设置辅助绘图区域。这里需要设置3个辅助绘图区域，分别是A1:B45即表盘区域和D1:F4即指针区域，还有一个区域是标题区域H1:I5。表盘区域标签最小为-60%，最大为140%，即假设我们进行的预算进度分析，实际数与预算数比最小不可能低于60%，最大不可能超过140%，如图5-71所示。

图 5-71 设置辅助绘图区域

2 制作表盘。首先对B1:B44插入饼图，然后将饼图旋转225度，再对饼图插入数据标签，单击饼图，将其【水平分类轴标签】设置为A3:A45区域，如图5-72所示。然后添加数据标签，显示标签内容为【类别名称】，这时，表盘刻度就显示出来了，如图5-73所示。

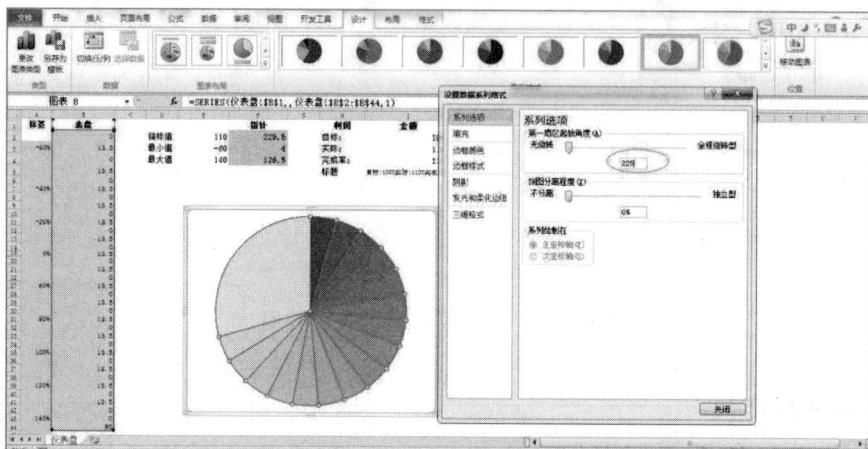

图 5-72　将饼图旋转225度

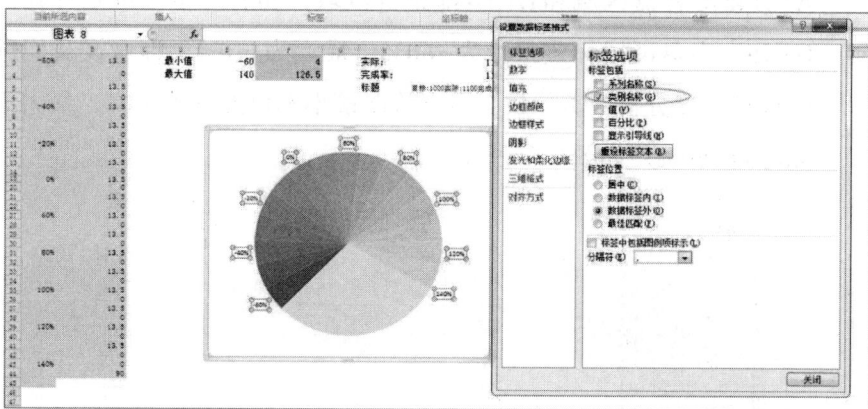

图 5-73　显示表盘刻度

3 制作指针。单击表盘饼图，在【设计】菜单的【选择数据】中手工添加指针饼图区域F2:F4，如图5-74所示。然后将其位置移动到表盘饼图的上面，如图5-75所示。对其进行设置，将其调整到次坐标轴，旋转225度，分离程度为27%，如图5-76所示。然后将分离的饼图的三个部分重新组合在一起，方法是选中饼图的一块单击两下后，拖动至饼图中心。

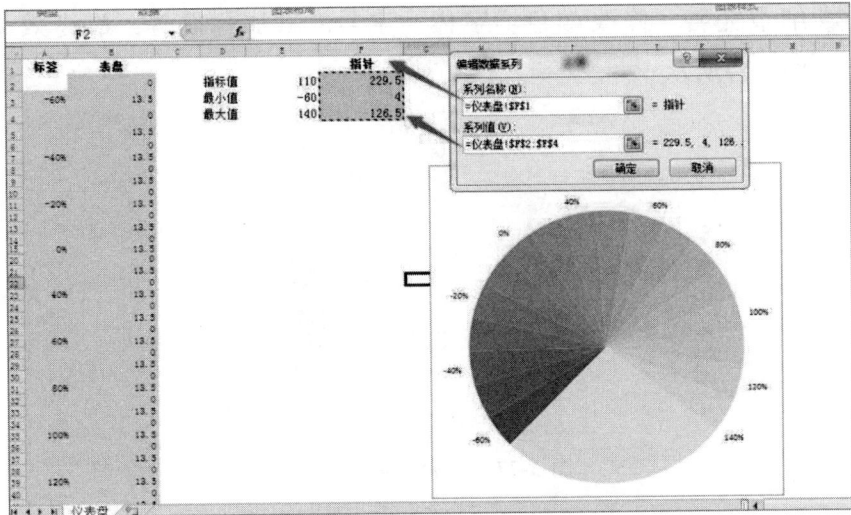

图 5-74　加入指针饼图

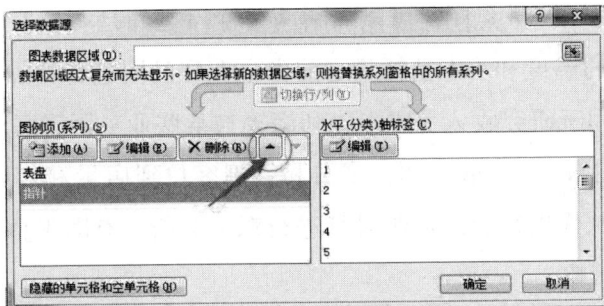

图 5-75　将指针饼图上移

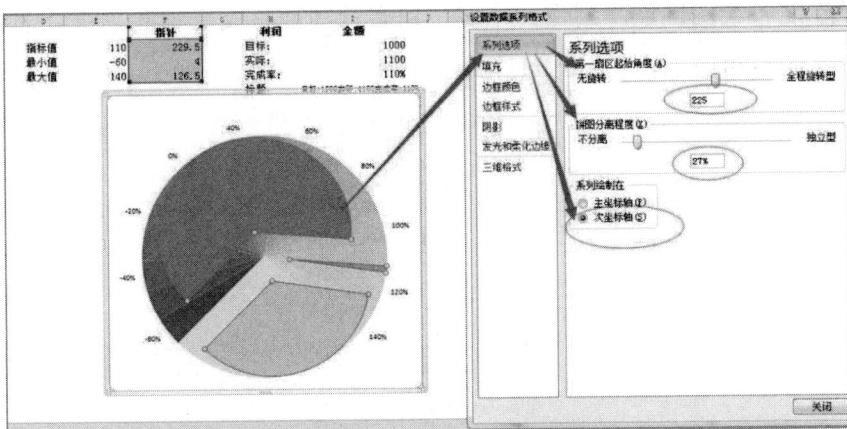

图 5-76　对其进行设置

4 细节完善。修改颜色、字体、字号，添加标题等，最终效果如
图5-77所示。

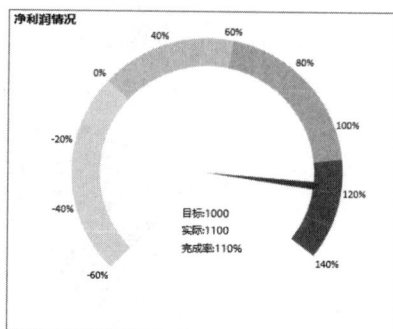

图 5-77　仪表盘最终效果

5.2.11　散点图——关联关系分析透

散点图又称XY散点图，可以判断两个变量之间是否存在某种关系，比
如一年12个月的温度和水电消耗量之前肯定存在的同趋势增加的关系；同样
散点图还可以用于研究收入、成本、利润等与某些业务因素联动的关系。

下面我们制作一个散点图，来分析一下客户到店量和商品成交量的关
系，这个图表制作出来后，企业对其进行深入分析，有助于企业改善客户服
务和商品营销策略。

─┤具体操作├─────────────────────────

1 准备绘图区域。制作一个客户到店量和商品成交量数据统计表，如
图5-78所示。

	A	B
1	客户到店量	商品成交量
2	1736	1562
3	1363	995
4	1430	787
5	969	775
6	1757	1406
7	1285	758
8	1020	867
9	1306	901
10	1071	610
11	1390	778
12	1033	775
13	921	820
14	1614	1388
15	1311	1088

图 5-78　设置绘图区域

2 制作散点图。选择客户到店量和商品成交量两列数据，插入散点图，如图5-79所示。

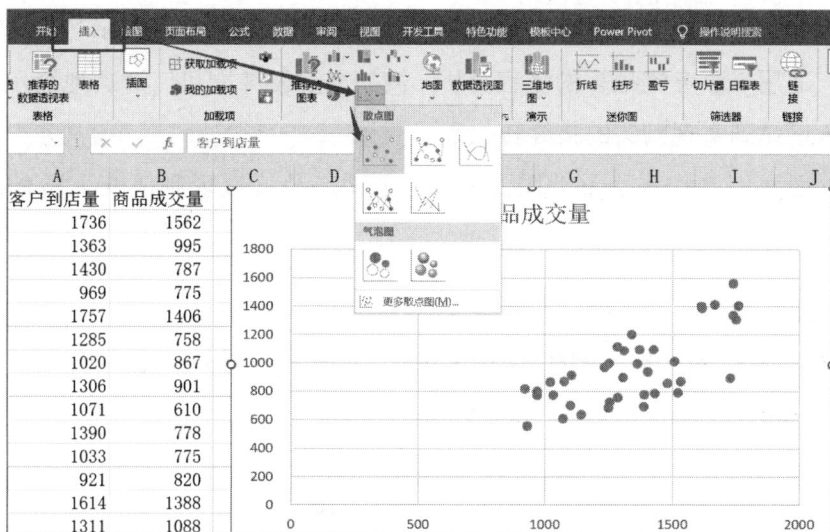

图 5-79　插入散点图

3 加入标题。选择散点图，选择【格式】菜单中的文本框，在图表上方拉开，选中刚刚插入的文本框，在编辑栏中输入"客户到店量与商品成交量的关系"，这个时候图表标题就插入好了。同样操作，加入横轴和纵轴的标题，最终效果如图5-80所示。

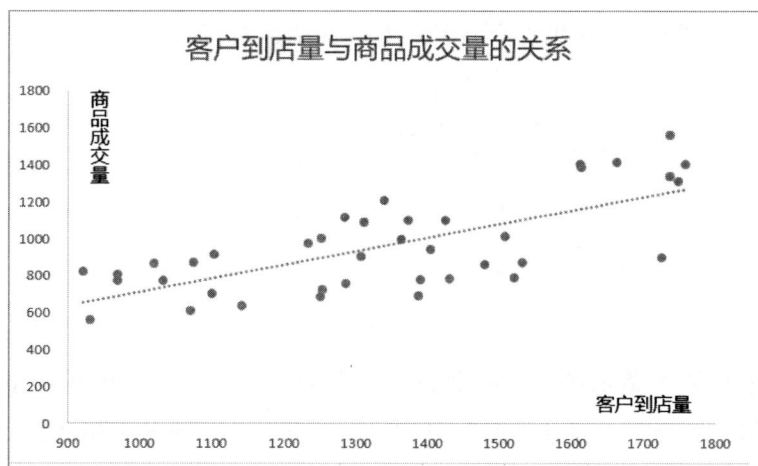

图 5-80　加入标题后的图表最终效果

5.2.12 漏斗图——转化过程剖析透

漏斗图可以分析具有规范性、周期长和环节多的业务流程。通过漏斗图比较各环节业务数据，能够直观地发现问题。漏斗图还可以展示各步骤的转化率，适用于业务流程多的流程分析，例如通过漏斗图可以清楚地展示用户从进入网站到实现购买的最终转化率。

下面我们制作一个漏斗图，来分析公司产品从展现到成交人数的统计情况。

─┤具体操作├─

1. 准备绘图区域。制作一个公司产品从展现到成交人数统计情况表，如图5-81所示。

	A	B
1	过程	人数
2	展现人数	3000
3	点击人数	2500
4	咨询人数	1000
5	下单人数	500
6	付款人数	100

图 5-81　设置绘图区域

2. 准备辅助绘图区域。增加辅助列和逐层转化率列，在辅助列B2中输入公式"=($C$2-C3)/2"，D2输入公式"=C3/C2"，将两个公式设置好后，拖拽公式填充到最后一行，如图5-82所示。

	A	B	C	D
1	过程	辅助列	人数	逐层转化率
2	展现人数		2500	
3	点击人数	650	1200	48%
4	咨询人数	850	800	67%
5	下单人数	1100	300	38%
6	付款人数	1175	150	50%

图 5-82　设置辅助绘图区

3. 插入堆积条形图。选择辅助绘图区域A1:D1，插入堆积条形图，如图5-83所示。选中"辅助列"展示的条形图，选择【格式】—【形状填充】—【无填充】选项，设置为透明色，如图5-84所示。

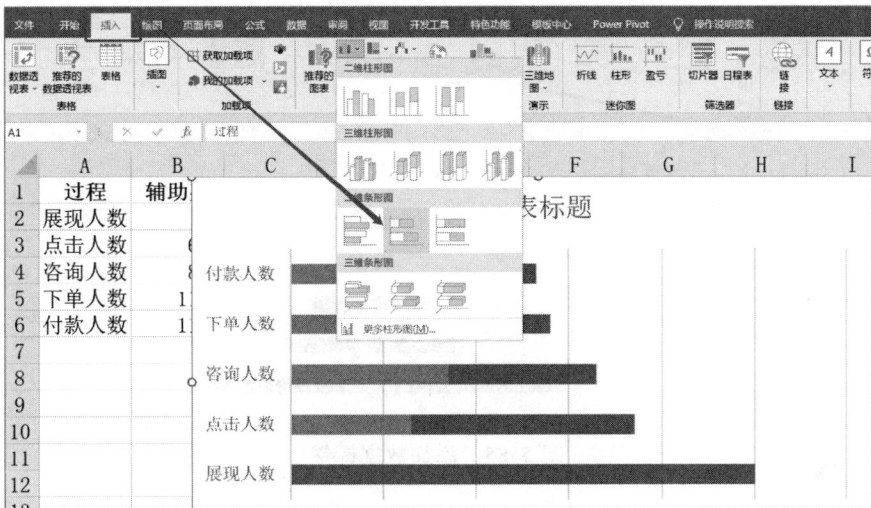

图 5-83　插入堆积条形图

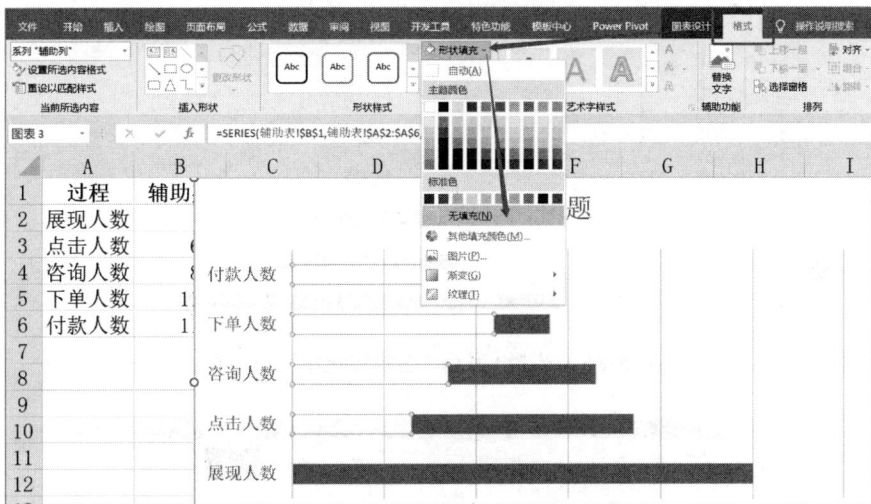

图 5-84　设置为"无填充"

4 加入数据标签。选择"人数"展示的条形图，选择【图表设计】—【添加图表元素】—【数据标签】—【居中】选项，如图5-85所示。选择【格式】—【系列"逐层转化率"】选项，如图5-86所示。选择【图表设计】—【添加图表元素】—【数据标签】—【轴内侧】选项，如图5-87所示。

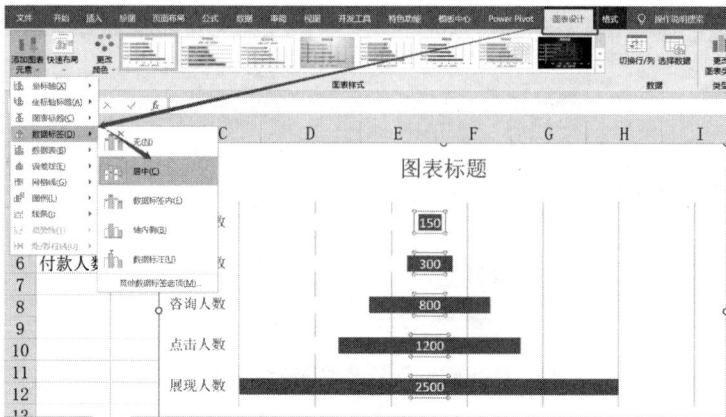

图 5-85 添加数据标签

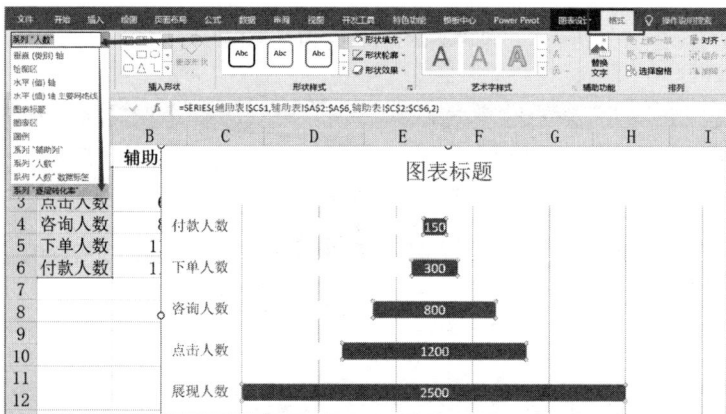

图 5-86 选择【系列"逐层转化率"】选项

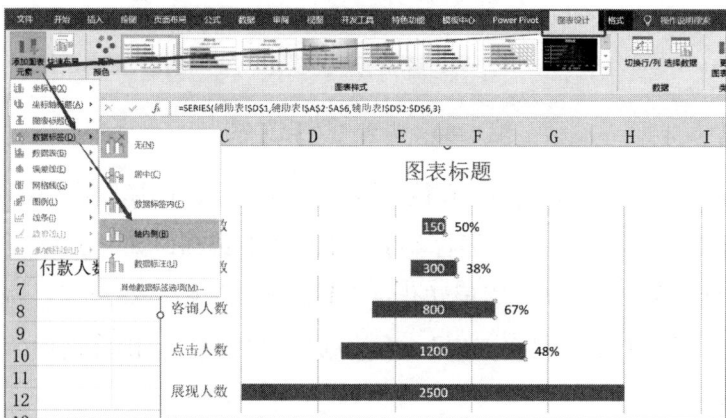

图 5-87 选择【轴内侧】选项

5 进行图表展示正确排序。现在这个条形图展示数据的顺序与辅助绘图区域的顺序是相反的，要把条形图正确排序。选择纵坐标轴，右击，选择【坐标轴选项】—【逆序类别】复选框，如图5-88所示。

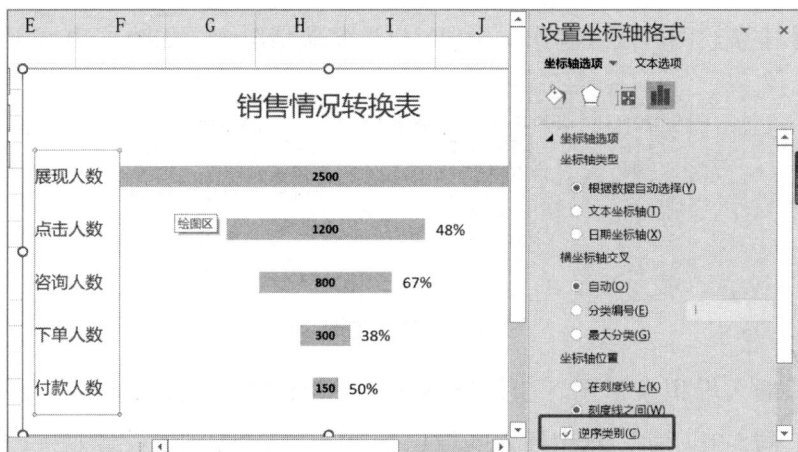

图 5-88　选择"逆序类别"

6 加入标题。选择图表，选择【格式】菜单中的文本框，在图表上方拉开，选中刚刚插入的文本框，在编辑栏中输入"销售情况转换表"，这个时候图表标题就插入好了。删除多余的网格线和图例项等，最终效果如图5-89所示。

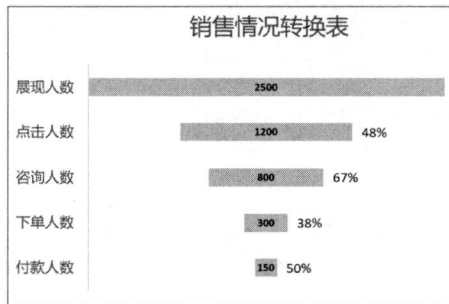

图 5-89　转换表最终效果

5.2.13　甘特图——项目进度管理好

甘特图通过条状图来显示项目、进度和其他与时间相关的系统进展的内在关系随着时间进展的情况，可以用于财务场景中工程进度、信息系统实施进度以及各项工作计划的控制等。

下面我们制作一个甘特图，来分析项目进度实施情况。

─┤具体操作├─

1️⃣ 准备绘图区域。制作一个项目进度实施情况表，如图 5-90 所示。

	A	B	C	D
1	项目	开始时间	周期计划（天）	完成时间
2	研讨	2023-01-05	45	2023-02-20
3	建设	2023-02-21	128	2023-06-30
4	采购	2023-07-01	44	2023-08-15
5	装配	2023-08-16	19	2023-09-05
6	调试	2023-09-16	13	2023-09-30
7	交付	2023-10-01	18	2023-10-20
8				

图 5-90　设置绘图区域

2️⃣ 插入堆积条形图。选择绘图区域中的 B2:B7，插入堆积条形图，如图 5-91 所示。选中插入的堆积条形图，选择【图表设计】—【选择数据】选项，在【数据编辑系列】中将"周期计划"列中的 C2:C7 添加进去，如图 5-92 所示。在【水平（分类）轴标签】中，将"项目"列中的 A2:A7 添加进去，如图 5-93 所示。选择"开始时间"展示的条形图，选择【格式】—【形状填充】—【无填充】选项，设置为透明色，如图 5-94 所示。

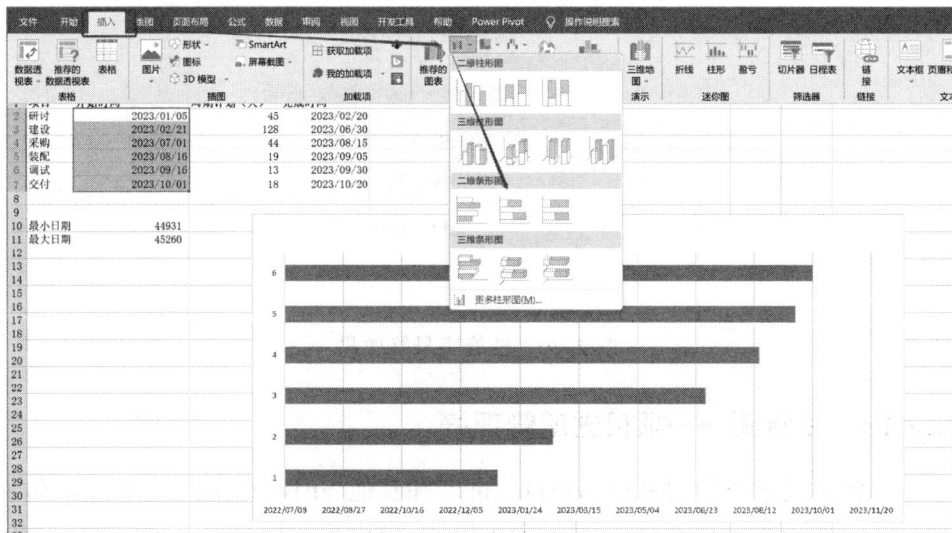

图 5-91　插入堆积条形图

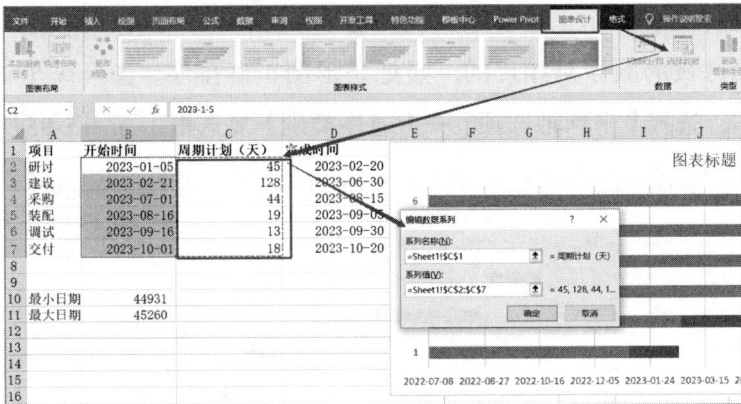

图 5-92 添加"周期计划"系列

图 5-93 添加【水平（分类）轴标签】

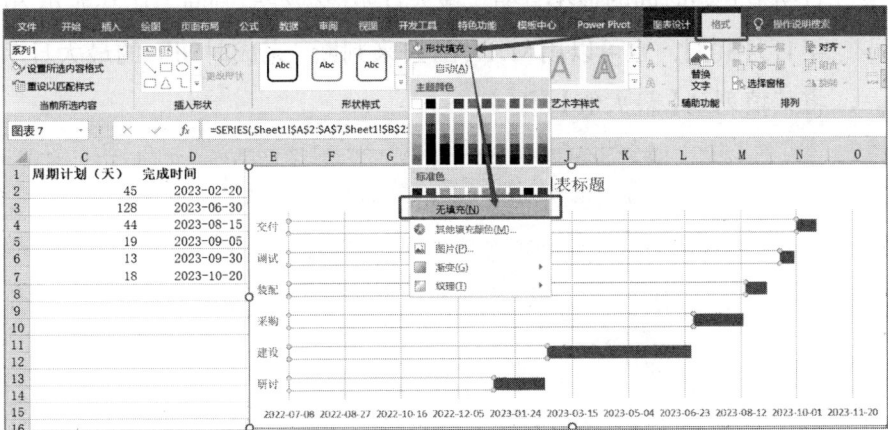

图 5-94 设置为【无填充】

3 进行图表展示正确排序。现在这个条形图展示数据的顺序与辅助绘图区域的顺序是相反的，要把条形图正确排序。选择纵坐标轴，右击，选择【坐标轴选项】—【逆序类别】复选框，如图5-95所示。

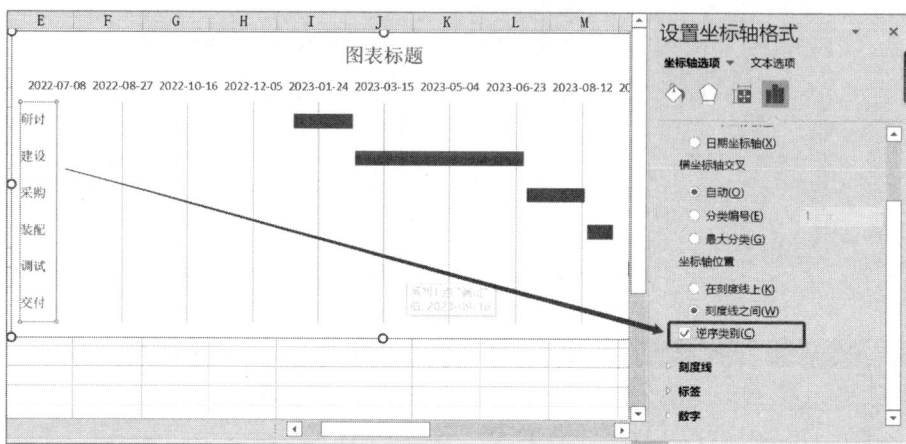

图 5-95　对纵坐标轴设置【逆序类别】

4 设置横坐标轴的最小值和最大值。在B10中输入"=MIN(B2:B7)"，如图5-96所示，在B11中输入"2023年11月30日"，然后选中B10和B11，右击，选择【设置单元格格式】—【数值】选项，让其将日期格式显示为数值格式。接下来，选中横坐标轴，右击，选择【坐标轴选项】，将刚才B10和B11显示出的数值填列在【最小值】和【最大值】中，如图5-97所示，让横坐标轴显示的日期较为合适，即出现的最小日期是开始时间的最小日期，最大日期根据经验判断，让其显示2023年11月30日，也可以用MAX函数来判断"完成时间"的最大日期，将其填列到【最大值】中。

图 5-96　计算最小日期

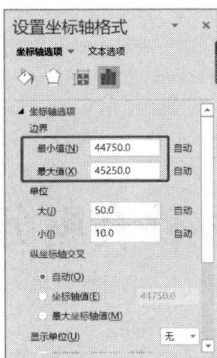

图 5-97　输入最小值和最大值

5 加入数据标签。选择"周期计划"展示的条形图，选择【图表设计】—
【添加图表元素】—【数据标签】—【居中】选项，如图5-98所示。

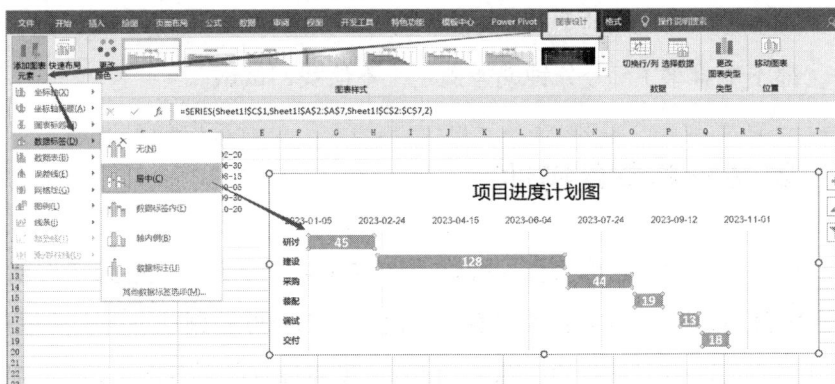

图 5-98　添加数据标签

6 加入标题。选择图表，选择【格式】菜单中的文本框，在图表上方拉
开，选中刚刚插入的文本框，在编辑栏中输入"项目进度图"，这个时
候图表标题就插入好了，最终效果如图5-99所示。

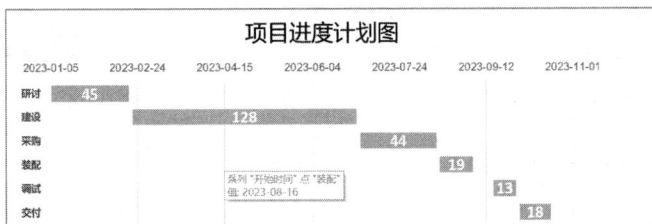

图 5-99　甘特图最终效果

第6章 动态控件在财务分析中的应用

动态控件在财务数据的演示以及经营决策的动态测算方面有着非常广泛的应用，因为有时仅靠嘴说，或者用计算器按几个数字，很难把一件事情解释得那么明白。比如，在开经营分析会的时候，我们已经确立了一个利润目标，那么按照上年的基本数据，各产品销售收入增长多少，变动成本可以压低多少，才能实现我们的利润目标呢？这时，如果你会用动态控件，这一切的测算就都不是难事了，分分钟就能搞定，不信我们试试？

6.1 财务分析常用控件

动态控件（以下简称控件）可以用来控制某个单元格，单元格控制辅助绘图区，辅助绘图区用来展示图表，这就是动态控件控制动态图表的原理。

很多朋友这个时候会说，我们的Excel里面没有控件这个东西啊？别急，我们一起来把它找出来。首先，将鼠标指针移动到菜单栏区域，右击，选择【自定义功能区】选项，在对话框中勾选【开发工具】复选框，如图6-1所示，这时，你的菜单栏就会多出来一个菜单选项——开发工具。

单击【开发工具】菜单

图 6-1　在自定义功能区中勾选【开发工具】

中的【表单控件】选项，里面有很多控件可以选择，如图6-2所示。

图 6-2　开发工具中的表单控件

如图6-3所示，这是一张整理好的常用控件名称及输出内容解析图。下面我们来学习插入控件的方法。

外观	名称	输入内容
销售收入	组合框	1
销售收入　销售成本　毛利	列表框	3
☑复选框 A　　☑复选框 B	复选框	TRUE
分组框一　◉选项A　○选项B	选项按钮	1
▲▼	数值调节钮	10
‹　▮　›	滚动条	8
分组框二　◉选项新的A　○选项新的B	分组框	1

图 6-3　常用控件解析

──┤具体操作├──

■ 选择控件，然后按住鼠标左键，将指针移动到你想要放置的区域，再将鼠标左键放开，这时控件就出现了。设置的时候，右击，可以对控件进行设置，这里我们就不详细说了。在6.2节，我们一起实操几个案例，通过实操来学习控件的使用。

6.2 如何做出一个动态图表

下面，我们来实操制作一个动态图表。动态图表的制作步骤是：

（1）让控件控制某个单元格；

（2）用这个单元格控制辅助绘图区；

（3）辅助绘图区用来控制图表对数据的展现。

──┤具体操作├────────────────────────────────

1 准备绘图区域。制作地区销售情况统计表，如图6-4所示。

图 6-4　准备好绘图区

2 插入控件。选择【开发工具】—【表单控件】—【组合框】选项，如图6-5所示。

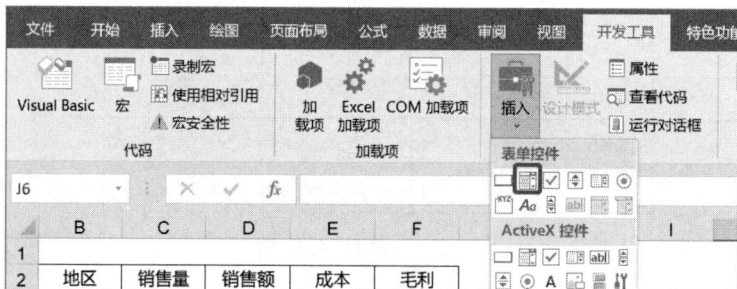

图 6-5　插入控件

3 对控件进行设置，控制单元格。选择【组合框】，右击，在【数据源区域】中选择事前准备好的"$C$13:$C$16"区域，用于显示"销售量、销售额、成本、毛利"，在单元格链接中输入"$M$4"，用来控制M4单元格，输入两个参数后，单击【确定】按钮。

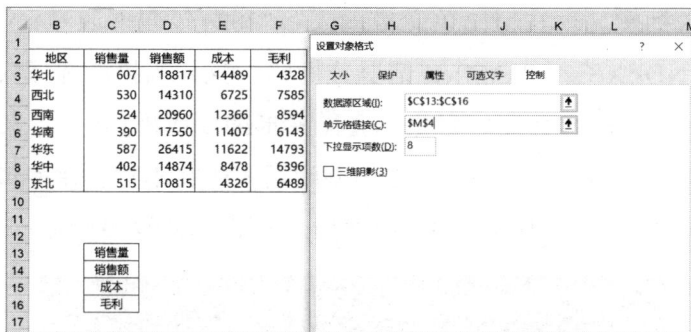

图 6-6　对控件进行设置

4 设置辅助绘图区，让控件控制的单元格控制该辅助绘图区域。设置
辅助绘图区，在Q3单元格中输入"=INDEX(C3:F3,,$M$4)"，输入
后，将公式填充到辅助绘图区底部。当选择控件中的内容时，M4单
元格会发生变化，从而可以控制辅助绘图区的内容发生变化，使它展
现想要展示的数据内容，如图6-7所示。

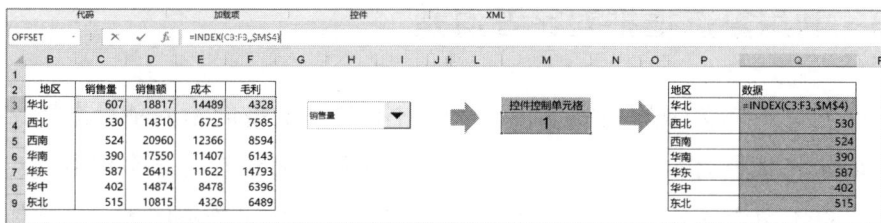

图 6-7　设置辅助绘图区

5 插入图表。选中P2:Q9辅助绘图区，插入柱形图，并将控件移动到柱
形图上，用右击柱形图，将柱形图放于底层，使控件可以显示在柱形
图上方，如图6-8所示。

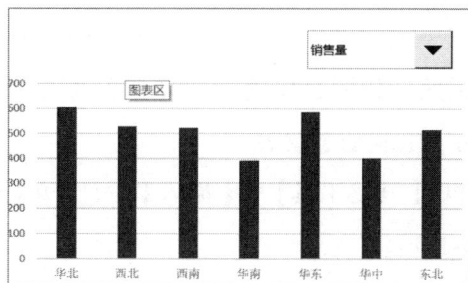

图 6-8　插入图表

6 加入标题。现在M12单元格输入"="2024年四季如春××国际公司"&INDEX(C2:F2,,M4)&"情况分析""，这样当控件选择内容发生变化时，标题也会发生变化。选择柱形图，选择【格式】菜单中的文本框，在图表上方拉开，选中刚刚插入的文本框，在编辑栏中输入"=M12"，这个时候图表标题就插入好了。如图6-9所示。

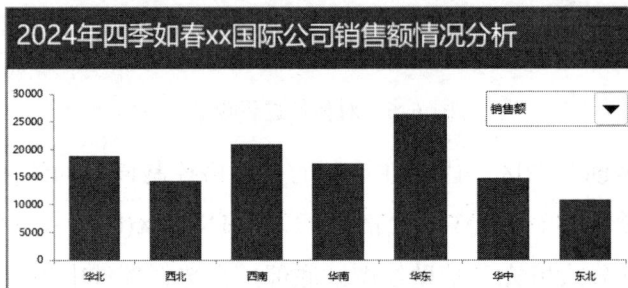

图 6-9　加入标题

6.3　利用复选框把对比看清楚

在对比不同类型的项目时，尤其是对不同数量级的不同项目进行比较时，如果将他们都放在一起，会导致视觉混乱，无法看清某个项目的对比趋势，更不用说深入分析了，这个时候如果你制作的是静态图表，那么你想比较10个项目，就需要做10张图表，想比较100个项目，就要制作100张图表，有点费力不讨好的感觉，如果我们用动态图表，一切就简单了，通过选项按钮的选择，可以轻松地切换不同项目的对比。下面我们用两年利润表项目的同比分析举例说明。

──┤具体操作├────────────────

1 设置辅助绘图区。如图6-10所示，左边是原始数据区域，右边为辅助绘图区，用于生成动态图表。

2 插入控件。选中【开发工具】—【插入】—【表单控件】—【选项按钮】选项，如图6-11所示。

	A	B	C	D	E	F	G	H	I	J	K
1	原始数据区域								辅助绘图区域		
2	月份	2024年			2023年				选择项目：	3	
3		营业收入	成本费用	利润	营业收入	成本费用	利润			2024年	2023年
4	1月	4498	2732	1766	4724	2502	2222		1月	1766	2222
5	2月	4532	1347	3185	4546	1200	3346		2月	3185	3346
6	3月	4537	2984	1553	3697	2729	968		3月	1553	968
7	4月	4077	2315	1762	3335	1430	1905		4月	1762	1905
8	5月	4020	2421	1599	4974	1173	3801		5月	1599	3801
9	6月	4999	1554	3445	4933	1278	3655		6月	3445	3655
10	7月	4724	1726	2998	4430	2311	2119		7月	2998	2119
11	8月	4427	2182	2245	4822	1730	3092		8月	2245	3092
12	9月	4371	1750	2621	4287	2882	1405		9月	2621	1405
13	10月	3971	1352	2619	3994	1576	2418		10月	2619	2418
14	11月	4732	2969	1763	3504	1046	2458		11月	1763	2458
15	12月	3128	2596	532	3938	2897	1041		12月	532	1041

图 6-10　绘制辅助绘图区

图 6-11　插入选项按钮

3 设置控件参数。将这个选项按钮修改名称为"营业收入"，选中后右击，选择【设置控件格式】选项，如图6-12所示。对话框中的选项都默认就可以了，只需要将【单元格链接】设置到J2单元格，如图6-13所示。设置好后，单击选项按钮，会发现J2单元格有数字出现，这时，控件和单元格的链接已经建立起来了。复制两个选项按钮，修改名称为"成本费用"和"利润"。这样，选择"营业收入"选项按钮时，J2单元格会显示1，选择其他两个时，会出现2和3。

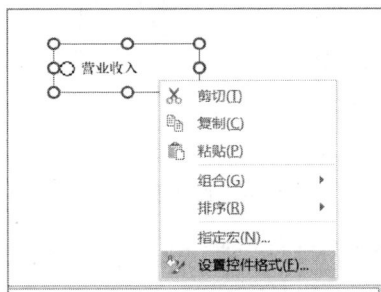

图 6-12　设置控件格式

图 6-13　设置【单元格链接】到J2单元格

4 设置联动公式。控件设置好后，要用控件控制的J2单元格来控制辅助绘图区域中的数据引用。我们在J4单元格，即2024年1月的单元格输入公式"=INDEX(B4:D4,$J$2)"，这样，当选项按钮变动时，公式会自动引用对应项目的2024年数据。将公式向下拖拽至底。同样道理，设置K4单元格公式为"=INDEX(E4:G4,$J$2)"，也拖拽至底部。这时，控件、被控单元格、公式、辅助绘图区这四个对象已经联动起来了，选择不同的选项按钮，辅助绘图区就会把相应的数据提取出来，如图6-14所示。

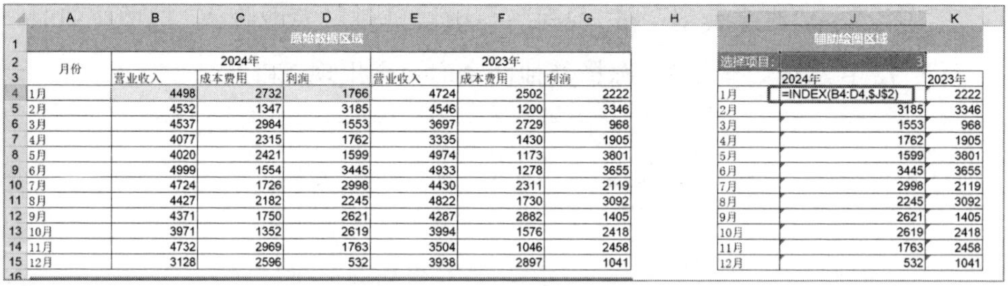

图 6-14　设置联动公式

5 绘制图表。选择I3:K15区域，插入折线图，进行美化，将其置于底部显示，调整选项按钮至图表的上方，如图6-15所示，动态图表已经可以按照你的需要对营业收入、成本费用、利润分项同比显示了。

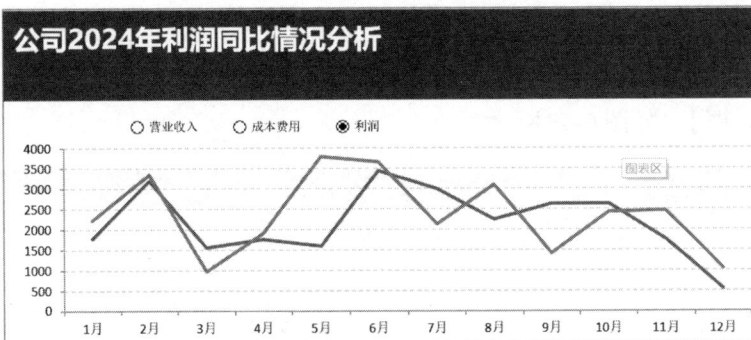

公司2024年利润同比情况分析

○ 营业收入   ○ 成本费用   ● 利润

图 6-15   动态图表最终效果

6.4   利用列表框做个数据查询器

选项按钮适合于项目比较少的情况下的项目查询演示，如果是对公司的 50 个门店进行经营情况的查询，用选项按钮就非常麻烦了，因为 50 个店铺你需要设置 50 个选项按钮。这个时候，我们还有一个神器叫作列表框，把 50 个店铺放在列表框上，你想查看哪个店铺的经营情况只需要鼠标单击一下就可以轻松查看了，是不是很实用？

如图 6-16 所示，我们有 50 家门店的 12 个月的销售额，现在我们想利用列表框做一个可以查询各店铺经营业绩的动态图表。

	A	B	C	D	E	F	G	H	I	J	K	L	M
1	门店	1月	2月	3月	4月	5月	6月	7月	8月	9月	10月	11月	12月
2	门店1	3771	2121	3790	1198	1950	1241	2159	2574	4197	1331	1816	4273
3	门店2	3143	4970	2458	3296	3583	2731	1587	4068	2014	4554	1956	4546
4	门店3	4661	1677	1821	2474	4972	1393	2368	1736	1987	3809	2140	1979
5	门店4	2536	2267	4964	4886	1302	1750	3760	3759	3028	4252	4125	1612
6	门店5	3296	1156	2523	4705	3073	1382	2174	1856	4034	2895	2805	1857
7	门店6	4760	4679	1368	2038	3566	1705	4544	1083	4452	2758	3069	3748
8	门店7	2809	2334	4164	1556	4110	3251	2188	1558	4054	2405	4589	1918
9	门店8	2666	1877	4369	2975	2398	1434	2719	4534	1286	1871	3145	3515
10	门店9	2509	3011	4432	2111	1615	2619	2130	1849	2266	1882	2531	1245
11	门店10	2797	3310	3911	4367	2613	2592	4849	1846	4813	3659	1476	1807
12	门店11	3169	2211	1051	4892	1439	2275	3326	4202	4957	4131	2166	2687
13	门店12	3614	2812	3863	1056	3155	3801	4403	1377	1944	1942	1124	1657
14	门店13	2139	2591	2628	4985	3437	1300	4840	3392	1123	1893	4631	2838
15	门店14	3170	3409	4946	1475	4353	3377	2448	4091	2156	1070	4772	2909
16	门店15	2081	4829	4591	3785	2406	2320	2269	1729	2573	3082	3180	2831
17	门店16	3365	3713	1220	3445	4014	1475	2358	2172	2317	2672	3873	3433
18	门店17	1918	2610	4238	2531	2342	1069	2256	1144	4153	1881	1314	3134
19	门店18	2936	2041	3293	1048	2865	2244	4616	4198	1951	1366	3209	1151
20	门店19	1781	2489	4660	3422	4222	2467	2934	1546	4200	2717	3178	4084
21	门店20	4801	4477	1437	2334	2772	2920	3181	2843	3782	4736	3595	1697
22	门店21	3610	3187	2807	4218	2594	4259	1988	2052	2763	3241	3789	4503

图 6-16   原始数据区域

1 插入控件。选中【开发工具】菜单中的【插入】—【表单控件】中的【列表框】，如图6-17所示。

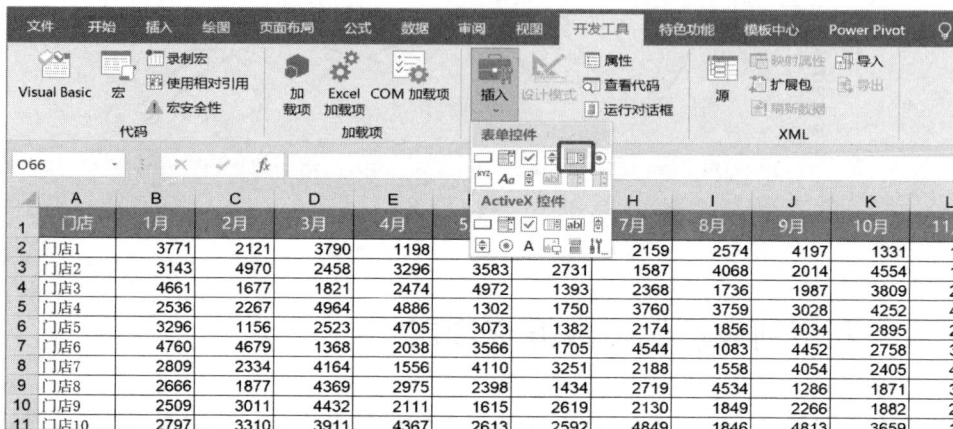

图 6-17　插入【列表框】

2 设置控件参数。选中控件后右击，选择【设置控件格式】选项，在打开对话框中【数据源区域】输入"$A$2:$A$51"，【单元格链接】输入"$A$54"，这时，单击列表框中的店铺名，A54单元格会出现相应的数字，如图6-18所示。

图 6-18　设置控件参数

3 设置辅助绘图区及联动公式。在A4:M56单元格区域设置辅助绘图区域。在B56单元格即门店的1月份销售额，输入公式"=INDEX(B2:B51,$A$54)"，公式向右拖曳至12月，这样，控件与公式就形成了联动，通过选择控件中的不同店铺，辅助绘图区会引用不同店铺1~12月的销售额数据，如图6-19所示。

OFFSET	▾	× ✓ *fx*	=INDEX(B2:B51,$A$54)											
▲	A	B	C	D	E	F	G	H	I	J	K	L	M	N
49	门店48	4594	4280	1756	2171	3238	2761	2381	3587	2642	3092	2866	4061	
50	门店49	4599	3501	2789	4953	1017	4835	4299	3837	2521	4964	2149	1743	
51	门店50	1185	2653	2793	3065	3458	1442	4487	2773	2749	1793	2525	2975	
52														
53														
54	12		标题	门店12-全年经营业绩情况										
55	门店	1月	2月	3月	4月	5月	6月	7月	8月	9月	10月	11月	12月	
56	门店12	=INDEX(B2:B51,$A$54)	2812	3863	1056	3155	3801	4403	1377	1944	1942	1124	1657	
57														
58														
59														

图 6-19　设置辅助绘图区域公式

4 绘制图表。选择A55:M56区域，插入折线图，进行美化，将其置于底部显示，将列表框放在图表的上方，这时在列表框中选中任意店铺名，就会出现该店铺的销售数据，如图6-20所示。

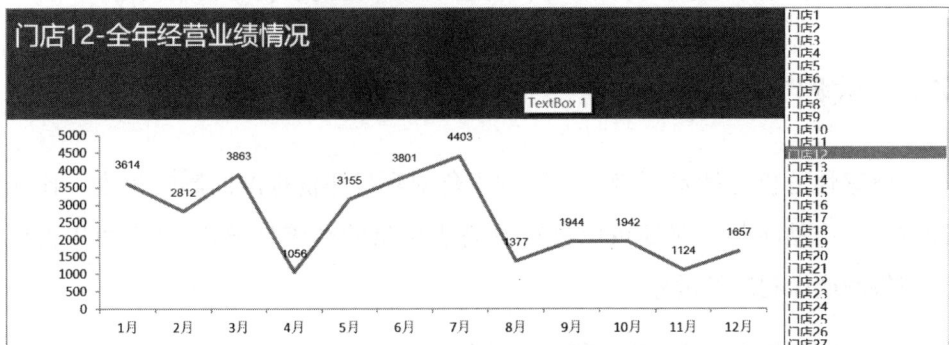

图 6-20　动态图表最终效果

第7章　Excel八大经营与决策模型实操

随着信息技术的发展，大数据管理、财务共享中心等系统的出现，财务人员的转型迫在眉睫，很多集团型公司在上线了报账系统、物联网、财务共享中心等信息系统后，工作效率大幅提高，有的企业甚至将普通核算会计裁员一半以上，因为传统的报账业务和记账业务已经可以通过下沉给业务人员以及感应器的自动记录等方式解决，企业的财务人员只需要集中精力管理真正能够为企业创造价值的业务即可。所以，财务人员若想不被淘汰，唯一的出路就是向管理会计转型，而管理会计最重要的技能就是经营分析和辅助决策，让我们在本章节深入学习一下财务分析中常见的经营与决策模型。

7.1　敏感性分析模型

敏感性分析是衡量不确定因素的变化对项目评价标准的影响程度。比如针对某一产品在某一时期可以进行价格或数量的敏感性分析，从而可以得出其销售额或净利润的敏感度。

7.1.1　单价变动对利润的影响分析

下面，我们来实操制作一个单价变动对利润的影响分析模型，这里要用到Excel中的模拟运算表工具。

—|具体操作|————————————————————

1 准备基础数据区域。制作一张利润表，用于下一步的敏感性分析，这张利润表的利润计算依据为销量5 000个，单价300万元/个，如图7-1所示。

	A	B	C
1	敏感性分析（单位：万元）		
2	销量	5,000	
3	价格	300	
4		总额	单台
5	销售收入	1,500,000	300.00
6	材料成本	750,000	150.00
7	变动性成本	250,000	50.00
8	固定性成本	450,000	90.00
9	息税前利润	50,000	10.00
10	利息费用	12,000	2.40
11	税前利润	38,000	7.60
12	所得税	9,500	1.90
13	税后净利润	28,500	5.70
14			

图 7-1　设置基础数据区域

2 设置辅助决策数据区域。在A17:I19区域制作辅助决策数据区域，其中，在C18:I19区域要录入按照原利润表单价的85%～115%范围变化的单价区间，用来测算价格变化对利润的影响。在B19单元中输入“=B13”，用来关联利润表中的利润，如图7-2所示。

	A	B	C	D	E	F	G	H	I
1	敏感性分析（单位：万元）								
2	销量	5,000							
3	价格	300							
4		总额	单台						
5	销售收入	1,500,000	300.00						
6	材料成本	750,000	150.00						
7	变动性成本	250,000	50.00						
8	固定性成本	450,000	90.00						
9	息税前利润	50,000	10.00						
10	利息费用	12,000	2.40						
11	税前利润	38,000	7.60						
12	所得税	9,500	1.90						
13	税后净利润	28,500	5.70						
14									
15									
16									
17	价格变动幅度		85%	90%	95%	100%	105%	110%	115%
18	价格		255	270	285	300	315	330	345
19	税后净利润	28,500							
20									

图 7-2　设置辅助决策数据区域

3 启动模拟运算，进行敏感性分析。选中B18:I19区域，单击【数据】—【模拟分析】—【模拟运算表】选项，如图7-3所示。在【输入引用行的单元格】中链接“$B$3”单元格，然后单击【确定】按钮，如图7-4所示。这时，单价从85%变动到115%的利润就都测算好了，如图7-5所示。

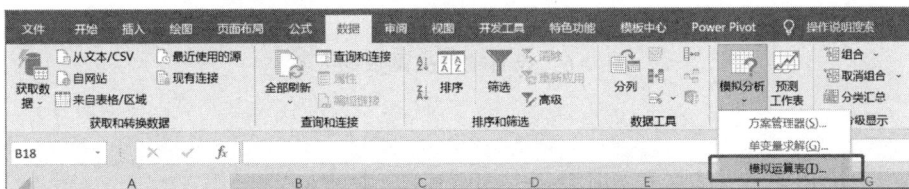

图 7-3　选择【模拟运算表】

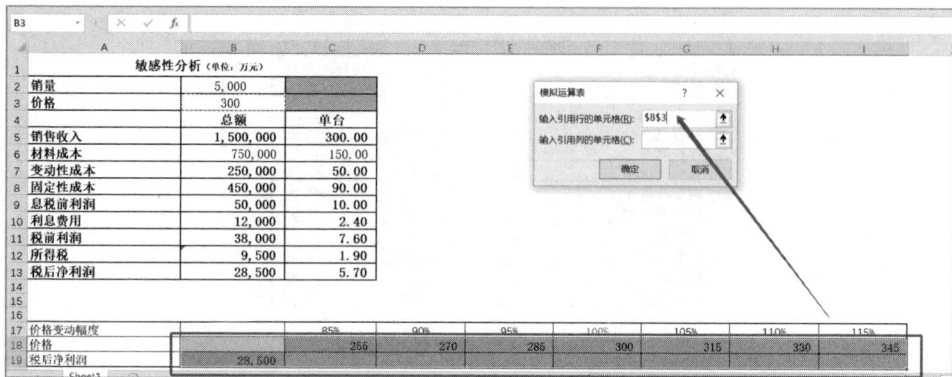

图 7-4　在【模拟运算表】中输入引用的单元格

17	价格变动幅度		85%	90%	95%	100%	105%	110%	115%
18	价格		255	270	285	300	315	330	345
19	税后净利润	28,500	-140,250	-235,875	-278,906	-278,906	-238,027	-152,179	-10,531

图 7-5　单价变动对利润的影响分析最终结果

7.1.2　单价和销量同时变动对利润的影响分析

下面，我们来实操制作一个单价和销量同时变动对利润的影响分析模型，也是要用到模拟运算表工具。

┤具体操作├

1 准备基础数据区域。与上一个案例共用这张利润表，用于下一步的敏感性分析。利润表计算依据为销量5 000个，单价300万元/个，如图7-6所示。

图 7-6　设置辅助决策数据区域

2 设置辅助决策数据区域。在 A23:J34 区域制作辅助决策数据区域，其中，在 D25:J25 区域要录入按照原利润表单价的85%~115%范围变化的单价区间，用来测算价格变化对利润的影响；在 C26:C34 区域要录入按照原利润表销量的85%~125%范围变化的单价区间，用来测算销量变化对利润的影响；在 C25 单元中输入"=B13"，用来关联利润表中的利润。如图 7-7 所示。

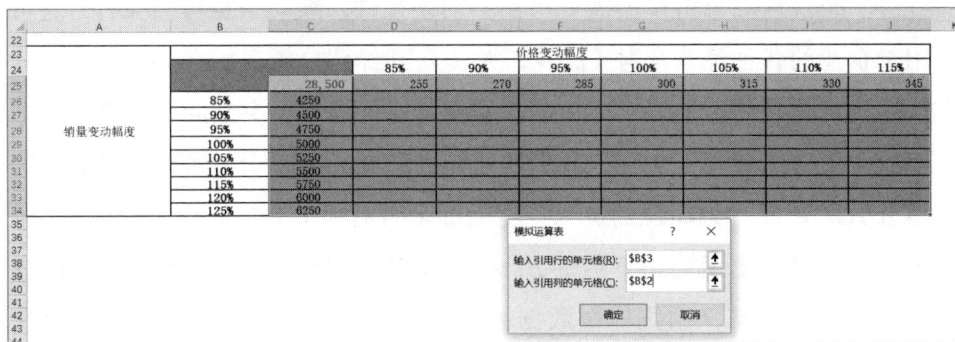

				价格变动幅度						
				85%	90%	95%	100%	105%	110%	115%
		28,500	255	270	285	300	315	330	345
销量变动幅度	85%	4250							
	90%	4500							
	95%	4750							
	100%	5000							
	105%	5250							
	110%	5500							
	115%	5750							
	120%	6000							
	125%	6250							

模拟运算表 ? ×
输入引用行的单元格(R): $B$3
输入引用列的单元格(C): $B$2
确定 取消

图 7-7 在【模拟运算表】中输入引用的单元格

3 启动模拟运算，进行敏感性分析。选中 C25:J34 区域，单击【数据】—【模拟分析】—【模拟运算表】选项，在【输入引用行的单元格】中链接"$B$3"单元格，在【输入引用列的单元格】中链接"$B$2"单元格，然后单击【确定】按钮，如图 7-7 所示。单价从85%变动到115%，销量从85%变动到125%之间的利润就都测算好了，这样我们就有了63种利润组合，可以用来判断单价和销量处于不同范围的时候，利润如何发生变化，如图 7-8 所示。

			价格变动幅度						
			85%	90%	95%	100%	105%	110%	115%
		28,500	255	270	285	300	315	330	345
销量变动幅度	85%	4250	(171188)	(123375)	(75563)	(27750)	20063	67875	115688
	90%	4500	(150875)	(110250)	(59625)	(19000)	41625	92250	142875
	95%	4750	(150563)	(97125)	(43698)	9750	63188	116625	170063
	100%	5000	(140250)	(84000)	(27750)	28500	84750	141000	197250
	105%	5250	(129938)	(70875)	(11813)	47250	106313	165375	224438
	110%	5500	(119625)	(57750)	4125	66000	127875	189750	251625
	115%	5750	(109313)	(44625)	20063	84750	149438	214125	278813
	120%	6000	(99000)	(31500)	36000	103500	171000	238500	306000
	125%	6250	(88688)	(18375)	51938	122250	192563	262875	333188

图 7-8 单价和销量同时变动对利润的影响分析最终结果

7.2 经营预测分析模型

上一节的案例，适合于日常的书面分析，但如果在开会的时候，估计你没有那么多的准备时间，所以，这里给大家介绍一个经营预测分析模型，可以让读者在开会的时候也能随时应对公司各种各样的测算需要，想要的数据测算结果很快就出来。

这个经营预测分析模型需要用到滚动条控件，滚动条也称为拉杆，它可以用于企业的各种经营及财务测算，尤其在开经营分析现场会的时候，能让你从容应对领导的各种需求。例如，领导开会的时候会突然问，如果我们下半年收入比上半年增长15%，我们的业绩考核能得多少分？如果按照这样的考核分数，管理序列岗位的员工年度工资是否有所上升？如果产品单价上升15%，能否完成集团公司下达的20%毛利率的考核指标，等等。对于这样的各种场景的测算，用拉杆做数据敏感性分析是最好的方法，既直观又快速。下面用一个案例进行说明。

现在假设的场景是：公司要召开本年的半年经营分析会，目前公司主要商品有5种。上半年的各产品销售额已经统计出来了，销售经理、财务经理以及总经理坐在一起探讨今年能否达成公司预期业绩。现在财务经理要同销售经理一起，对下半年5种主要商品的增长率进行判断，看看各商品需要怎样的增长才能实现我们想要的目标利润，基础数据如图7-9所示。

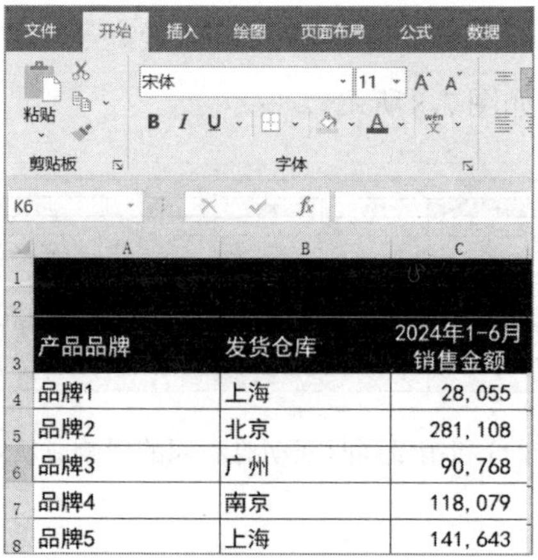

产品品牌	发货仓库	2024年1-6月销售金额
品牌1	上海	28,055
品牌2	北京	281,108
品牌3	广州	90,768
品牌4	南京	118,079
品牌5	上海	141,643

图 7-9 设计数据测算表单

1 插入控件。选中【开发工具】菜单中的【插入】—【表单控件】—【滚动条】选项，如图 7-10 所示。

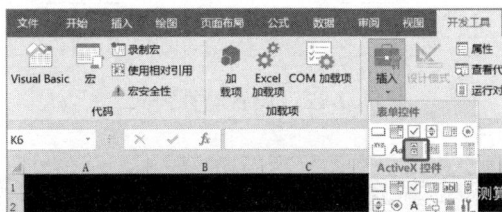

图 7-10　插入滚动条控件

2 设置控件参数。选中控件后右击，选择【设置控件格式】选项，在打开的对话框中【单元格链接】输入"$E$4"，其他可以选择默认设置，如图 7-11 所示。这里的最大值和最小值为拉杆输出的极限值，步长为单击一下三角箭头移动的数值跨度，页步长为单击一下中间竖杠移动的数值跨度。

图 7-11　设置控件参数

3 设置辅助绘图的联动公式。在 F4 单元格输入公式 "=E4/100-50%"，即销售额的变动率，减去 50% 意思是让变动率的变化区间在负 50% 到正 50% 之间。之后，在 G4 单元格输入公式 "=C4*(1+F4)"，这个单元格是单价变动后的数值。G5 到 G8 单元格也是一样进行设置，拉杆可以是通过复制粘贴的方法进行设置，如图 7-12 所示。最终效果如图 7-13 所示。

全年营业收入测算						
产品品牌	发货仓库	2024年1-6月销售金额	调节拉杆	下半年增幅	7-12月销售额	2024年全年销售额
品牌1	上海	28055		=E4/100-50%	=C4*(1+F4)	=C4+G4
品牌2	北京	281108		=E5/100-50%	=C5*(1+F5)	=C5+G5
品牌3	广州	90768		=E6/100-50%	=C6*(1+F6)	=C6+G6
品牌4	南京	118079		=E7/100-50%	=C7*(1+F7)	=C7+G7
品牌5	上海	141643		=E8/100-50%	=C8*(1+F8)	=C8+G8

图 7-12　设置测算公式

全年营业收入测算						
产品品牌	发货仓库	2024年1-6月销售金额	调节拉杆	下半年增幅	7-12月销售额	2024年全年销售额
品牌1	上海	28, 055		10%	30860. 5	58, 916
品牌2	北京	281, 108		17%	328896. 36	610, 004
品牌3	广州	90, 768		16%	105290. 88	196, 059
品牌4	南京	118, 079		-10%	106271. 1	224, 350
品牌5	上海	141, 643		-37%	89235. 09	230, 878

全年利润情况测算							
	2024年	2023年	同比增加额	增长率	全年预算	预算进度完成	较预算进度增减
销售收入	1, 320, 207	1, 200, 000	120, 207	10%	1, 300, 000	102%	2%
固定成本	500, 000	500, 000	-	0%	500, 000	100%	0%
变动成本	700, 000	600, 000	100, 000	17%	650, 000	108%	8%
利润	120, 207	100, 000	20, 207	20%	150, 000	80%	-20%

图 7-13　经营预测分析表最终效果

当我们单击或者拉动拉杆时，可以对各个品牌下半年的销售额进行测算，看全年的销售额是否达标，如果没有达标，与参会人员讨论分析，看有没有更好的促销手段扩大销量以及各项压缩成本的举措，以达到目标利润值。

7.3　本量利分析模型

本量利分析法可以揭示成本、业务量和利润之间的数量关系，分析的对象是收入、成本和利润，通过进一步把收入分解为单价与销量，按成本习性把成本分为固定成本和变动成本，研究单价、销量、固定成本、变动成本与利润之间的变化规律，分析利润最大化的方案以及找到利润改善的最佳途径，以便企业作出最优选择。管理会计通过本量利分析帮助企业更好地进行各类决策，包括企业新项目、新业务拓展计划、固定成本投入计划，产品组合与定价计划、销售规划以及在销量和单价固定情况下如何控制固定成本、变动成本以实现目标利润等。

本量利分析的公式来自最基本的利润公式：

$$利润 = 收入 - 成本$$

通过将收入和成本进行分拆，可以将公式改为：

$$利润 = 销量 \times 单价 - (销量 \times 单位变动成本 + 固定成本)$$

也可以表达为：

$$利润 = 销量 \times (单价 - 单位变动成本) - 固定成本$$

根据本量利分析公式，衍生出保本点的计算公式：

$$保本点销量 = 固定成本 / (单价 - 单位变动成本)$$

这个公式的意思是利润等于零时的销售水平。保本点也称盈亏临界点，是进行经营决策的重要依据，若产品的生产能力和销售能力达不到保本点则无法盈利，除非采取办法使销售能力超过保本点，或者设法通过降低成本、提高售价的方法降低保本点，否则该产品则不能投产。企业进行新项目、新业务投资时通常需要测算保本点，以确定项目的可行性以及制定相应的销售计划。

下面，我们来实操制作一个奶茶店盈亏平衡分析的案例。

—┤ 具体操作 ├—

1 准备基础数据区域。如图 7-14 所示，制作一个奶茶店的月度利润表，按照投资 15 万元，包括装修费、设备费等，按照 5 年平均摊销；商品平均单价 15 元/杯，销量 5 830 杯/年；变动成本中包括原材料（按照销售额的 30% 计算）和员工变动薪酬部分（每个月的抽成为总营业额的 1%）；固定成本中包括租金、折旧费、员工固定底薪、销售和管理费用等。

项目	金额	备注
奶茶店盈亏平衡测算		
投资金额	150000	包括装修费、设备费；按照5年摊销

项目	价格	备注
单价	15	
销量	5830	
销售额	87450	
变动成本	27110	
原材料	26235	30%
员工变动薪酬	875	每个月的抽成为总营业额的1%
固定成本	48500	
租金	20000	
折旧费	2500	
员工固定底薪	20000	5名员工
销售和管理费用	6000	含水电费等
利润	11841	
盈亏平衡点销售量	4686	固定成本/(单价-变动成本)

图 7-14　准备基础数据区域

2 插入控件。选中【开发工具】菜单中的【插入】—【表单控件】—【滚动条】选项，操作两次，插入两个滚动条。依次选中控件右击，选择【设置控件格式】选项，在打开的对话框中【单元格链接】分别输入"$C$6"和"$C$7"。其他可以选择默认设置，这样单价和销量就可以依据滚动条的变动进行变化了，为之后的动态测算打下基础。如图7-15所示。

图 7-15　加入控件

3 设置辅助绘图区。在B30:E49区域制作辅助绘图区，其中，销量是从1 000杯/年到9 500杯/年，这里可以根据奶茶店的月度销量按需设置，即大概进行一下最小销量和最大销量的判断，销售收入、总成本和利润是依据基础数据区域的计算公式计算出的，如图7-16所示。接下来，在B53:C56区域制作盈亏平衡线区，C54和C55单元格分别取辅助绘图区中的最小值和最大值，C55取保本销售量，这样三点成一线，如图7-17所示。

图 7-16　制作辅助绘图区

图 7-17 制作盈亏平衡线区

4 制作本量利分析图。选中B31:E49，插入带平滑线和数据标记的散点图，如图7-18所示。单击刚插入的散点图，选择【图表设计】—【选择数据】选项，将B54:C56加入【图例项（系列）】中，如图7-19所示，盈亏平衡线就插入好了。

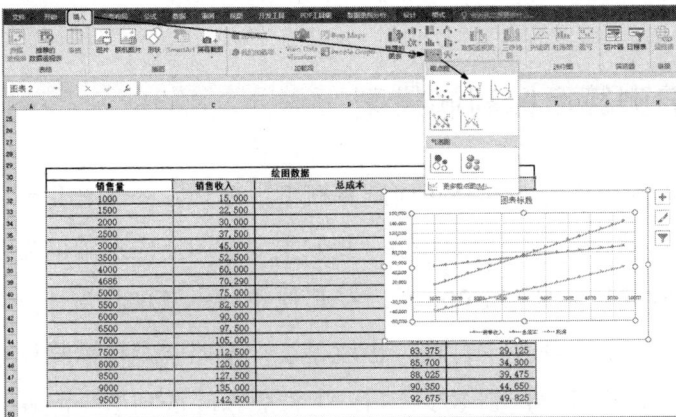

图 7-18 插入带平滑线和数据标记的散点图

图 7-19 插入盈亏平衡线

另外，如果单价或者销量发生变化，可以用滚动条进行测算，盈亏平衡点按照最新的变化进行测算，最终效果如图7-20所示。

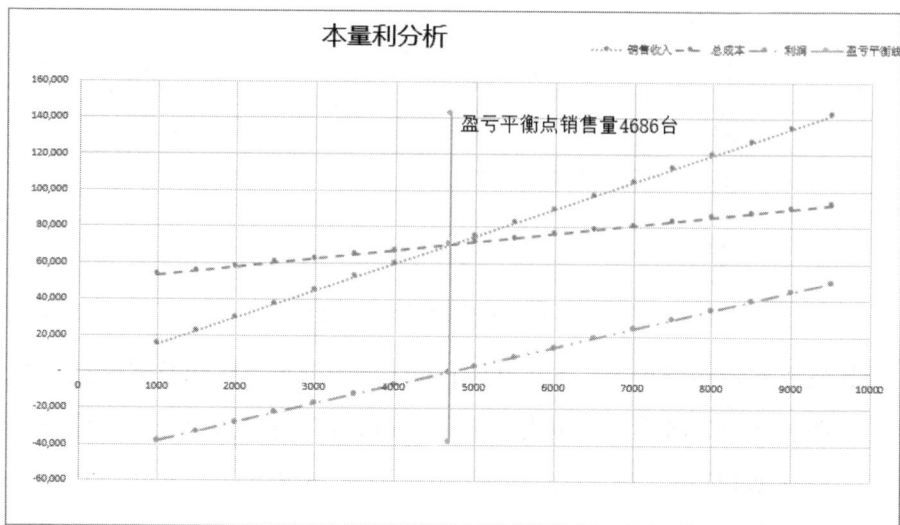

图 7-20　本量利分析图最终效果

7.4　一键测算目标利润模型

之前说的几个模型，都是正向测算模型，即某一个或者几个变量发生变化对最终测算结果的影响。这一节，我们主要学习反向求解的做法。例如，如果我们的利润目标是150 000元，在其他条件不变的情况下，单价、销售量、进货成本分别定在多少合适，也就是说，按照既定目标测算单价定在多少比较合适，销售量要达到多少才行，进货成本降低到多少能够满足企业利润目标。

但是，因为我们现在有三个因素需要分别测算，能不能设置类似汽车一键启动似的按钮，一键生成测算结果呢？可以考虑用录制宏来解决。

──│具体操作│────────────────────────────────

1 设置测算区域。如图7-21所示，区域A1:B11为公司的销售毛利计算过程，A15:B16为目标毛利及实际毛利完成率。现在我们要先测算目标毛利为150 000元，其他条件不变的情况下，单价需要达到多少可以完成利润目标。

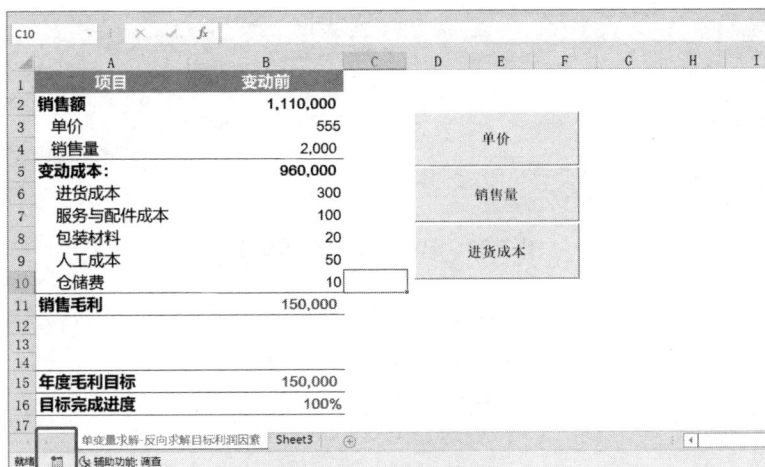

图 7-21　设置测算区域

2 录制宏。单击 Excel 最左下角的【录制宏】按钮，在对话框中起名为"单价"，如图 7-22 所示。

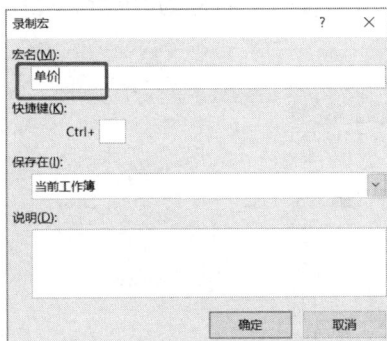

图 7-22　给宏起名为"单价"

下面，我们就开始进行测算了。录制宏相当于把我们的测算过程录制下来，然后当我们还想进行同样的测算时，只需要把这个录制的程序让 Excel 再执行一遍就可以了。

3 进行测算。在【数据】菜单中的【模拟分析】中选择【单变量求解】选项，然后设置参数，【目标单元格】输入"$B$11"，即销售毛利，【目标值】为 150 000，【可变单元格】输入"$B$3"，即单价，如图 7-23 所示。这时，Excel 已经为我们测算好了满足目标毛利 150 000 元的单价数值，如图 7-24 所示。

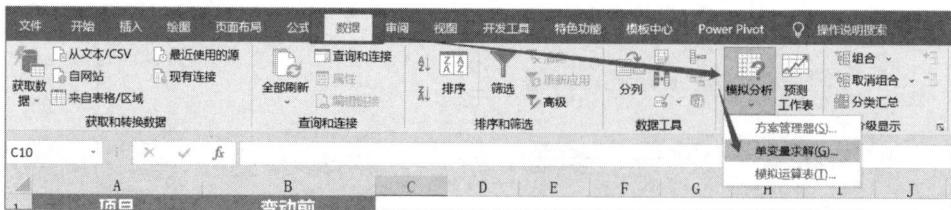

图 7-23　选择【单变量求解】

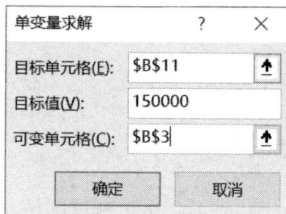

图 7-24　设置【单变量求解】参数

4 停止录制宏。单击Excel左下角的【停止录制宏】按钮，这个时候，整个测算过程已经被录制在了名称为"单价"宏程序中，如图7-25所示。

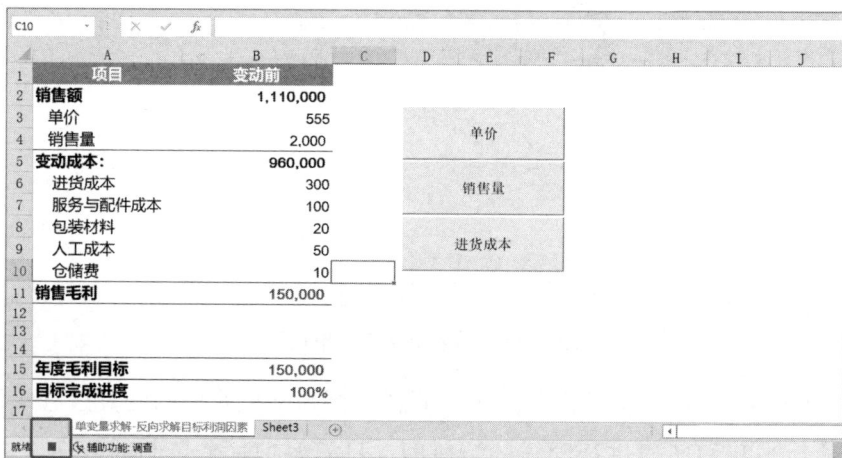

图 7-25　停止录制宏

接下来，我们需要一个程序载体，类似一键测算的按钮，每次一按按钮，程序就可以自动测算。

5 设置控件。选中【开发工具】中的表单控件【按钮】选项，如图7-26所示。指定其启动的宏为【单价】，如图7-27所示。

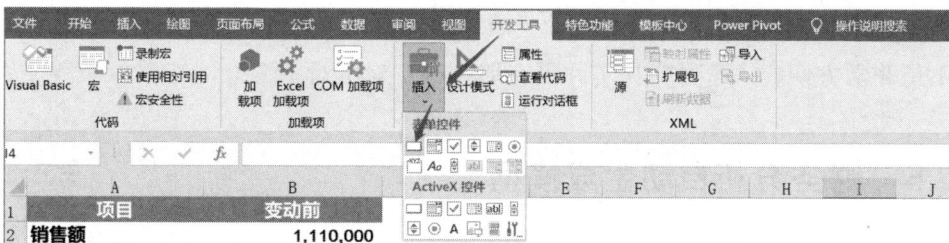

图 7-26　插入【按钮】控件

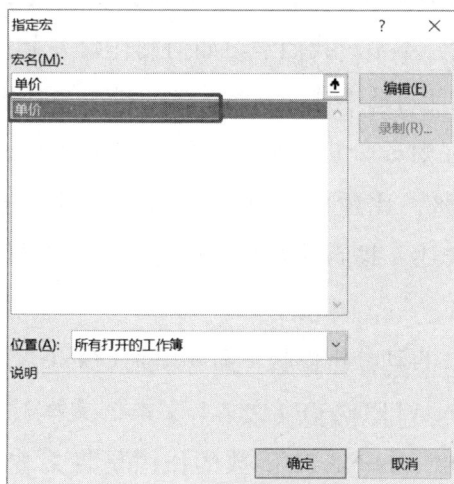

图 7-27　指定宏为【单价】

6 现在，我们整个测算过程已经设置好了，按照同样方法，设置"销售量"和"进货成本"两个测算按钮，如图7-28所示。

图 7-28　一键测算目标利润表最终效果

以后，如果领导问，要实现销售毛利150 000元的目标，我们需要实现多少销售量？我们只需要单击一下"销售量"按钮，数据就被测算出来了。是不是非常方便？一键测算其实并没有那么难，对不对？

7.5　财务分析自动生成模型

一般在公司负责财务分析这个事情的朋友，都会对例行性的财务分析非常头疼，有的时候遇到数据改动，财务分析就要核对数据，重新写，效率低，又不能保证质量。本节，我们学习如何制作财务分析自动生成模型。你没看错，财务分析也能自动生成，不过，这里能够自动生成的是针对常规性的结构不变的通报性财务分析。例如，公司本年利润12 000万元，同比增长200万元，增幅20%，比预算增加100万元，较预算进度高10%，类似这样通报性的文字性表述，我们其实是不用每个月用手打字到Word中的，用Excel自动生成就行了。

要制作Excel版本自动分析模板，需要用到CONCATENATE函数。

函数语法：CONCATENATE (文本1,文本2,文本3,文本4,…)

具体应用：CONCATENATE函数的作用是将文本类型的数据连接起来，与"&"所起到的作用是一样的。比如我们有三个文本想连接起来，三个文本分别为"我""爱""财务分析"。可以有两种方法，第一种是用"&"，在单元格输入公式 " ="我"&"爱"&"财务分析" "；第二种方法是用CONCATENATE函数，单元格输入公式 "=CONCATENATE("我","爱","财务分析")"。这两种方法都会返回结果"我爱财务分析"。

───┤具体操作├────────────────────────────

1. 新建两张表格。一张是展示表，另外一张是基础数据表。展示表用于生成自动分析，基础数据表用于存放基础数据以及生成自动分析的公式。

2. 构思展示表的结构及词句顺序。如图7-29所示，我们设计分析报告的标题名称为"嘟嘟贸易有限公司经营效益分析"，然后在其下面画上边框横线，用于区分标题及正文，接着是日期、第一部分、名称、正文。正文内容先空着，一会儿由基础数据表自动生成。

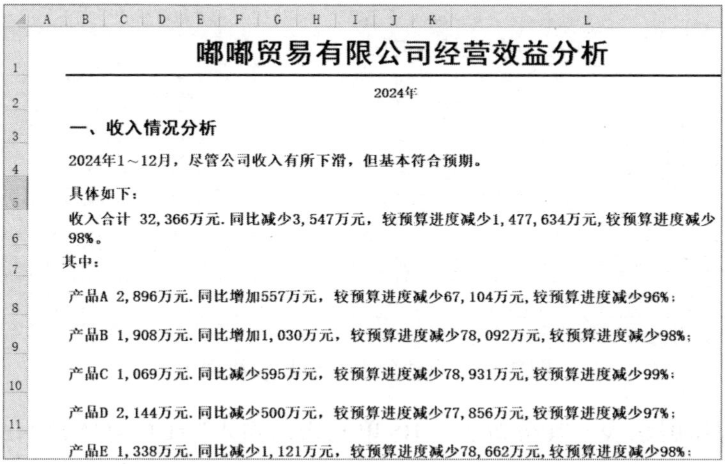

图 7-29　自动分析模板展示表

3 构建基础数据表。基础数据表有两部分组成，一部分是原始数据区域，另一部分是数据转化区域。

原始数据区域按照我们需要的数据内容进行填充，包括字段及数据，数据有：本年数、上年数、增加额、增长率、全年预算数、较预算增加金额、预算进度、正常进度、较预算进度增幅。

数据转换区域中要对基础数据区域的数据进行两种方式的处理，一种处理方式是直接引用或输入，即在单元格内直接等于基础数据表中的数据或手工输入文字，例如 L3、M3 这两个单元格中的产品名称和本年销售额数据直接来自基础数据表，N3 和 O3 中的"万元"及"同比,"是连接词语用的，直接手工输入即可。P3 单元格输入"=IF(D3 > 0,"增加","减少")"，意思是如果 D3 单元格（同比增长额）数据为正数，就显示文字"增加"，负数则显示文字"减少"。O3 单元格输入"=TEXT(ABS(D3),"#,##0")"，意思是对 D3 单元格内的数据先取绝对值，然后再转换为以会计专用格式显示出来的文本型数字，这样在数据减少的时候，就不会出现"减少-……"这样的情况了，用 ABS 函数可以让其一直保持绝对值状态。

这样在数据转换区设置好第一行后，将内容及公式向下拖拽，即可生成自动分析用的数据转换区的所有数据了，如图 7-30 所示。

产品名	2024年	2023年	增加额	增长率	全年预算数	比预算增加	预算进度	正常预算进度	比预算进度		产品										
产品A	2,896	2,339	557	24%	70,000	-67,104	4%	100%	-96%		产品A	2,896	万元	.同比	增加 557	万元	,较预算进度	减少 67,104	万元	,较预算进度	减少 96%
产品B	1,908	878	1,030	117%	80,000	-78,092	2%	100%	-98%		产品B	1,908	万元	.同比	增加 1,030	万元	,较预算进度	减少 78,092	万元	,较预算进度	减少 98%
产品C	1,069	1,664	-595	-36%	80,000	-78,931	1%	100%	-99%		产品C	1,069	万元	.同比	减少 595	万元	,较预算进度	减少 78,931	万元	,较预算进度	减少 99%
产品D	2,144	2,644	-500	-19%	80,000	-77,856	3%	100%	-97%		产品D	2,144	万元	.同比	减少 500	万元	,较预算进度	减少 77,856	万元	,较预算进度	减少 97%
产品E	1,338	2,459	-1,121	-46%	80,000	-78,662	2%	100%	-98%		产品E	1,338	万元	.同比	减少 1,121	万元	,较预算进度	减少 78,662	万元	,较预算进度	减少 98%
产品F	1,798	1,466	332	23%	80,000	-78,202	2%	100%	-98%		产品F	1,798	万元	.同比	增加 332	万元	,较预算进度	减少 78,202	万元	,较预算进度	减少 98%
产品G	1,164	1,114	50	4%	80,000	-78,836	1%	100%	-99%		产品G	1,164	万元	.同比	增加 50	万元	,较预算进度	减少 78,836	万元	,较预算进度	减少 99%
产品H	1,292	1,694	-402	-24%	80,000	-78,708	2%	100%	-98%		产品H	1,292	万元	.同比	减少 402	万元	,较预算进度	减少 78,708	万元	,较预算进度	减少 98%
产品I	2,638	2,864	-226	-8%	80,000	-77,362	3%	100%	-97%		产品I	2,638	万元	.同比	减少 226	万元	,较预算进度	减少 77,362	万元	,较预算进度	减少 97%
产品J	1,974	2,063	-89	-4%	100,000	-98,026	2%	100%	-98%		产品J	1,974	万元	.同比	减少 89	万元	,较预算进度	减少 98,026	万元	,较预算进度	减少 98%
产品K	2,059	2,361	-302	-13%	100,000	-97,941	2%	100%	-98%		产品K	2,059	万元	.同比	减少 302	万元	,较预算进度	减少 97,941	万元	,较预算进度	减少 98%
产品L	1,315	1,038	277	27%	80,000	-78,685	2%	100%	-98%		产品L	1,315	万元	.同比	增加 277	万元	,较预算进度	减少 78,685	万元	,较预算进度	减少 98%
产品M	1,954	1,759	195	11%	100,000	-98,046	2%	100%	-98%		产品M	1,954	万元	.同比	增加 195	万元	,较预算进度	减少 98,046	万元	,较预算进度	减少 98%
产品N	1,145	2,102	-957	-46%	80,000	-78,855	1%	100%	-99%		产品N	1,145	万元	.同比	减少 957	万元	,较预算进度	减少 78,855	万元	,较预算进度	减少 99%
产品O	2,319	2,117	202	10%	100,000	-97,681	2%	100%	-98%		产品O	2,319	万元	.同比	增加 202	万元	,较预算进度	减少 97,681	万元	,较预算进度	减少 98%
产品P	1,290	1,866	-576	-31%	80,000	-78,710	2%	100%	-98%		产品P	1,290	万元	.同比	减少 576	万元	,较预算进度	减少 78,710	万元	,较预算进度	减少 98%
产品Q	2,552	2,504	48	2%	80,000	-77,448	3%	100%	-97%		产品Q	2,552	万元	.同比	增加 48	万元	,较预算进度	减少 77,448	万元	,较预算进度	减少 97%
产品R	1,511	2,981	-1,470	-49%	80,000	-78,489	2%	100%	-98%		产品R	1,511	万元	.同比	减少 1,470	万元	,较预算进度	减少 78,489	万元	,较预算进度	减少 98%

图 7-30　自动分析模板基础数据表

4 构建展示表。在分析表的 B8 单元格内输入"=CONCATENATE(原始表!L3,原始表!M3,原始表!N3,原始表!O3,原始表!P3,原始表!Q3,原始表!R3,原始表!S3,原始表!T3,原始表!U3,原始表!V3,原始表!W3,原始表!X3,原始表!Y3)",展现出的信息为"产品 A 2,896万元,同比增加 557万元,较预算进度减少 67,104万元,较预算进度减少 96%",如图 7-31 所示,这样基础表中数据转换区的一个个词语就形成了一个完整的句子。将该公式向下拉,其他单元格就也设置好了,这样就形成了自动分析展示表。

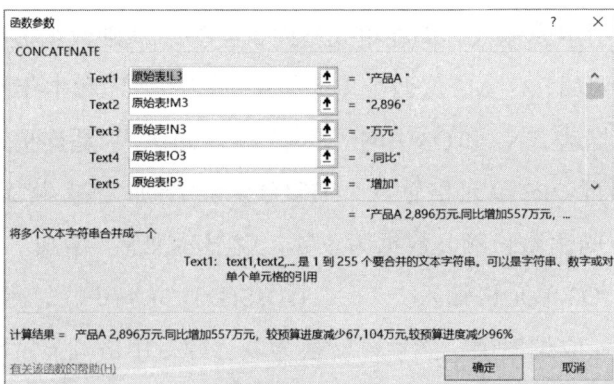

图 7-31　在 CONCATENATE 函数中输入参数

每个月我们进行分析时,只需要替换基础数据中的数据,所有的文字分析就自动更新了,以后再也不用手工做分析了!

另外,单单一个 Excel 版本的自动分析模板是满足不了我们的日常需求的，有的时候，我们需要将其转换为 Word 版本的分析，那么怎么转换呢？非常简单，只需要两个步骤。

---| 具体操作 |————————————————————————————

1 设计好 Word 模板。如图 7-32 所示，先设计好 Word 模板，写好大标题及小标题，内容区域空着待用。

图 7-32 设计好 Word 模板

2 复制 Excel 模板内容至 Word。对刚才制作好的 Excel 自动分析模板中的展示表生成的文字进行复制，然后回到 Word 中进行粘贴。注意：这里的粘贴选项要选择"只保留文本"选项，如图 7-33 所示。然后调整字体字号，进行适当排版，最终效果如图 7-34 所示。

图 7-33 粘贴选项选择"只保留文本"

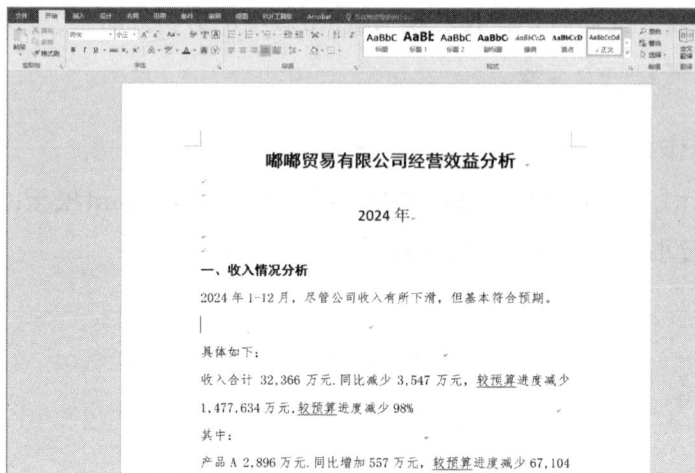

图 7-34　Word版本分析最终效果

7.6　投资回报测算模型

现代企业越来越注重理性投资，他们在投资一个项目的时候，除了凭借老板对市场的敏锐度和观察力，也要依靠数据说话。科学地进行投资决策分析，可以使老板清晰地知道项目的投入产出，从而更加理性地判断本项目的可行性和经济效益情况，作出是否进行投资的决定。

这里拿酒店投资决策来举例。第一，要进行充分的行业调研，了解行业的收益情况、行业中排名前50名的专业酒店管理公司、酒店类型及投资规模等。第二，要了解酒店经营的模式。常见的经营模式包括业主自主经营并管理酒店、业主把自己投资的酒店交给专业的酒店管理公司、委托管理+特许经营模式（接受一家酒店专业公司同时提供管理服务和品牌及酒店品牌特许经营服务）、酒店管理公司参股酒店成为联合业主等。第三，要确定主要数据测算假设，例如：投资额、房间数、入住率、房价、相关成本等。第四，进行具体指标测算，常见的指标包括资本金内部收益率，（Internal Rate of Return，简称IRR）、净现值（Net Present Value，简称NPV）和投资回收期。IRR是指项目投资实际可望达到的收益率。它其实就是一个可以使项目的净现值等于零时的折现率，也就是资金流入现值总额与资金流出现值总额相等、净现值等于零时的折现率。NPV是指未来资金（现金）流入（收入）现值与未来资金（现金）流出（支出）现值的差额，是项目评估中净现值法的基本指标。投资回收期也被称为"投资回收年限"，简单来说就是回本所需要的时间。

下面，我们来实操制作一个酒店投资回报测算模型的案例。

┤具体操作├

1 准备经营假设相关表格。根据前期调研了解的信息，依次准备投资假设表、资源假设表、成本费用假设表，如图7-35至图7-39所示。

	A	B	C	D	E	F
1	投资假设					
2	序号	项目内容	金额（值）	比例	单位	
3	1	总投资	5000		万元	
4	2	资本金	4000	80%		
5	2.1	其中：合资方	3000			
6	2.2	我方	1000			
7	3	项目贷款	1000	20%		
8	4	贷款利率	6%			
9	5	每3年增长率	3%			
10	6	每隔几年增长	3年			
11	7	折旧年限	10		年	
12						

图 7-35　投资假设表

	A	B	C	D	E	F
13	资源假设					
14	项目	类别	单位		备注	
15	酒店部分					
16	1	酒店房间数	间	300		
17	1.1	高档	间	60	20%	
18	1.2	中档	间	240	80%	
19	2	住宿费	元/间/天	300		
20	2.1	高档	元/间/天	380		
21	2.2	中档	元/间/天	280		
22	2.3	每5年增长率		10%		
23	3	入住率				
24	3.1	1-2年		65%		
25	4.1	3-5年		70%		
26	5.1	6-10年		75%		
27	6.1	11-20年		80%		
28	7.1	21-25年		85%		
29	8.1	26-30年		90%		
30						

图 7-36　资源假设表（酒店业务）

32	项目	类别	单位		备注
33	商业部分				
34	1	出租面积	m²	500	
35	2	租金	元/m²/天	4	100
36	2.1	每5年增长率		10%	
37	3	出租率			
38	3.1	1-2年		60%	
39	3.2	3-5年		65%	
40	3.3	6-10年		70%	
41	3.4	11-20年		80%	
42	3.5	21-25年		85%	
43	3.6	26-30年		90%	

图 7-37　资源假设表（商业）

	A	B	C	D	E
44					
45	项目	类别	单位		备注
46	停车部分				
47	1	车位数	个	50	
48	2	价格	一天25	15	
49	2.1	每5年增长率		10%	
50	3	停放率			
51	3.1	1-2年		75%	
52	3.2	3-5年		80%	

图 7-38　资源假设表（停车场）

	A	B	C	D	E
54					
55	成本费用假设				
56	序号	项目内容	比率	备注	
57	1	酒店委托经营成本	3%	占收入比重	
58	2	酒店人工成本	20%	占收入比重	
59	3	酒店直接成本	3%	占收入比重	
60	4	酒店订房费用	8%	占收入比重	
61	6	每3年增长率	3%		
62	7	每隔几年增长	3年		
63					
64					

图 7-39　成本费用假设表

2 制作测算表。根据经营假设相关表格，依次制作营业收入测算表、成本费用测算表、利润测算表、阶段利润表、现金流量测算表，如图7-40至图7-44所示。其中，现金流量测算表中的IRR计算公式为"=IRR(C12:AH12)"，计算出的值为20%，即资本金内部收益率为20%，若投资人经过评估，高于自己可以接受的收益率，则可以选择进行投资。

図 7-40　营业收入测算表

项目	1年	2年	3年	4年	5年	6年	7年	8年	9年	10年
收入测算										
营业收入	2,742	2,742	2,947	2,947	2,947	3,468	3,468	3,468	3,468	3,468
酒店	2,135	2,135	2,300	2,300	2,300	2,710	2,710	2,710	2,710	2,710
商业	44	44	47	47	47	56	56	56	56	56
停车	563	563	600	600	600	701	701	701	701	701
出租率	1年	2年	3年	4年	5年	6年	7年	8年	9年	10年
酒店	65%	65%	70%	70%	70%	75%	75%	75%	75%	75%
商业	60%	60%	65%	65%	65%	70%	70%	70%	70%	70%
停车	75%	75%	80%	80%	80%	85%	85%	85%	85%	85%
价格增长率	1年	2年	3年	4年	5年	6年	7年	8年	9年	10年
酒店	1.00	1.00	1.00	1.00	1.00	1.10	1.10	1.10	1.10	1.10
商业	1.00	1.00	1.00	1.00	1.00	1.10	1.10	1.10	1.10	1.10
停车	1.00	1.00	1.00	1.00	1.00	1.10	1.10	1.10	1.10	1.10

图 7-40　营业收入测算表

项目	建设期1	建设期2	1年	2年	3年	4年	5年	6年	7年	8年	9年	10年
成本费用			2066	2043	2097	2132	2129	2269	2309	2306	2302	2343
1 运营费用			1506	1486	1542	1580	1580	1724	1767	1767	1767	1812
1.1人工成本(管理人员)			290	290	290	299	299	299	308	308	308	317
1.2酒店委托经营成本			64	64	69	71	71	84	86	86	86	89
1.3酒店人工成本			427	427	460	474	474	558	575	575	575	592
1.4酒店直接成本			64	64	69	71	71	84	86	86	86	89
1.5酒店订房费用			171	171	184	189	189	223	230	230	230	237
1.6酒店大修费用												
1.7停车场管理费人工成本			10	10	10	10	10	10	10	10	10	10
1.8水电费			260	260	260	260	260	260	260	260	260	260
1.9维修维护费			100	100	100	103	103	103	106	106	106	109
1.10其他业务成本			120	100	100	103	103	103	106	106	106	109
2 固定资产折旧			500	500	500	500	500	500	500	500	500	500
3 偿还利息			60	57	55	52	49	45	42	38	34	30

图 7-41　成本费用测算表

投资0.5亿元

项目	建设期 1年	建设期 2年	1年	2年	3年	4年	5年	6年	7年	8年	9年	10年
1营业收入			2742	2742	2947	2947	2947	3468	3468	3468	3468	3468
1.1酒店			2135	2135	2300	2300	2300	2710	2710	2710	2710	2710
1.2商业			44	44	47	47	47	56	56	56	56	56
1.3停车			563	563	600	600	600	701	701	701	701	701
2增值税及附加			192	192	206	206	206	243	243	243	243	243
3成本费用			2066	2043	2097	2132	2129	2269	2309	2306	2302	2343
1运营费用		–	1,506	1,486	1,542	1,580	1,580	1,724	1,767	1,767	1,767	1,812
1.1人工成本(管理人员)		–	290	290	290	299	299	299	308	308	308	317
1.2酒店委托经营成本		–	64	64	69	71	71	84	86	86	86	89
1.3酒店人工成本		–	427	427	460	474	474	558	575	575	575	592
1.4酒店直接成本		–	64	64	69	71	71	84	86	86	86	89
1.5酒店订房费用		–	171	171	184	189	189	223	230	230	230	237
1.6酒店大修费用		–	–	–	–	–	–	–	–	–	–	–
1.7停车场管理费人工成本		–	10	10	10	10	10	10	10	10	10	10
1.8水电费		–	260	260	260	260	260	260	260	260	260	260
1.9维修维护费		–	100	100	100	103	103	103	106	106	106	109
1.10其他业务成本		–	120	100	100	103	103	103	106	106	106	109
2固定资产折旧			500	500	500	500	500	500	500	500	500	500
3偿还利息			60	57	55	52	49	45	42	38	34	30
4利润总额	0	0	484	506	644	609	612	956	915	919	923	682
5企业所得税	0	0	121	127	161	152	153	239	229	230	231	221
6净利润 (含第28年度残值)	0	0	363	380	483	457	459	717	687	689	692	662

图 7-42　利润测算表

		项目	第1年	第3年	第6年	备注	
投资0.5亿元	经营假设	酒店出租率	65%	70%	75%	酒店房间数	300间
		商业出租率	60%	65%	70%	高档	60间
		停车场停放率	75%	80%	85%	中档	240间
	效益情况 (万元)	营业收入	2,742	2,947	3,468	住宿费	300元/间/天
		成本费用	2,379	2,464	2,751	高档	380元/间/天
		公司利润	363	483	717	中档	280元/间/天
	30年经营期结束后,公司最终利润合计约2.71亿元。					出租面积	500m2
						租金	4元/M2/天
						车位数	50个
						价格	15元/24时/个

图 7-43　阶段利润表

项目	建设期			运营期									
	0	1	2	1	2	3	4	5	6	7	8	9	10
1.现金流入				2742	2742	2947	2947	2947	3468	3468	3468	3468	3468
1.1运营收入				2742	2742	2947	2947	2947	3468	3468	3468	3468	3468
2.现金流出	-4000			-1801	-1781	-1951	-1889	-1869	-2069	-2113	-2113	-2113	-2158
2.1资本金投入	-4000												
2.2借款还本付息				-103	-103	-103	-103	-103	-103	-103	-103	-103	-103
2.3运营成本			0	-1506	-1486	-1542	-1580	-1580	-1724	-1767	-1767	-1787	-1812
2.4增值税及附加				-192	-192	-206	-206	-206	-243	-243	-243	-243	-243
3.所得税				-121	-127	-161	-161	-152	-153	-239	-290	-221	-221
4.净现金流量（税前）	-4000		0	941	961	1096	1058	1058	1398	1354	1354	1354	1310
5.净现金流量（税后）	-4000		0	820	834	935	905	905	1159	1126	1125	1124	1089
6.累计净现金流量（税后）	-4000	-4000		-3180	-2346	-1411	-506	399	1558	2684	3809	4932	6021
7.净现金流量折现（税后）	-3774			688	661	699	638	602	727	686	628	592	541
8.净现金流量累计折现值（税后）	-2774	-3774		-3085	-2425	-1726	-1088	-486	241	908	1536	2129	2669
折现率	100%	94%	89%	84%	79%	75%	70%	67%	63%	59%	56%	53%	50%
	6%												
资本金内部收益率（税后）	20%												
静态回收期	5												
动态回收期	6												

图 7-44　现金流量测算表

7.7　资金管理分析模型

资金管理对企业来讲非常重要，也是财务分析中要重点关注的内容。资金是企业赖以生存和发展的"血液"。很多企业倒闭不是因为利润不行，而是现金流管理出现了问题，导致没钱持续投资扩大产能，正常组织生产，到比较困难的时候，甚至没有办法给员工正常按时发放工资。所以，科学进行资金管理，提升资金使用效率，防范资金断流风险意义十分重大。

下面，我们来实操制作一个资金管理分析模型案例。

──┤具体操作├────────────────────────────

1 制作资金管理分析表。如图7-45所示，在第2行，设置好销售收入预测数据，然后在第4行插入滚动条，控制第三行的销售回款率，这样就可以通过动态预测销售回款率，来计算第5行销售收到的现金。同理，我们也可以通过对第6行经营支付率的预测，来动态预测第8行的经营支付现金。从第9行到第15行可以经过科学预测后，手工填入。通过计算公式计算出第16行到第19行的数据。最后，计算出是否出现资金盈余或缺口（正数为资金盈余，负数为资金缺口）。

	A	B	C	D
1	期间	1月	2月	3月
2	销售收入预测	6,000	2,000	3,000
3	销售回款率	94%	85%	50%
4	调节按钮→	▬	▬	▬
5	销售收到现金	5,640	1,700	1,500
6	经营支付率	80%	90%	90%
7	调节按钮→	▬	▬	▬
8	经营支付现金	4,800	1,800	2,700
9	税金支付现金	540	180	270
10	固定资产支付现金	200	100	50
11	投资收到（支付）现金	1,000	1,200	-3,000
12	偿付利息	50	80	80
13	归还借款支付现金	100	100	0
14	安全资金持有量	100	100	100
15	期初现金余额	3,000	3,950	4,590
16	期末现金余额	3,950	4,590	-10
17	经营活动净现金流量	300	-280	-1,470
18	投资活动净现金流量	800	1,100	-3,050
19	筹资活动净现金流量	-150	-180	-80
20	资金盈余/缺口	3,850	4,490	-110

图 7-45　制作资金管理分析表

2 制作资金管理分析图。选中资金管理分析表中的A17:D19区域，插入柱形图，经过简单修整后，就得到如图7-46所示的资金管理分析图，这张图可以很好地展示公司一定时期内经营活动、投资活动以及筹资活动的现金流情况，帮助企业管理层在分析资金情况的基础上，对下一步的资金计划作出谋划。

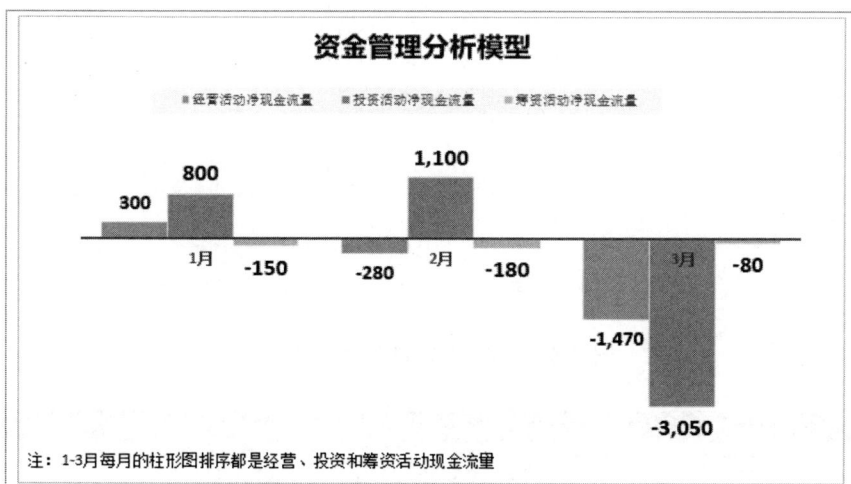

图 7-46　制作资金管理分析图

7.8 规划求解分析模型

在 Excel 中有一个隐藏的强大工具，叫作规划求解。规划求解可以理解成假设分析，即在给定的条件下，通过改变一组单元格的数据，来得到某个单元格目标值（通常是最大值、最小值等）。下面，我们来实操如何调出规划求解。

┤具体操作├

■ 选择【开发工具】—【Excel 加载项】—【规划求解加载项】选项，如图 7-47 所示。接下来，选择【数据】—【规划求解】选项，如图 7-48 所示，这样就出现规划求解工具的界面了，如图 7-49 所示。

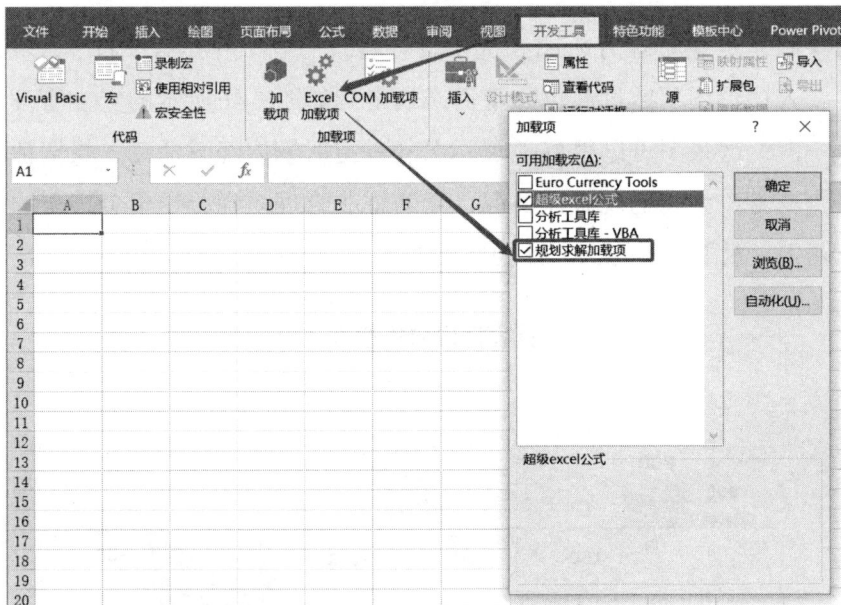

图 7-47 勾选【规划求解加载项】

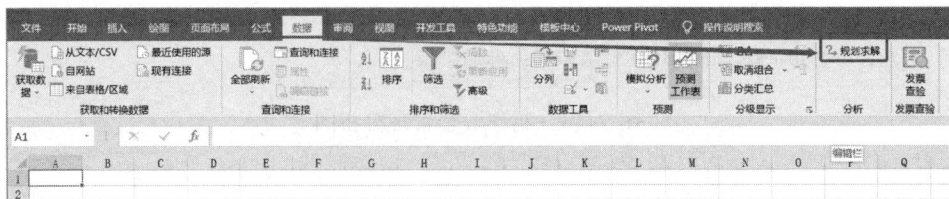

图 7-48 选择【规划求解】

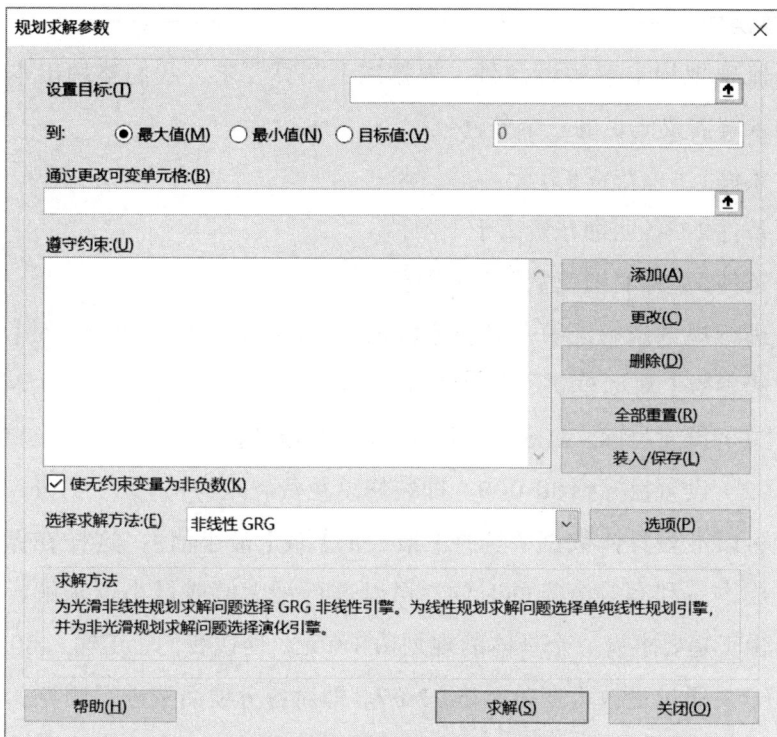

图 7-49　规划求解工具界面

下面，我们来操作一个规划求解应用的具体案例。

我们拟对商铺进行装修，总预算是8万元，具体分项预算如图7-50所示，其中，在C列和D列为各分项预算的下限和上限预算，即各分项预算不能低于下限值，也能高于上限值。经过初步估算的预算见E列，总预算花费6.5万元，但是，现在老板要求预算必须安排在8万元。

	A	B	C	D	E	F
1	装修内容	费用区间	下限	上限	花费	
2	门头	10000-30000	10000	30000	10000	
3	墙面	5000-12000	5000	12000	8000	
4	灯饰	4000-8000	4000	8000	5000	
5	墙面	10000-15000	10000	15000	10000	
6	水电	20000-30000	1000	3000	2000	
7	设备	15000-40000	15000	40000	30000	
8				合计	65000	
9						

图 7-50　分项预算表

接下来，我们用规划求解工具进行测算。

1 梳理规划求解假设条件。根据以上测算要求，我们整理出本次规划求解需要满足的三个条件：

条件1，总花费8万元。

条件2，各明细花费高于下限值。

条件3，各明细花费低于上限值。

2 进行规划求解测算。选择【数据】—【规划求解】选项，对【规划求解参数】对话框进行设置：

（1）设置目标。$E$8，即分项预算的合计。

（2）设置目标到80 000。即装修总花费规划为8万元。另外，这里还可以不写具体数据，选择【最大值】或【最小值】，这样在做收入、成本、利润等测算的时候，可以进行最大值或最小值求解。本案例由于是要求有一个具体的规划值8万元，所以我们手工输入80 000。

（3）通过更改可变单元格E2:E7。即对各分项话费进行测算。

（4）遵守约束。E2:E7<=D2:D7;E2:E7>=C2:C7，意思是让各项具体花费高于下限值，同时低于上限值。

（5）单击【求解】按钮。

上述参数设置如图7-51所示。

图 7-51　设置规划求解参数

经过上述操作，我们就有了最终想要的规划求解结果，如图7-52所示，E列中各分项的预算花费被重新计算了，并且合计刚好是8万元（可以将小数点保留到个位，这样就不会有尾数问题了）。

	A	B	C	D	E
1	装修内容	费用区间	下限	上限	花费
2	门头	10000-30000	10000	30000	11706.51
3	墙面	5000-12000	5000	12000	9092.164
4	灯饰	4000-8000	4000	8000	5426.627
5	墙面	10000-15000	10000	15000	11706.51
6	水电	20000-30000	1000	3000	2068.26
7	设备	15000-40000	15000	40000	40000
8				合计	80000.07

图 7-52　规划求解分析最终结果